# Akasha-Aufzeichnungen und Zwillingsflammen

*Ein Leitfaden zu den Geheimnissen der Akasha und zur Anziehung Ihrer Zwillingsflamme*

# Inhaltsverzeichnis

# Teil 1: Die Akasha-Chroniken

*Das geheime universelle Wissen und die Natur des Akasha entschlüsseln, einschließlich Gebet, geführter Meditation und Akasha-Tarot-Lesung*

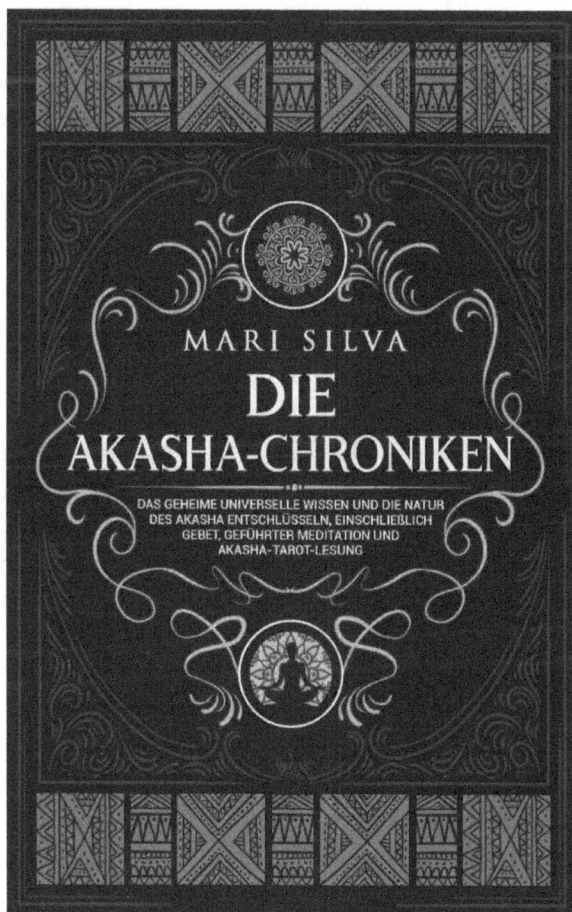

# Einführung

Das Öffnen der Akasha-Chronik des eigenen Selbst ist eine enorme Leistung. Der Zugang zu den unsichtbaren, aber mächtigen Schwingungen, die den Fluss des Universums steuern, mag wie Science-Fiction klingen, ist es aber nicht. Bevor Sie sich auf die Reise begeben, rate ich Ihnen dringend, innezuhalten und ein paar Mal tief durchzuatmen. Die Reise, die Sie gleich antreten werden, wird den Lauf Ihres Schicksals und das Schicksal der Menschen um Sie herum verändern. Jedes Mal, wenn Sie Ihre Lesung beginnen oder beenden, sollten Sie sie mit einigen vorbereitenden tiefen und bewussten Atemzügen begleiten. Dadurch werden Ihre Intentionen klar, und Sie können dem Gelesenen Ihre volle Aufmerksamkeit widmen.

Die Vorbereitung Ihres Herzens ist ebenso wichtig wie die Vorbereitung Ihres Verstandes, wenn Sie das Gelesene zusammen mit den Übungen verinnerlichen wollen. Während die Wurzeln der Akasha-Chroniken tief in alten Praktiken verankert sind, finden Sie in diesem Buch viele neue Informationen, die Ihnen helfen werden, einen reibungslosen Zugang zu Ihren Aufzeichnungen zu erhalten. Sie werden neue Erkenntnisse über festgefahrene Emotionen gewinnen, die in schlechten Frequenzen schwingen, und Sie werden lernen, wie Sie diese in höhere und freudigere Schwingungen umwandeln können. Sie werden zunächst damit beginnen, anhaltende Wunden in Ihrer Vergangenheit zu finden, nicht nur in diesem Leben, sondern auch in früheren Leben.

Der Heilungsprozess ist schwierig, aber wenn man erst einmal den Zugang zu den Akasha-Chroniken gefunden hat, ist er viel einfacher, als man denkt. Die Einführung in Karma und karmische Muster wird Ihnen einen ausreichenden Einblick in die historischen Wurzeln verschaffen, die Sie auf einem Plateau mit niedrigen Schwingungen festhalten könnten. Die dargestellten Informationen werden Ihnen zwar nicht die Kraft der Veränderung verleihen, aber sie werden dafür sorgen, dass die Anstrengungen, die Sie zur Transformation Ihrer selbst unternehmen, maximiert und verstärkt werden. Aus gutem Grund ist Freude eine der Hauptmotivationen für Menschen, die Zugang zu den Akasha-Chroniken suchen.

Wahrscheinlich haben Sie schon einmal versucht, Freude anzulocken, aber die Ergebnisse waren meist wenig überzeugend. Und das ist anfangs auch normal. Sobald Sie durch die Akasha-Chroniken die wahre Kraft der Freude in sich erweckt haben, werden Sie erkennen, wie leicht Schwingungen und Energie Sie und Ihr Umfeld beeinflussen können. Je mehr Zeit Sie in den Akasha-Chroniken verbringen, desto mehr werden Sie in der Lage sein, Freude richtig zu spüren. Freude zu finden wird kein Problem sein, denn durch Ihren direkten Zugang zu den Akasha-Chroniken werden Sie die grundlegende Dynamik verstehen, die sie steuert.

Wenn Sie die Energien und Schwingungen nutzen, die durch Ihre Akasha-Chroniken fließen, haben Sie die Möglichkeit, Ihre tiefsten und aufrichtigsten Wünsche zu manifestieren. Diese Manifestation ist das Ergebnis einer nicht-linearen Sichtweise, die Ihnen eine Welt voller Möglichkeiten eröffnet, die durch ein Netz von Illusionen blockiert sind. Die Begrenzungen, die Ihnen auferlegt werden, sind leider alle verinnerlicht und sollen Sie daran hindern, die volle Wahrheit zu sehen. Es liegt in Ihrer Verantwortung, diese Einschränkungen durch die Akasha-Chroniken zu beseitigen.

Wachstum ist nicht das Endziel. Sie werden wachsen, mit oder ohne die Akasha-Chroniken. Es ist unmöglich, den Fluss von Zeit und Energie zu stoppen, aber wir als Individuen können zu den kollektiven Schwingungen, die uns verbinden, beitragen und sie verbessern. Die Herausforderungen, denen Sie begegnen werden, werden nicht einfach sein, aber jede Verstrickung, die Sie durch die Akasha-Chroniken lösen, wird Ihnen eine Hilfe sein.

Nicht jedem fällt es leicht, darüber zu sprechen, warum er sich selbst liebt. Leider lieben sich die meisten Menschen nicht so sehr, wie sie es sollten. Keine äußere Kraft kann Sie dazu bringen, sich selbst zu lieben, ganz gleich, ob Sie in einer Beziehung mit einem liebenden Menschen leben oder ob es Ihre Familie ist, die Sie liebt. Die Last karmischer Muster und vergangener traumatischer Ereignisse macht es den Menschen sehr schwer, sich selbst so zu akzeptieren und zu sehen, wie sie wirklich sind. Die Furcht, Ihr wahres Selbst zu entdecken, weil Ihnen vielleicht nicht gefällt, was Sie finden, ist viel schlimmer als das, was Sie entdecken könnten. Sie können die Akasha-Chroniken jederzeit nutzen, um die Veränderungen herbeizuführen, die Sie für Ihr persönliches Glück und Ihre Freude als notwendig erachten.

Seien Sie bereit, eine ganz neue Welt in sich zu entdecken, die durch die Akasha-Chroniken zugänglich ist. Es gibt mehr in Ihnen, als Sie vielleicht jemals gedacht haben. Viele Menschen verbringen Jahre damit zu glauben, dass es nur die Oberfläche zu erforschen gibt. Die großen Tiefen unserer Seelen und unserer Energie sind mit ihren unbegrenzten Facetten viel faszinierender und interessanter als die Oberfläche. Erlauben Sie sich, die Wahrheit zu akzeptieren, die Ihnen die Akasha-Chroniken liefern, und nehmen Sie Ihr Schicksal in die Hand.

# Kapitel 1: Die Geschichte der Akasha-Chroniken

## Was sind die Akasha-Chroniken?

Wenn Sie Ihre spirituelle Reise beginnen, benötigen Sie ausreichend Informationen, um sich richtig darauf einzustellen. Sie müssen Ihre Neugierde auf die Dinge stillen, von denen Sie lange dachten, sie lägen jenseits Ihres Verständnisses, und dabei hilft es nicht, dass es nur wenige Informationen über die Akasha-Chroniken gibt. Deshalb sollten Sie sich an Fachleute wenden, die bereits genügend Wissen über die Chroniken erworben haben, um Sie anzuleiten. Die Akasha-Chroniken beruhen auf dem Glauben, deshalb müssen Sie sich für diese Erfahrung öffnen und Ihre Zweifel loslassen.

Das Wort Akasha ist ein Adjektiv, das von dem Wort Akasa abgeleitet ist. Im Sanskrit, der liturgischen Sprache des Hinduismus, hat Akasa verschiedene Bedeutungen. Einige seiner Bedeutungsvarianten sind Raum, alte Materie und Himmel. Diese Worte sagen uns jedoch nicht viel über die Natur der Akasha-Chroniken. Einfach ausgedrückt, enthalten die Akasha-Chroniken jeden Gedanken, jede Intention und jede Tat, die jemals in der menschlichen Geschichte stattgefunden haben. Sie umfassen auch die Aufzeichnungen aus anderen Realitäten und Dimensionen. Jede Seele hat ihre eigenen Chroniken, in denen ihre Vergangenheit, ihre Gegenwart und ihre mögliche Zukunft aufgezeichnet sind. Es ist erwähnenswert, dass sich die Chroniken eines jeden Individuums im

Laufe seiner Entwicklung verändern. Obwohl sie auch zukünftige Perspektiven enthalten, funktionieren die Akasha-Chroniken nicht wie ein Blick in die Zukunft. Die in den Aufzeichnungen dargestellten Möglichkeiten spielen nur auf die Entscheidungen der Menschen an. Wenn Sie sich also jemals gefragt haben, ob Sie eine Wahl haben, wie sich Ihr Leben entwickelt, dann können Sie sicher sein, dass die Antwort ja lautet, denn nur Ihre eigenen Entscheidungen bestimmen Ihre Zukunft. Die Aufzeichnungen sind nur dazu da, Ihnen dabei zu helfen, ein positives Ergebnis zu erzielen. Stellen Sie sich die Akasha-Chroniken wie eine große Bibliothek vor, die all das Wissen enthält, das Sie brauchen, um Ihr Leben zu verbessern und Harmonie zu erreichen.

Die Akasha-Chroniken enthalten umfangreiches Wissen über jedes Ereignis in der Geschichte der Menschheit. Deshalb können Sie sie auch als die Chroniken der Menschheit selbst betrachten. Seit Anbeginn der Zeit wurden die Aufzeichnungen dazu genutzt, jede Quelle des Lebens, einschließlich der Tiere, zu erfassen. Sie zeichnen jede Emotion auf, die Sie jemals gefühlt haben, jeden Gedanken, der Ihnen jemals durch den Kopf gegangen ist, und jede Entscheidung, die Sie jemals getroffen haben. Das bedeutet jedoch nicht, dass die Chroniken über Ihre Entscheidungen oder Fehler als Mensch urteilen. Sie sind nur dazu da, Ihre Reise aufzuzeichnen, um Ihnen zu helfen und Ihnen zu einer erfreulicheren Erfahrung als Mensch zu verhelfen. Die Akasha-Chroniken basieren auf einem sehr interessanten Konzept nämlich dem der Reinkarnation. Um die Aufzeichnungen vollständig nutzen zu können, müssen Sie an dieses Prinzip glauben. Unsere Welt besteht aus immerwährenden Zyklen von Tod und Wiedergeburt. Wenn Sie sterben, wird Ihre Seele, die eine bestimmte Schwingung und Essenz hat, wiedergeboren. Die Akasha-Chroniken enthalten auch Aufzeichnungen über Ihre früheren Leben. Wenn Sie darauf zugreifen, können Sie etwas über Ihre frühere Identität erfahren und die Erfahrungen aus Ihren früheren Leben nutzen.

Die Aufzeichnungen bestehen aus zwei Hauptteilen: einem starren Teil und einem sich entwickelnden Teil. Der starre Teil bezieht sich auf den wesentlichen Entwurf der Seele. Stellen Sie sich diesen Entwurf als den perfekten Zustand vor, in dem die Seele eines Menschen existieren kann. Der andere Teil, der sich entwickelnde Teil, zeichnet alle Leben auf, die die Seele durchlaufen hat. Während dieser Leben wacht die Seele auf oder lernt ihre wahre Einzigartigkeit kennen. In diesem Prozess kann die Seele endlich einen Sinn für ihre wesentliche Bestimmung entdecken und

Frieden und Gelassenheit finden. Daher gehört die Reinkarnation zu den Akasha-Chroniken.

Sie fragen sich vielleicht, wo die Akasha-Chroniken gespeichert sind. Das ist eine berechtigte Frage, die Ihre Bereitschaft zeigt, an die Aufzeichnungen zu glauben und sie zu nutzen. Die Antwort auf Ihre Frage lautet: Die Akasha-Chroniken befinden sich auf einer ätherischen, nicht-physischen Ebene, die als Akasha bekannt ist. Das Akasha fließt durch alles in unserem Universum. Es fließt durch die Natur, die Materie und unsere Seelen. Das Akasha ist so etwas wie die Macht in Star Wars und umspannt alles. Der entscheidende Unterschied zwischen den beiden ist jedoch, dass die Chroniken Ihnen keine physischen Kräfte wie Telekinese verleihen. Die Macht, die Ihnen die Akasha-Chroniken verleihen, ist viel subtiler und unauffälliger. Sie verleihen Ihnen eine mentale und spirituelle Kraft, mit der Sie Ihren Weg gehen und Ihr eigentliches Wesen finden und Ihre Seele so abstimmen können, dass sie ihren perfektesten Zustand erreicht.

Das wirft die Frage auf, ob Sie besondere Kräfte haben sollten, um Zugang zu den Akasha-Chroniken zu erhalten. Die kurze Antwort lautet nein. Sie müssen kein Hellseher sein, um auf Ihre Aufzeichnungen zuzugreifen. In der Vergangenheit hatten nur Schamanen, Hellseher und einige Philosophen Zugang zu den Akasha-Chroniken, d.h. Menschen, die entweder durch übersinnliche Kräfte oder schlicht durch ihren Glauben mit ihren Seelen in Verbindung standen. Dies hat sich jedoch stark geändert. In den letzten Jahren hat die Zahl der Menschen, die Zugang zu ihren Chroniken haben und sie nutzen können, stark zugenommen. Dies könnte auf den Bewusstseinszustand zurückzuführen sein, den die Menschheit in letzter Zeit erreicht hat. Wir sind besser auf unsere Seelen eingestellt, so dass der Zugang zu den Aufzeichnungen heute nicht mehr so schwierig ist wie noch vor 100 Jahren.

Manche Menschen glauben, dass der Zugang zu den Akasha-Chroniken nur möglich ist, wenn sie nicht bei vollem Bewusstsein sind. Einige behaupten, sie hätten in Träumen oder in bewusstlosem Zustand auf ihre Aufzeichnungen zugegriffen. Andere weisen darauf hin, dass sie durch Meditation oder tiefe Trance Zugang zu ihren Chroniken erhalten haben, was beides einen Zustand des Halbbewusstseins voraussetzt. Manche sagen, dass eine Nahtoderfahrung der einzige Weg ist, um Zugang zu den Akasha-Chroniken zu erhalten. Das ist jedoch zu extrem und eigentlich unnötig. Sie müssen nicht an der Schwelle zum Tod stehen, um

Zugang zu Ihren Aufzeichnungen zu erhalten. Die Aufzeichnungen gehören Ihnen, und das ist Ihr Geburtsrecht. Sie müssen sich niemals in unnötige Gefahr begeben, um sie zu lesen. Yoga, Meditation und andere ähnliche Techniken können Ihnen helfen, einen Zustand tiefer Konzentration und Ruhe zu erreichen. Eine der wirksamsten Methoden für den Zugang zu den Akasha-Chroniken ist das Heilige Maya-Gebet. Obwohl das Heilige Gebet hilfreich sein kann, ist es allein nicht ausreichend. Der Schlüssel zum erfolgreichen Zugriff auf die Akasha-Chroniken ist, dass Sie sich für die Erfahrung öffnen und bereit sind zu glauben.

# Die Geschichte der Akasha-Chroniken

Etwas so Mächtiges wie die Akasha-Chroniken kann nie lange unentdeckt bleiben. Wir können Beweise und verschiedene Erwähnungen der Aufzeichnungen finden, die bis in alte Zivilisationen zurückreichen. Die Chroniken haben in vielen Kulturen und Gesellschaften eine Schlüsselrolle gespielt. Da die Akasha-Chroniken jedoch manchmal mit einer Reihe anderer Namen bezeichnet werden, ist es schwierig, daraus zu schließen, dass sich all diese Namen tatsächlich auf dasselbe Konzept beziehen. Im Gegensatz zu dem, was manche denken mögen, stehen die Aufzeichnungen in keinem Widerspruch zu irgendeiner Religion. Die Akasha-Chroniken sind nämlich keine eigenständige Religion. Wir können Erwähnungen der Aufzeichnungen im Hinduismus und sogar im Christentum finden.

## Im alten Ägypten

Die alte ägyptische Zivilisation war vielleicht eine der ersten Zivilisationen, die das Konzept der Akasha-Chroniken erwähnte. Beweise für diesen Glauben lassen sich leicht in alten Schriftrollen und Texten finden, die in Hieroglyphen kodiert sind. Wenn wir diese Schriftrollen entdecken und entschlüsseln, können wir verstehen, wie die alten Ägypter die Akasha-Chroniken wahrgenommen haben. In den Schriftrollen wird erwähnt, dass die Priester oder Menschen, die spirituelle Kräfte zu nutzen wussten, auf ihre Aufzeichnungen zugriffen und sie lasen. Und nicht nur das, sondern sie lasen auch die Aufzeichnungen anderer. Das brachte ihnen natürlich hohes Ansehen ein und sie wurden von allen sehr verehrt, und selbst Pharaonen suchten ihren Rat. Sie deuteten auch Träume auf der Grundlage des Wissens, das sie aus den Aufzeichnungen gewonnen hatten. Selbst das einfache Volk, das die Aufzeichnungen nicht lesen konnte, glaubte an ihre Existenz. Die Göttin Seshat war als Hüterin der Bibliothek oder als Hüterin des Großen Buches der Seelen bekannt. Die alten Ägypter nannten die Akasha-Chroniken nämlich auch das Depot von Thoth.

## Im alten Indien

Genau wie die alten Ägypter glaubten auch die alten indischen Weisen aus dem Himalaya an die Existenz der Akasha-Chroniken. Sie glaubten, dass jede Seele ihre eigenen Aufzeichnungen hat, in denen ihr ganzes Leben niedergeschrieben ist. Sie glaubten auch, dass die Menschen, wenn sie sich nur genug konzentrieren könnten, auf die Aufzeichnungen zugreifen und sie lesen könnten. Dieser Glaube hat sich bis zu den heutigen Lesungen von Palmblättern ausgeweitet. Wahrsager glauben, dass diese Blätter Teile der Akasha-Chroniken enthalten und dass jeder Mensch ein bestimmtes Blatt hat, auf dem Teile seiner Aufzeichnungen zu sehen sind. Nach dem Glauben der hinduistischen Mystik stellt das Akasha das Material dar, das zur Aufzeichnung von Taten, Gedanken, Wegen und Emotionen verwendet wird. Es wird angenommen, dass Akasha auch ein wesentlicher Bestandteil der natürlichen Elemente, wie Luft, Wasser und Feuer, ist. In diesem Sinne umfasst das Akasha alles und hält alle Elemente in Verbindung und im Einklang.

## In der Maya-Kultur

Die Akasha-Chroniken waren ein offenes Geheimnis in der Maya-Kultur. Selbst normale Menschen wussten von den Aufzeichnungen. Diejenigen, die sie lesen konnten, die Hohepriester und Priesterinnen, gaben das Wissen, das sie aus den Akasha-Chroniken gewonnen hatten, an andere Menschen weiter, um ihnen zu helfen, ihren Weg zu gehen und eine höhere Ebene des Wissens und der Gelassenheit zu erreichen. Einer der größten Beiträge der Maya im Zusammenhang mit den Akasha-Chroniken war vielleicht die Erschaffung des Heiligen Gebetes. Das Heilige Gebet hilft jedem, auf die Aufzeichnungen zuzugreifen und davon zu profitieren, wenn er sich in einem tiefen Zustand der Konzentration und spirituellen Verfassung befindet.

## In der westlichen Kultur

Östliche Zivilisationen und Kulturen sind nicht die einzigen Quellen für Informationen über die Akasha-Chroniken. Die westliche Kultur hat um das 16. Jahrhundert herum aufgeholt. Der berühmte Seher, Astrologe und Arzt Michel de Nostredame oder Nostradamus schrieb geheimnisvolle Gedichtverse, die zukünftige Ereignisse vorhersagten. Er sagte sogar den Großen Brand von Chicago 1871 und die Anschläge vom 11. September voraus. Es wird oft angenommen, dass er Zugang zu den Akasha-Chroniken hatte, indem er Mittel einsetzte, die aus griechischen Visionen und der Sufi-Mystik stammen. Eine der ersten expliziten Erwähnungen der Aufzeichnungen in westlichen Gesellschaften stammt aus dem späten 19. Jahrhundert. Die russische Okkultistin, Denkerin und Schriftstellerin Helena Petrovna Blavatsky sagte, dass Akasha viel Energie erzeugen könne, sei es physisch oder anderweitig. Rudolf Steiner, der bekannte österreichische Hellseher und Philosoph, behauptete, dass die Menschen über den materiellen Bereich hinausgehen könnten, um mehr Wahrheit und Wissen über sich selbst zu erlangen. Der vielleicht größte Befürworter der Akasha-Chroniken war Edgar Cayce, der als der schlafende Prophet bekannt war. Er hielt viele Sitzungen ab, in denen er die Fragen der Menschen beantwortete und ihnen auf der Grundlage seines Zugangs zu den Akasha-Chroniken Vorschläge zur Heilung machte. Im Gegensatz zu anderen Überzeugungen glaubte er, dass die Akasha-Chroniken nämlich auf der Erde zu finden seien. Er vertrat die Ansicht, dass die Menschen bereit seien, die Aufzeichnungen zu nutzen und ihr Schicksal zu gestalten. Interessanterweise offenbarten ihm die Aufzeichnungen während einer seiner Sitzungen, dass er krank werden würde, wenn er seine Lesungen fortsetzte. Er beherzigte die Warnung nicht und starb nur ein Jahr später.

# In religiösen Kontexten

## Im Christentum und Judentum

Die Akasha-Chroniken werden im Judentum und im Christentum unter verschiedenen Namen erwähnt. Man nennt sie entweder das Buch der Erinnerung oder das Buch des Lebens. Das Buch des Lebens, das in der Offenbarung des Johannes und in der hebräischen Bibel erwähnt wird, dient der Aufzeichnung der Namen von Menschen, die einen rechtschaffenen Weg eingeschlagen haben. Diejenigen, deren Namen in dem Buch zu finden sind, werden vom Jüngsten Gericht verschont. Das Buch des Lebens wird in der Offenbarung des Johannes mindestens sechsmal erwähnt.

### Im Islam

Die Akasha-Chroniken sind im Islam als das Totenbuch oder die Wohlverwahrte Tafel bekannt. Die Wohlverwahrte Tafel enthält alle Gedanken, Ereignisse und Absichten, die es seit Anbeginn der Zeit je gegeben hat. Der Hauptunterschied zwischen der islamischen Interpretation und anderen Auslegungen der Akasha-Chroniken ist der Glaube, dass jeder Mensch einen Engel hat, der seine Taten aufzeichnet. Diesem Glauben zufolge ist jedem Menschen ein Engel zugeordnet, der ihm folgt und alles aufzeichnet, was er tut.

# Die Vorteile des Lesens der Akasha-Chroniken

Nach dieser gesunden Dosis an Geschichte und allgemeinen Informationen über die Akasha-Chroniken fragen Sie sich jetzt vielleicht, welchen Nutzen Sie aus ihnen ziehen können. Der Zugriff auf die Akasha-Chroniken und das Lesen dieser Aufzeichnungen kann sich als lebensverändernde Erfahrung erweisen. Das umfangreiche Wissen, das Sie in den Aufzeichnungen finden, kann Ihnen die richtige Richtung weisen und Ihrem Leben einen dringend benötigten Sinn geben. Hier sind einige Vorzüge des Zugangs zu Ihren Akasha-Chroniken:

### Lernen Sie aus Ihren vergangenen Leben

Wir haben festgestellt, dass das Konzept der Reinkarnation eng mit den Akasha-Chroniken verknüpft ist. Die Aufzeichnungen zeigen die gesamte Geschichte Ihrer Seele, einschließlich Ihrer früheren Leben. Es ist ganz natürlich, dass Sie neugierig darauf sind, wer Sie in Ihren früheren Leben waren, denn eine solche Entdeckung kann Ihnen helfen zu wissen, wer Sie jetzt sind. Wenn Sie Ihre Akasha-Chroniken lesen, können Sie mehr über sich selbst erfahren und den Sinn Ihres Lebens herausfinden. Außerdem könnten sich einige Aspekte Ihrer früheren Leben auf Ihr jetziges Leben auswirken. Es kann zum Beispiel sein, dass Sie in einem früheren Leben von Armut geplagt waren und dass diese Armut nun ein Aspekt Ihres jetzigen Lebens ist. In ähnlicher Weise können bestimmte Phobien, die scheinbar keine bekannte Ursache oder keinen Auslöser haben, ein Zeichen für ein Problem in einem Ihrer früheren Leben sein. Wenn Sie erkennen, was Sie daran hindert, ein erfülltes, bereicherndes Leben zu führen, können Sie diese Blockaden auflösen und mehr Selbstvertrauen gewinnen.

### Finden Sie endgültige Antworten auf Ihre Fragen

Ständige Neugierde ist ein wichtiger Teil der menschlichen Erfahrung. Wir hinterfragen, zweifeln und suchen nach Antworten. Es kann sich jedoch als schwierig erweisen, endgültige Antworten auf Ihre großen Fragen zu finden. Schließlich sind Sie ein Sterblicher, der nicht über ein riesiges, göttliches Wissen verfügt. Was wäre, wenn ich Ihnen sagen würde, dass Sie dieses Wissen anzapfen und Antworten auf Ihre brennenden Fragen und mehr erhalten können? Der Zugang zu den Akasha-Chroniken und das Lesen dieser Aufzeichnungen kann genau das Richtige für Sie sein. Sie können von den Meistern und Lehrern der Aufzeichnungen etwas über die Geheimnisse des Universums erfahren und endlich den Frieden finden, nach dem Sie sich immer gesehnt haben.

## Mehr Selbstvertrauen gewinnen

Alle Menschen erleben Momente, in denen negative Gedanken ihr Leben beherrschen. Dieser natürliche und doch beängstigende Teil der Existenz kann Ihre Pläne durchkreuzen und Sie an sich selbst zweifeln lassen. Diese Momente des Selbstzweifels können dazu führen, dass Sie sich selbst unterschätzen oder sogar die Aktivitäten aufgeben, die Ihnen am meisten am Herzen liegen. Da wir gelegentlich Bestätigung brauchen, müssen wir auf etwas vertrauen, das größer ist als wir selbst und das alles Wissen in sich trägt. Die Akasha-Chroniken können Ihnen dabei helfen, sich Ihres Wertes und Ihrer Talente zu vergewissern. Die Bestätigung, die Ihnen die Aufzeichnungen geben, könnte Sie in die Lage versetzen, Ihr Leben fortzusetzen und den wesentlichen Plan Ihrer Seele zu erkennen. Dies wird nicht nur Ihre Lebensqualität verbessern, sondern Ihnen auch helfen, fundierte Entscheidungen auf der Grundlage der Identität und der Talente Ihrer Seele zu treffen.

## Einen Zufluchtsort haben

Wir alle träumen davon, einen sicheren Ort, einen Zufluchtsort zu haben, wo wir alle Zeit der Welt haben, um nachzudenken und zu wachsen. Die Akasha-Chroniken bieten den perfekten Ort dafür. Sie sind an sich schon ein Zufluchtsort, an dem Sie sich einfach ein paar Minuten Zeit nehmen können, um sich zu entspannen und Ihre Alltagssorgen zu vergessen. Nichts ist in den Aufzeichnungen übereilt und Sie sind nicht an den Zeitplan von jemand anderem gebunden. Es ist ein Ort, an dem die Konzepte von Zeit und Raum verschwinden und Sie eine organische, reflektierende Erfahrung machen können, durch die Sie wissen, wer Sie sind und wer Sie sein werden. Das ist vielleicht der Grund, warum viele Menschen, die Zugang zu den Akasha-Chroniken hatten, mehrmals am Tag zu ihnen zurückkehren, um zu meditieren und nachzudenken. Es ist ein Ort, der nur von Gelassenheit und Wissen beherrscht wird.

## Einen Blick auf die zukünftigen Möglichkeiten

Hier zeigt sich das Potenzial der Akasha-Chroniken. Da die Aufzeichnungen Informationen über die Vergangenheit, die Gegenwart und die Zukunft enthalten, umfassen sie alle möglichen Wege, die Ihre Seele einschlagen kann. Der Zugang zu Ihren Akasha-Chroniken und das Lesen dieser Aufzeichnungen kann eine erhellende Erfahrung sein. Anstatt sich über die Zukunft mit all ihren Unwägbarkeiten und unbekannten Wegen Gedanken zu machen, können Sie sich alle Möglichkeiten vor Augen führen. Die Akasha-Chroniken fungieren allerdings nicht als Kristallkugel, die Ihnen Ihre Zukunft zeigt, denn nur Sie können Ihr Schicksal gestalten. Aber das Wissen, das sie enthalten, kann Ihnen helfen, das gewünschte Ergebnis auf der Grundlage Ihrer bewussten Entscheidungen zu erzielen. Edgar Cayce hätte sich zum Beispiel von seinen Akasha-Lesungen zurückziehen können, um gesundheitliche Probleme zu vermeiden, doch er hat sich dagegen entschieden. Die Möglichkeiten, die Ihnen die Aufzeichnungen zeigen, sind lediglich Ereignisse, die eintreten könnten, je nachdem, was Sie wählen. Die Einblicke, die sie bieten, sind dennoch informativ.

### Verbessern Sie Ihre Beziehungen

Manchmal wünschen wir uns, wir wüssten mehr darüber, wie wir unsere Beziehungen verbessern können. Wenn Sie zu den Menschen gehören, denen es schwerfällt, zwischenmenschliche Beziehungen aufzubauen und aufrechtzuerhalten, kann das Lesen Ihrer Aufzeichnungen Ihnen helfen, dieses Problem zu überwinden. Indem Sie Informationen über Ihre vergangenen Leben erhalten, können Sie herausfinden, was Sie daran hindert, gesunde Beziehungen zu führen, zu heilen und zu vergeben, anstatt sich mit Negativität zu überfluten. Und Sie können mehr über Ihre Liebsten erfahren, was Ihnen helfen wird, Ihre Beziehung zu ihnen zu verbessern.

### Wahre Glückseligkeit erleben

Die Akasha-Chroniken strahlen eine ungeheure Menge an Licht aus, welches sich für den Durchschnittsmenschen berauschend anfühlen kann. Wenn Sie an den Toren der Akasha-Chroniken stehen, können Sie einen Blick auf dieses Licht erhaschen und in einen Zustand völliger Verzückung eintreten. Dieser Zustand entsteht durch die Menge an göttlicher Energie, der Sie ausgesetzt sind, wenn Sie Ihre Aufzeichnungen lesen. Während dieses Prozesses sollten Sie sich mehr im Einklang mit Ihrer Seele und der göttlichen Natur, die Sie umgibt, fühlen.

# Kapitel 2: Verbreitete Mythen und Missverständnisse

Um die Akasha-Chroniken ranken sich einige weit verbreitete Mythen und Missverständnisse, die hauptsächlich auf mangelndem Wissen beruhen. In diesem Kapitel werden wir diese Mythen im Detail besprechen und erläutern, warum Menschen die Akasha-Chroniken für ihre moralische, spirituelle und psychologische Erfüllung nutzen sollten.

## Verbreitete Mythen über die Akasha-Chroniken

Wie Sie im vorigen Kapitel gelesen haben, bestehen die Akasha-Chroniken aus einer Aufzeichnung dessen, was geschehen ist, was gerade geschieht und was geschehen wird. Sie sind mächtige und intuitive Werkzeuge, die lebensverändernde Informationen enthalten und dem Leser helfen können, sich mit verschiedenen Aufzeichnungen zu verbinden. Den Aufzeichnungen zufolge ist die Zeit flach und etwas, das vor vielen Jahren passiert ist, könnte Ihnen auch heute oder morgen widerfahren.

Alles hat seine Akasha-Chroniken, die man auch als Buch des Lebens bezeichnen kann. Es gibt jedoch einige Mythen, die sich mit den Akasha-Chroniken befassen, und einige Missverständnisse, die wir aufklären wollen. Verschiedene Mythen und Missverständnisse überschneiden sich gelegentlich, daher werden die beiden Begriffe in diesem Kapitel austauschbar verwendet.

## Nur wenige können die Akasha-Chroniken verstehen und interpretieren

Der größte Mythos, der sich um die Akasha-Chroniken rankt, besagt, dass nur einige wenige Personen, die heiliger als alle anderen sind, von Gott gesalbt sind, um die Aufzeichnungen zu verstehen. Diesem Mythos zufolge können die Aufzeichnungen nur von einigen wenigen Menschen verstanden werden, die die Gabe haben, sie für andere zu interpretieren. Dieser Mythos basiert auf dem Selbstwertgefühl der Menschen, die sich selbst oft als besser als andere betrachten wollen. Dieser Mythos besagt, dass Sie nicht würdig sind, wenn Sie nicht auserwählt sind.

Die Wahrheit über diesen Mythos ist, dass wir alle einen Akasha-Datensatz haben, der schon seit sehr langer Zeit Teil unseres Lebens ist. Die Aufzeichnungen stammen aus der gleichen Quelle wie alle anderen, was zeigt, dass wir alle aus der gleichen Energie stammen. Da wir also alle vollkommen sind und Zugang zu allen Dingen haben, die wir brauchen, sind wir, wenn wir sorgfältig wählen, mehr oder weniger gleich. Keiner ist mehr wert als ein anderer. Um diesen Mythos zu widerlegen, stützt sich das Gegenargument stark auf die Gleichheit, die besagt, dass wir alle vor Gott gleich sind. Dies ermöglicht es jedem, die Bedeutung der Aufzeichnungen zu verstehen, ohne die Hilfe der so genannten Auserwählten in Anspruch nehmen zu müssen.

## Die Menschen sollten zu Lebzeiten keinen Zugang zu den Akasha-Chroniken haben

Es gibt auch einen falschen Glauben, der besagt, dass Menschen zu Lebzeiten keinen Zugang zu den Akasha-Chroniken haben sollten. Der Mythos besagt, dass die Menschen nur das Privileg haben, in die Aufzeichnungen zu schauen, wenn sie sterben. Eine genauere Analyse dieses Mythos zeigt, dass er keinen Sinn ergibt, da es der Logik widerspricht, dass die Quelle Aufzeichnungen über unsere Handlungen, Taten, Gedanken und andere Informationen über unser Leben erstellt, die nur verwendet werden können, wenn wir tot sind.

Der Zweck der in den Aufzeichnungen gespeicherten Informationen ist, dass wir sie in unserem Leben anwenden können, damit sie uns helfen, fundierte, lebensverändernde Entscheidungen zu treffen. Die Aufzeichnungen sollen uns dabei helfen, verschiedene Fähigkeiten und Techniken zu erlernen und zu beherrschen, die unser Leben verbessern können, anstatt erst nach unserem Tod auf diese Informationen zuzugreifen. Wir werden mit den Werkzeugen ausgestattet, die uns helfen können, während unseres gesamten Lebens ausgerichtete und angemessene Entscheidungen zu treffen, anstatt darauf zu warten, dass wir erst sterben und dieses Wissen dann anwenden. Ebenso leben wir nur einmal, also sollten wir das Wissen, das wir erwerben, nutzen, um unser Leben zu verbessern.

### Die Menschen suchen in den Akasha-Chroniken nach Antworten auf die Zukunft

Dies ist ein Irrglaube, der behauptet, dass Menschen die Aufzeichnungen um Antworten über die Zukunft bitten können. Manchmal sind die Antworten, die Sie erhalten, nicht unbedingt so, wie sie von den Aufzeichnungen vorgeschlagen oder beschrieben werden. Wenn Sie die Akasha-Chroniken um Antworten bitten, sollten Sie immer daran denken, dass Sie der Herr über Ihr Schicksal sind. Sie sollten also Ihr Leben selbst in die Hand nehmen und wissen, dass die Aufzeichnungen dazu da sind, Ihnen den wahrscheinlichsten Ausgang einer Sache auf der Grundlage des Verlaufs der Ereignisse, in dem Sie sich bereits befinden, zu zeigen.

Die Aufzeichnungen sind nicht gleichbedeutend mit Prophezeiungen, sondern dienen lediglich als Richtlinien, die Ihnen helfen können, auf der Grundlage des Ergebnisses einer ähnlichen Situation, die bereits eingetreten ist, zu entscheiden. Es kann auch dieselbe Route entstehen, und Sie können sie nutzen, um Ihren neuen Weg zu finden. Sie können die Aufzeichnungen jedoch nutzen, um Ihre möglichen Ergebnisse aus einem bestimmten Szenario umzuleiten, anstatt sich darauf zu verlassen, dass die Aufzeichnungen Ihnen Antworten liefern. Die Aufzeichnungen sind effektiv, weil sie Ihnen helfen, das wahrscheinliche Ergebnis einer Situation auf der Grundlage von Erfahrungen zu projizieren. Hier ist es die Erfahrung, die Ihnen helfen kann, wahrscheinliche Antworten aus den Dingen abzuleiten, die noch nicht eingetreten sind.

### Akasha-Chroniken werden benutzt, um Menschen zu kontrollieren

Ein weiterer Irrglaube ist, dass die Akasha-Chroniken eine Form von Mysterium sind, das dazu dient, Menschen zu kontrollieren. In anderen Bereichen verschiedener Gesellschaften werden diese Aufzeichnungen als ein Kult angesehen, der von Sekten und Religionen kontrolliert wird, um Macht über andere Menschen zu erlangen. Bestimmte Religionen versuchen, andere Menschen zu kontrollieren, damit sie Macht erlangen und mehr Geld verdienen können, aber die Akasha-Chroniken sind nicht wie diese Sekten. Es sind Aufzeichnungen, auf die man sich verlassen kann, wenn es darum geht, das Leben zu verändern und andere Bedürfnisse zu stillen.

Wenn Sie die Aufzeichnungen also zur spirituellen, moralischen und psychologischen Orientierung nutzen, kann Sie niemand kontrollieren. Die einzige Person, die Sie kontrollieren kann, ist derjenige, dem Sie dies erlauben. Wenn Sie zum Beispiel einer religiösen Sekte beitreten, geben Sie den Führern eine gewisse Macht, Sie zu kontrollieren. Ansonsten haben Sie die volle Kontrolle über Ihr Leben, und niemand kann Sie kontrollieren, wenn Sie es nicht zulassen. Die Akasha-Chroniken bieten Ihnen nämlich die Möglichkeit, persönliche Entscheidungen im Leben zu treffen, ohne dass Sie von anderen Menschen übermäßig beeinflusst werden.

### Der Zugriff auf die Akasha-Chroniken greift in den Seelenplan ein

Manche Menschen glauben, dass sie keinen Zugang zu den Akasha-Chroniken haben dürfen, weil sie damit ihren Seelenplan verfälschen würden. Dieser Mythos besagt, dass Ihnen der Führer einen Seelenplan gibt, der zur Implosion der ganzen Welt führen kann, wenn Sie daran herumpfuschen. Es gibt jedoch keinen Grund, Ihnen den Zugang zu etwas vorzuenthalten, das bereits geschrieben oder aufgezeichnet wurde. Alles, was geschrieben ist, hat einen Sinn, und die Aufzeichnungen sind da keine Ausnahme. Es sind die Lebenden, die lesen können, so dass wir erkennen können, dass die Aufzeichnungen speziell für uns gedacht sind, um gelesen zu werden.

Sie können Ihren Weg in Absprache mit Ihren spirituellen Führern wählen, die die Verantwortung haben, Sie auf Ihrem Weg zum Wachstum der Seele zu begleiten. Die Führer sind nur dazu da, Ihnen zu helfen, wobei es kein Urteil oder eine Hierarchie gibt, die Ihnen Angst machen könnte. Sie können von den Führern so viel Unterstützung erhalten, wie Sie wollen, denn Sie haben einen freien Willen. Wenn Sie auf Ihre Aufzeichnungen zugreifen, wird Ihre Realität nicht beeinträchtigt werden. Während Sie lernen, wird alles freudig und unterhaltsam sein. Die Informationen sind nicht in Stein gemeißelt und Sie haben die Macht und den Willen, sie so zu verändern, dass sie Ihren Bedürfnissen entsprechen.

Sie können die Informationen auswählen, die Ihnen helfen, das beste Leben für sich selbst zu schaffen. Sie können sich von anderen helfen lassen, während Sie die Informationen wählen, die für Ihr Leben wirklich von Bedeutung sind. Der Zugriff auf Informationen aus den Aufzeichnungen beeinträchtigt also nicht Ihren Seelenplan, sondern gibt

Ihnen stattdessen seine Kraft und Stärke, damit Sie Ihre Ziele und Wünsche verwirklichen können.

## Ich bin nicht begabt genug, um auf die Aufzeichnungen zuzugreifen

Dieser Mythos entspringt einem Minderwertigkeitskomplex bei verschiedenen Menschen. Während jeder auf die Aufzeichnungen zugreifen kann, gibt es Menschen, die behaupten, sie seien nicht begabt genug, um dies zu tun. Die Frage ist, wer sagt das? Sie sollten sich auch fragen, warum Sie das Gefühl haben, dass Sie weniger wert sind. Der Glaube, den Sie an sich selbst hegen, kann Ihnen das Gefühl geben, dass Sie nicht begabt sind, auf die Aufzeichnungen zuzugreifen, aber die Wahrheit ist, dass dies nichts mit den Aufzeichnungen zu tun hat. Manchen Menschen fehlt es an Selbstvertrauen, und das sind die Menschen, die glauben, dass bestimmte Dinge unmöglich sind.

Der Zugang zu Ihren Aufzeichnungen sollte eine Frage der persönlichen Entscheidung sein, und nichts kann Sie davon abhalten. Dies hilft Ihnen, Ihre Talente und göttlichen Gaben zu erkennen, die den Glauben und die Bereitschaft erfordern, die Verbindung zuzulassen. Um diese Verbindung herzustellen, müssen die Menschen an der Beziehung arbeiten. Ihre Bereitschaft, sich zu verbinden, wird Ihre Verbindung mit Ihren Aufzeichnungen bestimmen. Das Wichtigste, woran Sie arbeiten sollten, ist die Überwindung eines Minderwertigkeitskomplexes, der Ihnen das Gefühl geben kann, dass Sie nicht begabt genug sind. Nur dann werden Sie in der Lage sein, Zugang zu Ihren Aufzeichnungen zu erhalten und Ihr Leben zu verändern.

Eine positive Einstellung führt zu einer Verhaltensänderung, die wiederum Ihre Wahrnehmung und Ihr Weltbild prägen kann. Manche Menschen glauben einfach, dass sie etwas nicht tun können, weil sie Angst haben. Anstatt zu denken, dass Sie nicht begabt genug sind, um Zugang zu den Aufzeichnungen zu erhalten, ist es wichtig, dass Sie eine positive Einstellung haben. Um die Angst vor dem Unbekannten zu überwinden, sollten Sie sich selbst daran erinnern, dass nichts unmöglich ist.

## Ich habe Angst davor, negative Dinge über mich zu erfahren

Es ist ganz natürlich, diese Art von negativer Intuition über sich selbst zu haben, aber die Wahrheit ist, dass Sie nicht so schlecht sind, wie Sie denken. Manche Menschen fürchten sich davor, ihre Aufzeichnungen zu öffnen, weil sie befürchten, Schlechtes über ihre Vergangenheit und ihren Beitrag zur Welt zu erfahren. Dieser Angstfaktor wird hauptsächlich durch einen Mangel an Selbstvertrauen ausgelöst und hat zum Untergang vieler

Menschen beigetragen. Sie sollten jedoch wissen, dass jeder Mensch eine Aufgabe auf diesem Planeten hat und dass Ihr Beitrag nicht wie der jedes Einzelnen sein kann. Die Tatsache, dass Sie von Bedeutung sind, sollte Ihnen helfen, die negativen Wahrnehmungen zu überwinden, die Sie vielleicht über sich selbst haben.

Die Aufzeichnungen konzentrieren sich hauptsächlich auf Liebe und Wahrheit. Diese beiden Komponenten spielen eine entscheidende Rolle bei der Gestaltung unserer Integrität und der Art und Weise, wie wir mit anderen in der Gesellschaft umgehen. Daher sollten Sie Ihre Persönlichkeit akzeptieren und sich daran erinnern, dass die Aufzeichnungen aus Liebe gemacht werden, um Ihnen zu helfen, Schwächen zu erkennen, damit Sie diese ausräumen können. Die Aufzeichnungen zielen auch darauf ab, Ihnen die Kraft zu geben, einen ansprechenden Weg zu erschaffen, auf dem Sie das Richtige dem Falschen vorziehen. Im Grunde genommen streben wir alle danach, rechtschaffen zu sein, und das können wir erreichen, wenn wir in der Lage sind, aus früheren Fehlern zu lernen, so dass wir vermeiden, denselben Weg noch einmal einzuschlagen.

Das Urteil über sich selbst ist überholt, denn es kann Sie nur noch mehr in die Schande stürzen. Wenn Sie Fragen an die Aufzeichnungen stellen, sollten Sie nicht immer positive Kommentare erwarten. Im wirklichen Leben ist konstruktive Kritik lebenswichtig, denn sie hilft uns zu erkennen, wo unsere Schwächen liegen. Wenn Sie Ihre Schwächen kennen, sind Sie in einer besseren Position, sich zu verbessern und ein besserer Mensch zu werden.

### Akasha-Chroniken können Informationen liefern, um Probleme sofort zu lösen

Es gibt auch den Irrglauben unter den Menschen, dass die Akasha-Chroniken spezifische Informationen liefern können, die dem Leser helfen, Probleme sofort zu lösen. Auf die eine oder andere Weise erlebt jeder Mensch Verwirrung und Frustration im Leben, so dass er göttliches Eingreifen sucht, um die Herausforderungen zu bewältigen. Manche Menschen glauben, dass sie, wenn sie sich an die Aufzeichnungen wenden, sofort Antworten erhalten, die ihre Probleme lösen können.

In der Tat erhalten Sie Unterstützung und Antworten auf die Fragen und Probleme, die Sie im Leben haben, aber Sie sollten nicht erwarten, dass alles plötzlich kommt. Der Zweck der Akashi-Chroniken ist es, Ihnen bei der Selbsterkenntnis zu helfen, damit Sie die Wahrheit über das, was

Sie von sich selbst wollen, herausfinden können. Sie können sich mit Ihren Fragen an die Aufzeichnungen wenden. Was Sie erwarten sollten, ist keine schnelle Antwort, sondern eine Anleitung, die Ihnen helfen kann, die Herausforderungen zu bewältigen, mit denen Sie konfrontiert sind.

Die Antwort, die Sie erhalten, hilft Ihnen, Ihr Herz und Ihre Seele für andere Alternativen zu öffnen, die Ihnen bei der Lösung der Herausforderungen nützlich sein können, mit denen Sie konfrontiert sind. Es gibt verschiedene Problemlösungsstrategien, die Sie anwenden sollten, um dauerhafte Lösungen für die Herausforderungen zu finden, mit denen Sie zu einem bestimmten Zeitpunkt konfrontiert sind. Sie können sich zwar Hilfe bei der Lösung verschiedener Probleme holen, aber die endgültigen Lösungen kommen von Ihrem Herzen, das weiß, was gut für Sie ist.

### Können die Akasha-Chroniken meine Zukunft positiv beeinflussen?

Die Akasha-Chroniken befassen sich speziell mit Ihrer Intuition in der Gegenwart, und es herrscht oft der Irrglaube, dass sie Ihre Zukunft vorhersagen und zu etwas Großartigem machen können. Die Aufzeichnungen haben nichts mit dem Erwerb einzigartiger Fähigkeiten zu tun, die Ihre Zukunft verändern können, sondern sie helfen Ihnen einfach, zu lernen, sich selbst zu vertrauen. Mangelndes Vertrauen ist die Hauptursache für das Scheitern von Menschen. Vertrauen in sich selbst ist daher ein wichtiger Schritt auf dem Weg zur Erreichung Ihrer gewünschten Ziele im Leben.

Die Aufzeichnungen erweitern nicht Ihre übersinnlichen Fähigkeiten. Sie können Ihnen nur helfen, mit der Angst fertig zu werden und gleichzeitig den Unglauben in Ihnen zu erkennen, der Ihren Wunsch nach einem glücklichen Leben beeinträchtigen kann. Sie können Ihnen helfen, sich für jede Gelegenheit zu öffnen, die sich Ihnen bietet. Die Aufzeichnungen sind auch insofern erstaunlich, als sie Ihnen helfen, sich der verschiedenen Dinge, die Ihr Leben beeinflussen können, bewusst zu werden. Da die Aufzeichnungen eine spirituelle Praxis darstellen, sollten Sie sie nutzen, um sich beraten zu lassen, damit Sie Ihre Träume mit Zuversicht verfolgen können. Um auf dem richtigen Weg zu sein, sollten Sie eine gewisse Bereitschaft zeigen, Ihre Meinung auch zu ändern, so dass Sie eine andere Weltsicht entwickeln können.

Wie Sie oben festgestellt haben, sind die Akasha-Chroniken ein erstaunliches Werkzeug, das von jedem, der offen ist, genutzt werden kann. Sie können die Aufzeichnungen öffnen und alles über Ihr Leben fragen. Die Aufzeichnungen können Ihre Seele auf eine andere Ebene heben, insbesondere wenn Sie die verborgene Wahrheit über Ihre Persönlichkeit entdecken. Sie sind lebensverändernd und können Ihnen helfen, Ihr Schicksal zu gestalten. In der Tat kann niemand außer uns selbst unser Schicksal bestimmen, daher sind die Akasha-Chroniken der beste Ausgangspunkt, wenn Sie in Ihrem Leben Großes erreichen wollen.

# Kapitel 3: Die ewige Zeitleiste

Wie im vorangegangenen Kapitel erläutert, enthalten die Akasha-Chroniken jeden Gedanken, jede Absicht und jede Emotion, die Sie in diesem oder in früheren Leben jemals empfunden haben. Die Aufzeichnungen enthalten auch mögliche zukünftige Ergebnisse, weshalb Sie vielleicht versucht sind, Ihre Aufzeichnungen aufzurufen und zu lesen. Die Akasha-Chroniken der Vergangenheit, Gegenwart und Zukunft bilden die sogenannte ewige Zeitleiste. Diese Zeitlinie kann durch den Pathway Prayer Prozess leicht erreicht werden. Bevor Sie jedoch erfahren, wie Sie auf die Aufzeichnungen zugreifen können, müssen Sie den Unterschied zwischen Aufzeichnungen der Vergangenheit, der Gegenwart und der Zukunft kennen.

### Vergangene Aufzeichnungen

Ihre Seele kann sich aus vielen Gründen für eine Reinkarnation entscheiden. Manche wollen einfach nur die Fehler und Muster ihrer früheren Leben korrigieren, während andere die Glückseligkeit genießen wollen, die die Lebenserfahrungen bieten können. Es bedarf vieler Reinkarnationen, um den wesentlichen Entwurf Ihrer Seele oder den perfektesten Zustand zu erreichen. Nichtsdestotrotz zeigt Ihre Bereitschaft, Ihre Aufzeichnungen zu öffnen, dass dieses Leben der Wendepunkt für Sie sein könnte. Zweifellos können Ihre vergangenen Leben durch Ihr aufgezeichnetes Karma Ihr jetziges Leben beeinflussen. Im Sanskrit bedeutet das Wort normalerweise Tat oder Handlung, aber Karma geht in der Regel darüber hinaus. Es schließt auch Ihre Gedanken und Emotionen mit ein. Traumatische Erfahrungen oder negative Gedanken und Emotionen können in unserem jetzigen Leben Blockaden erzeugen. Das kann uns daran hindern, unser Leben in vollen Zügen zu genießen. Viele Menschen versuchen daher, ihre Aufzeichnungen aus der Vergangenheit zu öffnen, um die Ursache für ihre Probleme zu finden. Doch zunächst müssen Sie den Hinweisen in Ihrem jetzigen Leben nachgehen, die auf die Möglichkeit hinweisen, dass Ihr früheres Leben Sie jetzt beeinflusst.

Schauen Sie sich Ihre aktuellen Verhaltensmuster an. In der Regel sind die aktuellen Muster das Ergebnis alter Muster. Wenn Sie zum Beispiel nicht in der Lage sind, die Verantwortung für Ihre Arbeit zu übernehmen und alle paar Monate von einem Job zum nächsten springen, könnte dies ein Hinweis darauf sein, dass Sie in Ihren früheren Leben Probleme mit Stabilität und Verantwortung hatten. Dies gilt auch für Suchterkrankungen und negative Gedankenmuster. Menschen, die von negativen Gedanken geplagt werden oder sich in negativen Mustern verlieren, haben oft zerstörerische Muster aus früheren Leben, die immer wiederkehren. Um solchen Verhaltensmustern Einhalt zu gebieten, müssen Sie Ihre Vergangenheitsaufzeichnungen öffnen, um die Wurzel des Problems zu finden.

Auch chronische körperliche oder medizinische Probleme wie Arthritis können auf traumatische Ereignisse oder Unfälle in der Vergangenheit hinweisen. Wenn Sie zum Beispiel unter chronischen Schmerzen leiden, die sich nicht heilen lassen, egal wie viele Behandlungen Sie bekommen, könnten Sie herausfinden, dass sie das Ergebnis einer schweren Verletzung sind, die Sie in einem Ihrer früheren Leben erlitten haben. Auch Ihre finanzielle Situation kann durch Ihre früheren Leben beeinflusst werden. Wenn Sie die Muster der Armut, die Ihr Leben beherrschen, untersuchen und auf Ihre Aufzeichnungen zugreifen, könnten Sie überrascht sein zu entdecken, dass Sie schon einmal unter den gleichen Umständen gelitten haben und dass sich das Muster gerade wiederholt.

Ein weiterer Aspekt, den viele untersuchen möchten, sind ihre Beziehungsprobleme. Bedauerlicherweise hat es nicht jeder so einfach und manche können keine sinnvollen Beziehungen aufbauen oder aufrechterhalten. Wenn Sie zu diesen Menschen gehören, können Sie sich sicher sein, dass mit Ihnen alles in Ordnung ist. Das Karma der Vergangenheit kann ein plausibler Grund für Ihre Unzufriedenheit in persönlichen Beziehungen sein. Die Gedanken, die wir in uns aufnehmen, bilden die Energie, die in die Akasha-Chroniken fließt und Ihre Entwicklung bestimmt. Ihr früheres Ich hat sich vielleicht auf negative Gedanken über die Liebe konzentriert. Sie hatten vielleicht das Gefühl, dass sie dieser Liebe nicht würdig sind oder dass sie eine Quelle der Schwäche ist. Diese Gedanken sind nun in Ihren Vergangenheitsaufzeichnungen festgehalten und beeinflussen weiterhin Ihre aktuellen Beziehungen. Es gibt jedoch keinen Grund, sich zu ärgern, denn Sie können das Problem beheben, indem Sie seine Ursache beseitigen.

Die Funktionsweise des Karmas im Zusammenhang mit den Akasha-Chroniken kann leicht missverstanden werden, aber Sie müssen wissen, dass es sich dabei nicht um ein Urteil oder eine Strafe handelt. Es ist einfach eine Aufzeichnung darüber, wie Sie in der Vergangenheit gelebt haben. Tatsächlich enthalten Ihre vergangenen Aufzeichnungen Millionen von positiven Erfahrungen, aus denen Sie lernen können. Selbst traumatische Ereignisse und Erfahrungen bieten eine große Gelegenheit, zu wachsen und den vollkommensten Zustand Ihrer Seele zu erreichen. Es gibt drei Gründe für Karma: Wiederholung, Vergeltung und Kompensation. Wiederholung bezieht sich auf ein Verhaltensmuster, das immer wieder auftritt. Doch jedes Mal, wenn es das tut, wird es gefährlicher. Wenn zum Beispiel jemand in einem früheren Leben leichte Probleme mit übermäßigem Essen hatte, kann sich ein solches Muster in seinem jetzigen Leben wiederholen und zu schwerwiegenderen Folgen wie Essstörungen führen. Vergeltung hingegen bezieht sich auf negative oder schwierige Beziehungen in der Vergangenheit. Negative Aspekte von Beziehungen wie Missbrauch und Misstrauen in einem früheren Leben können ein Muster erzeugen, das sich in Ihren gegenwärtigen Beziehungen fortsetzt und diese beeinflusst. Kompensation bezieht sich schließlich auf Dinge, die Ihnen in Ihren früheren Leben gefehlt haben und die Sie in diesem Leben zu kompensieren versuchen. Diese Kompensation kann jedoch gefährlich sein. Wenn Sie in einem früheren Leben arm waren, kompensieren Sie dies jetzt vielleicht durch übermäßige Ausgaben. Übermäßige Ausgaben sind mit Sicherheit eine negative Kompensation und ein Muster, das Sie aus Ihrem Leben streichen müssen.

Wie können Sie also etwas reparieren, das bereits aufgezeichnet wurde? Nun, der Prozess nennt sich Umschreiben Ihrer vergangenen Aufzeichnungen. So unmöglich das auch klingen mag, Sie müssen wissen, dass Sie die volle Kontrolle über Ihre Aufzeichnungen haben und Ihre vergangenen Aufzeichnungen umschreiben können, sobald Sie genügend Erleuchtung erlangt haben. Beginnen Sie damit, sich auf den einen Aspekt zu konzentrieren, den Sie betrachten möchten. Sie können sich zum Beispiel auf Ihre Beziehungsprobleme konzentrieren. Ihre Akasha-Chroniken lassen Sie dann das vergangene Ereignis sehen, das zu Ihren Problemen geführt hat. Wenn Sie diese Erfahrung sehen und verstehen, können Sie sie umschreiben. Stellen Sie sich dazu eine bessere Lösung für die Situation vor. Nehmen wir an, Sie finden derzeit keinen Partner. Wenn Sie sich Ihre Aufzeichnungen aus der Vergangenheit ansehen, entdecken Sie vielleicht, dass Sie in einem Ihrer früheren Leben eine schwierige Beziehung zu Ihrem Ehepartner hatten. Sie können dann das Ergebnis dieser Beziehung ändern, indem Sie sich vorstellen, dass Sie begonnen haben, einander mehr zuzuhören und Ihre Ehe zu reparieren. Das sollte die Blockade, unter der Sie leiden, beseitigen und Ihnen ermöglichen, eine gesunde Beziehung zu führen.

## Gegenwärtige Aufzeichnungen

Während der Zugang zu Ihren Aufzeichnungen aus der Vergangenheit Ihnen helfen kann, Ihr Leben zu heilen und Blockaden zu lösen, hat das Lesen Ihrer gegenwärtigen Akasha-Chroniken noch viele weitere Vorteile. Jeder Augenblick ist in den Aufzeichnungen detailliert festgehalten und Ihre Seele schwingt ständig und versorgt Ihre Aufzeichnungen mit genügend Energie, um alles zu erfassen. Was bedeutet das für Sie? Es bedeutet, dass Ihr aktuelles Verhalten, Ihre Gedankengänge und Emotionen kontinuierlich aufgezeichnet werden und sich mit Sicherheit auf Ihre Zukunft auswirken werden. Wenn Sie in einem Ihrer nächsten Leben Ihre Aufzeichnungen aus der Vergangenheit lesen, werden Ihre aktuellen Entscheidungen entweder zu einem zufriedenstellenden oder zu einem mangelhaften Leben geführt haben. Deshalb ist es äußerst wichtig, dass Sie sich selbst kontrollieren und positive Gedanken und Gefühle durchsetzen.

## Identifizierung aktueller negativer Verhaltensmuster

Das Öffnen Ihrer gegenwärtigen Akasha-Chroniken kann Licht auf Ihre derzeitigen Verhaltensmuster werfen. Es kann Ihnen sowohl Ihre positiven als auch Ihre negativen Muster zeigen. Obwohl Sie Ihre gegenwärtigen Aufzeichnungen nicht umschreiben können, weil sie sich ständig verändern, können Sie Ihr Verhalten im wirklichen Leben ändern. In diesem Sinne sind die Akasha-Chroniken nämlich nur dazu da, Ihnen dabei zu helfen, destruktive Muster zu erkennen und sie zu korrigieren. Sie könnten zum Beispiel mit Alkoholismus kämpfen und sich nicht bewusst sein, dass dies zu einem echten Problem geworden ist. Ihre gegenwärtigen Aufzeichnungen können Ihnen helfen, dies aus einer anderen Perspektive zu sehen, so dass Sie schließlich erkennen können, dass Sie tatsächlich ein Problem haben. Dieses Wissen können Sie dann nutzen, um Ihr Leben zu verbessern und die Schwingungen Ihrer Seele zu erhöhen.

### Erkennen von Mustern negativer Gedanken und Emotionen

Sie sind das einzige Wesen, das für Ihr Glück verantwortlich ist, und Sie sind der Einzige, der sich für ein glückliches Leben entscheiden kann. In diesem Sinne haben Ihre derzeitigen Gedanken und Emotionen einen großen Einfluss auf Ihre Zukunft. Die Art und Weise, wie Sie sich selbst wahrnehmen, ist von äußerster Wichtigkeit. Wenn Sie ständig negative oder sich selbst herabsetzende Gedanken haben, können Sie Ihre gegenwärtigen Aufzeichnungen öffnen, um das Problem zu untersuchen und mehr Klarheit darüber zu finden. Wir werden nicht für die Macht des positiven Denkens plädieren, denn es hat sich bereits als wirksam erwiesen, aber Sie müssen sich tatsächlich Ihres Selbstwertes vergewissern und Ihr Selbstwertgefühl stärken, wenn Sie Ihr Leben verändern wollen. Da die Akasha-Chroniken sehr empfindlich auf alles reagieren, was wir denken, fühlen oder tun, müssen wir immer positiv denken, auch wenn wir mit schwierigen Situationen konfrontiert sind. Wenn Sie sich zum Beispiel nur auf die schlechten Seiten Ihres Jobs konzentrieren, wird dies in Ihren Aufzeichnungen vermerkt und kann bei Ihrer nächsten Reinkarnation sogar zu Problemen führen. Stattdessen können Sie sich auf die positiven Aspekte konzentrieren, sei es eine Erfahrung oder ein finanzieller Gewinn. Wenn Sie mit einer schwierigen Aufgabe betraut werden, können Sie sich statt „Ich schaffe das nicht" sagen: „Es ist sicherlich eine schwierige Aufgabe, aber ich bin sicher, dass ich es schaffen kann." Wenden Sie dies auf jeden Aspekt Ihres Lebens an, und Sie werden erstaunliche Ergebnisse erzielen.

### Negative spirituelle Muster erkennen

Ihr Geist mag durch die Schwierigkeiten, mit denen Sie konfrontiert sind, oder die alltäglichen Sorgen, die Sie bewältigen müssen, belastet sein. Das bedeutet jedoch nicht, dass es keine Möglichkeit gibt, dies zu beheben. Um dies zu bekämpfen, müssen Sie sich auf Ihre negativen Verhaltens-, Gedanken- und Gefühlsmuster konzentrieren und sich dabei von den vorhergehenden Punkten leiten lassen. Auf diese Weise können Sie Ihre Seele effektiv heilen und ihr helfen, alte Sorgen und Kränkungen zu überwinden. Das wiederum wird die Schwingungen Ihrer Seele erhöhen und ihr helfen, ihr göttliches Ideal schneller zu erreichen. Auf lange Sicht wird dieser Prozess viele lohnende Zukunftschancen freisetzen, die Sie sonst nicht nutzen könnten. Die Erkenntnis, dass alles, was Sie tun, sich auf Ihre Zukunft und die nächsten Reinkarnationen auswirken kann, kann Ihnen helfen, eine neue Lebenseinstellung zu entwickeln, neue Erfahrungen zu machen und positives Denken zu Ihrem Vorteil zu nutzen.

## Zukunftsaufzeichnungen

Die Akasha-Chroniken eröffnen Ihnen eine Welt voller Möglichkeiten, denn Sie können sie nutzen, um mehr über die Zukunft zu erfahren. Viele Menschen halten den Zugang zu ihren Zukunftsaufzeichnungen für gefährlich, weil sie riskieren zu erfahren, dass ihnen später etwas Schlimmes zustoßen könnte. Sie ziehen es vor, blind in ihre Zukunft zu gehen. Die Erfahrung, Ihre Zukunft zu sehen, ist zwar schwierig, kann aber wirklich aufschlussreich sein. Sie können diese Informationen nirgendwo anders erhalten und wenn Sie sich daran erinnern, dass Ihre Aufzeichnungen im Wesentlichen Ihr Geburtsrecht sind, können Sie verstehen, dass sie Ihnen nichts Böses wollen, sondern nur dazu da sind, Sie zu Ihrem göttlichen Ideal zu führen. Da die Energie und die Schwingungen Ihrer Seele Ihre gegenwärtigen Aufzeichnungen schreiben, werden sich Ihre zukünftigen Aufzeichnungen jedoch ständig verändern. Nichts ist in Stein gemeißelt, und diese Erkenntnis könnte Sie beruhigen. Selbst wenn Sie am Ende ein ungünstiges Ergebnis sehen, bedeutet das nicht unbedingt, dass das, was Sie gesehen haben, auch eintreten wird. Alles, was Sie durch den Zugriff auf Ihre Zukunftsaufzeichnungen sehen können, sind lediglich Möglichkeiten, bis Sie sich entscheiden, danach zu handeln.

## Zukunftsaufzeichnungen nutzen, um aktuelle Probleme zu lösen

Ein Blick in die Zukunft bedeutet nicht, dass Sie sich selbst quälen müssen. Obwohl es sicherlich entmutigend ist, ein traumatisches Ereignis in der Zukunft zu sehen, versuchen die Akasha-Chroniken lediglich, Ihnen einen Schub in die richtige Richtung zu geben. Sie geben Ihnen die Chance, Ihr Schicksal zu ändern. Die Möglichkeiten, die Sie jetzt sehen, sind lediglich ein Spiegelbild Ihrer aktuellen Entscheidungen und Handlungen. Sie sind die logischsten Ergebnisse, die sich aus Ihrem derzeitigen Verhalten ergeben können. Wenn Sie zum Beispiel in letzter Zeit zu viel gearbeitet haben, könnte eine Ihrer zukünftigen Möglichkeiten darin bestehen, dass Sie aufgrund Ihres vollen Terminkalenders gesundheitliche Schwierigkeiten oder Beziehungsprobleme haben. Die Aufzeichnungen werden Sie darauf aufmerksam machen und Ihnen helfen, die Wurzel des Problems zu finden. Durch diesen Prozess können Sie negative aktuelle Muster erkennen, die Ihnen bisher vielleicht nicht bewusst waren. Auf diese Weise können Sie aktive Schritte unternehmen, um solche Muster zu beseitigen und zukünftige Ergebnisse zu ändern.

## Überprüfen Sie Ihre zukünftigen Aufzeichnungen

In dem Maße, wie Sie Ihre gegenwärtigen Denk-, Verhaltens- und Gefühlsmuster ändern, werden sich auch Ihre zukünftigen Akasha-Chroniken verändern. Wie wir bereits erwähnt haben, spiegeln die zukünftigen Aufzeichnungen Ihre aktuellen Handlungen wider. Es ist also sinnvoll, sie gelegentlich zu überprüfen, um abzuschätzen, wie sich Ihre Zukunft auf der Grundlage der von Ihnen vorgenommenen Änderungen gestalten wird. Wenn Sie eine drastische Änderung vorgenommen haben, werden sich Ihre zukünftigen Aufzeichnungen natürlich stark verändern. Vielleicht stellen Sie sogar fest, dass einige Szenarien völlig verschwunden sind und durch neue, positivere ersetzt wurden. Wenn Sie jedoch keine große Veränderung in Ihren zukünftigen Aufzeichnungen spüren, sollten Sie sich Zeit lassen. Manchmal dauert es eine Weile, bis sich Veränderungen in Ihrem Leben auswirken. Auch wenn Ihre zukünftigen Aufzeichnungen jetzt zu stagnieren scheinen, können Sie sicher sein, dass sie nur darauf warten, dass die Veränderung wirksam wird. Versuchen Sie also, Ihre zukünftigen Akasha-Chroniken so oft wie möglich zu überprüfen, um all die neuen Möglichkeiten zu sehen, die kürzlich zu Ihren Aufzeichnungen hinzugefügt wurden.

## Der Pathway Prayer Prozess

Das Pathway-Gebet ist ein Weg, um auf die Akasha-Chroniken zuzugreifen. Es wurde von Linda Howe entwickelt, die einen Doktortitel in spirituellen Studien hat und Gründerin des Linda Howe Center for Akashic Studies ist. Dieses wurde gegründet, um die Nutzung der Akasha-Chroniken zur Selbstermächtigung zu fördern. Dieses Gebet gilt als die effektivste und einfachste Methode, um auf die eigenen Aufzeichnungen zuzugreifen. Es ist sehr einfach anzuwenden und eignet sich daher hervorragend für Anfänger, die die Weisheit der Aufzeichnungen konsultieren möchten. Was diese Methode außerdem sehr wirkungsvoll macht, ist die Tatsache, dass sie auch dann funktioniert, wenn Sie Ihre eigenen Aufzeichnungen oder die eines anderen Menschen lesen möchten. Diese Flexibilität wird sicherlich sehr geschätzt. Das Pathway-Gebet besteht aus zwei Teilen: einem Eröffnungsgebet und einem Schlussgebet. Das Eröffnungsgebet besteht darin, die Meister der Aufzeichnungen, die Lehrer und die geliebten Menschen um Führung und Leitung zu bitten. Im Schlussgebet danken Sie den Akasha-Chroniken für die gewährten Einblicke. Am wichtigsten ist, dass Sie beim Eingangsgebet Ihren offiziellen Namen verwenden. Der dritte Absatz sollte dreimal wiederholt werden. Beim ersten Mal müssen Sie die Personalpronomen ich und mich verwenden. Achten Sie beim zweiten und dritten Mal darauf, dass Sie Ihren offiziellen Namen anstelle der in Klammern gesetzten Personalpronomen verwenden. Nach Linda Howe (2009) lautet der Text des Pathway-Gebetes wie folgt:

### Eröffnungsgebet

Und so erkennen wir die Mächte des Lichts an

Wir bitten um Führung, Leitung und Mut, die Wahrheit zu erkennen

wie sie sich zu unserem höchsten Wohl und zum höchsten Wohl von

aller mit uns verbundenen Menschen.

Oh, Heiliger Geist Gottes,

Beschütze mich vor allen Formen der Selbstbezogenheit

Und richte meine Aufmerksamkeit auf die anstehende Arbeit.

Hilf mir, (mich) im Licht der Akasha-Chroniken zu erkennen,

(mich) mit den Augen der Herren der Aufzeichnungen zu sehen,

Und befähige mich, die Weisheit und das Mitgefühl zu teilen, das die Meister, Lehrer und Geliebten von (mir) für (mich) haben.

Die Aufzeichnungen sind jetzt geöffnet.

### Schlussgebet

Ich möchte den Meistern, Lehrern und geliebten Menschen für ihre Liebe und ihr Mitgefühl danken.

Ich möchte den Herren der Akasha-Chroniken für ihre Sichtweise danken.

Und ich möchte dem Heiligen Geist des Lichts für alles Wissen und alle Heilung danken.

Die Aufzeichnungen sind nun geschlossen. Amen.

Die Aufzeichnungen sind nun geschlossen. Amen.

Die Aufzeichnungen sind nun geschlossen. Amen.

# Kapitel 4: Frühere Leben

Haben Sie neben den physischen Handlungen, die zu unserer Existenz beitragen, schon einmal über eine kompliziertere Erklärung nachgedacht, wie wir als Menschen entstanden sind? Vielleicht liegt es an der angeborenen Neugier des menschlichen Geistes und an der Überzeugung, dass es noch mehr zu unserem Dasein geben muss als die harten Fakten, die wir über den Zyklus des Lebens kennen. Wir werden geboren, wir gehen unwissentlich durch ein Leben, das mit einer Vielzahl von Möglichkeiten gefüllt ist, bis wir schließlich sterben. Einfache Wahrheiten, die niemand, unabhängig von seinen Überzeugungen, in Frage stellen kann. Manchen erscheint die Vorstellung dieser isolierten Existenz, in der jeder Mensch seinen eigenen Lebensweg geht, jedoch nicht überzeugend genug. Sie glauben, dass das Reich der Geister weit mehr miteinander verbunden ist, als unser irdischer Verstand begreifen kann.

Viele östliche Religionen, die ihren Ursprung in Asien haben, wie der Hinduismus und der Buddhismus, beruhen auf der Dichotomie von Körper und Seele. Nur weil ein Mensch stirbt, bedeutet das nicht, dass seine Seele ihm folgt, sondern dass sie in einer anderen Form oder Gestalt weiterlebt. Auf der Grundlage des Konzepts der Seelenkontinuität entstanden moderne Religionen wie die Theosophie, die Ende des 19. Jahrhunderts in New York in den Vereinigten Staaten gegründet wurde.

Die Theosophie und andere spätere Religionen lehren, dass jeder einzelne menschliche Gedanke, jede Handlung oder jedes Gefühl, das auf der Erde stattfindet, ob gut oder schlecht, in einem metaphysischen Gedächtnissystem aufgezeichnet wird, das als die Akasha-Chroniken bekannt ist. Die Akasha-Chroniken halten nicht nur die gesamten Taten der Menschheit fest, sondern haben auch einen immensen Einfluss auf die Art und Weise, wie wir unser Leben leben, auf unsere Beziehungen und auf die Art der Zukunft, die wir anziehen. Diejenigen, die an die Existenz der Akasha-Chroniken glauben, argumentieren, dass der Zugang zu den Aufzeichnungen Informationen über das vergangene Leben preisgeben kann, in der Hoffnung, dass sie dadurch mehr Kontrolle über ihr Schicksal erlangen.

Der Zugang zu den Aufzeichnungen ist nicht mehr nur bestimmten Personen vorbehalten und auch normale Menschen können sich dazu anleiten lassen. In diesem Kapitel werden wir uns auf die Erforschung vergangener Leben durch die Akasha-Chroniken konzentrieren. Wenn Sie also zum ersten Mal über die Aufzeichnungen lesen, sollten Sie aufgeschlossen sein, um das Beste aus Ihrer Lektüre herauszuholen.

### Die Bedeutung der vergangenen Leben in den Akasha-Chroniken

Ausgehend von dem Glauben, dass die menschliche Seele unendlich ist und dass die Akasha-Chroniken Daten über das enthalten, was war, ist und sein wird, können Sie durch den Zugriff auf die Aufzeichnungen etwas über Ihre eigenen vergangenen Leben erfahren. Wenn Sie etwas über die Vergangenheit Ihrer Seele erfahren, wo sie gewesen ist und welche Leben sie geführt hat, können Sie herausfinden, warum Sie bestimmte Gefühle haben oder wie Sie bestimmte Verhaltensweisen kultiviert haben. Sie kennen sicher das Sprichwort, dass Sie nicht wissen können, wohin Sie gehen, wenn Sie nicht verstehen, woher Sie kommen. Indem die Akasha-Chroniken Ihnen einen Blick in die Vergangenheit erlauben, können Sie mit mehr Überzeugung durchs Leben gehen. Um es romantischer auszudrücken, könnten Sie auch sagen, dass vergangene Leben die Chance für Ihre Seele sind, es richtig zu machen.

Indem Sie mehrere Leben leben, befindet sich Ihre Seele auf einer ewigen Reise, um sich ständig zu verbessern, bis sie schließlich einen Zustand höheren Seins erreichen kann. Buddha selbst soll fast tausend Leben gehabt haben, bevor er die Erleuchtung erlangte. Diese grundlegende Verherrlichung der Erlösung ist in allen irdischen Religionen, die wir Menschen kennen, durchaus üblich. Wenn es um Angelegenheiten der Seele geht, ist nichts absolut. Vielleicht sind es unsere Egos, die die Idee der Kontinuität unserer Seelen initiiert haben, unsere eigene Ablehnung der Möglichkeit, fertig zu sein und ein für alle Mal aufzuhören zu existieren. Die Vorstellung von früheren Leben verweist jedoch auf eine Fluidität und eine Art Unsterblichkeit, die über unseren physischen Körper hinausgeht.

### Hat jeder Mensch ein früheres Leben?

Das war sicher eine der ersten Fragen, die Ihnen in den Sinn kam, als Sie zum ersten Mal von den Akasha-Chroniken hörten. Sie haben sicher schon von den Theorien der Reinkarnation gehört und davon, dass viele Menschen fest daran glauben, dass sie in einem früheren Leben jemand anderes waren. Obwohl Sie vielleicht denken, dass solche Menschen eine exklusive Verbindung zu anderen Welten haben, können Sie bei genauerem Hinsehen eine Menge ziemlich greifbarer Hinweise finden, die die Gültigkeit dieser Behauptung unterstützen. Denken Sie an das Gefühl der Vertrautheit, das Sie empfinden, wenn Sie bestimmte Menschen zum ersten Mal treffen. Warum glauben Sie, dass Sie ohne vorherige Interaktion eine Verbindung herzustellen scheinen? Was ist mit dem Konzept des Déjà-vu? Sie gehen an einen Ort, den Sie noch nie gesehen haben, und treffen Menschen, von denen Sie nicht wussten, dass es sie gibt, und doch fühlt sich alles wie die Wiedergabe einer Erinnerung an, die irgendwo tief in Ihrer Psyche gespeichert ist.

Es gibt nie eine klare Erklärung für diese unnatürlichen Phänomene, auch wenn sie gemeinhin als mystische Erscheinungen abgetan werden. Außerdem ist die besondere Bindung, die Sie zu einer anderen Person haben, oder die Affinität zu einem Ort eher ein Beweis dafür, dass Ihre Seele diese Person bereits in einem anderen Leben getroffen oder besucht hat. Es ist nicht einfach, sich das vorzustellen, wenn Sie noch nie auf diese Vorstellung eingelassen haben. Wenn Sie sich jedoch auf die Idee einlassen, dass alles eine Bedeutung hat, können Sie eine Menge entdecken, indem Sie einfach die Augen öffnen und Ihre Sinne darauf vorbereiten, zu analysieren, was um Sie herum geschieht.

### Akasha-Lesungen von vergangenen Leben

Jetzt, da Sie mehr über die Theorie der vergangenen Leben wissen und wie Sie von diesem Wissen profitieren können, müssen Sie wissen, was Sie von Akasha-Lesungen aus vergangenen Leben erwarten können. Vielleicht befinden Sie sich an einem Punkt in Ihrem Leben, an dem Sie sich von dem Lärm um Sie herum so überwältigt fühlen, dass Sie beschließen, dass es an der Zeit ist, sich mit sich selbst zu beschäftigen. Viele Menschen verschwenden so viel Zeit mit dem Versuch, Umstände und äußere Ereignisse zu kontrollieren, über die sie keine Macht haben, und nur wenige gelangen zu der Erkenntnis, dass sie sich nur auf sich selbst konzentrieren müssen. Der Zugang zu den Akasha-Chroniken ist eine Möglichkeit, sich die Vorstellung zu eigen zu machen, dass Ihre Vergangenheit, Ihre Gegenwart und Ihre Zukunft an einem Ort koexistieren, den Sie erreichen können, um Fülle und Glück in Ihrem Leben zu finden. Wenn Sie sich entschließen, diesen Plan in die Tat umzusetzen, können Sie, wie oben erwähnt, eine geführte Sitzung in Anspruch nehmen oder den Zugang zu den Aufzeichnungen auf eigene Faust herstellen. Später, in anderen Kapiteln dieses Buches, werden Sie eine Schritt-für-Schritt-Anleitung erhalten, wie Sie Zugang zu den Akasha-Chroniken erhalten und Ihre eigene Lesung durchführen können. Zunächst möchten wir uns jedoch auf die Rolle konzentrieren, die vergangene Leben bei den Akasha-Lesungen spielen. Der Zugang zu Ihren vergangenen Leben kann sehr nützlich sein, wenn Sie nach Antworten suchen, die es in Ihrem jetzigen Leben nicht gibt. Wenn Sie wissen wollen, warum bestimmte Ängste Sie zurückhalten, oder wenn Sie bestimmte Muster in Ihren Beziehungen zu Ihren Lieben erkennen wollen, haben Sie die folgenden Optionen zur Verfügung:

- Ihr letztes vergangenes Leben

Dies ist das Leben, das unserer Definition von Zeit oder dem Leben, das Sie gerade führen, näher ist.

- Ihr bedeutsamstes vergangenes Leben

Dieses Leben ist dasjenige, das den größten Einfluss auf Ihr jetziges Leben zu haben scheint. Aus irgendeinem Grund schwingen die Erfahrungen, die in diesem Leben gemacht wurden, ziemlich stark mit dem mit, was Sie jetzt durchmachen.

- Das von Ihrer Seele gewählte frühere Leben

Dieses vergangene Leben ist dasjenige, das Ihre Seele aus freien Stücken wieder besuchen möchte. Sie werden vielleicht nicht erfahren, warum, aber wenn Sie möchten, können Sie später in zukünftigen Lesungen darauf zurückkommen, um nach Antworten auf dieses spezielle frühere Leben zu suchen. Wie wir bereits erwähnt haben, gibt es für alles einen Grund und eine Bedeutung, also ist es immer eine gute Idee, tiefer zu graben. Es wird Ihnen helfen, mehr über sich selbst und die Reisen Ihrer Seele zu erfahren.

## Rückführungen in vergangene Leben im Vergleich zum Lesen vergangener Leben

Bei der Rückführung in vergangene Leben haben Sie die Möglichkeit, Ihre vergangenen Leben in einer umfassenderen Weise zu erleben, indem Sie sich unter die Hypnose eines spezialisierten Therapeuten begeben und diese Zeit stellvertretend durchleben können. Obwohl diese Methode komplizierter ist und tiefere Einblicke bietet, sind Rückführungen in vergangene Leben relativ teuer und erfordern in der Regel mehrere Sitzungen, bevor sie Früchte tragen, ganz zu schweigen davon, dass Sie die Unannehmlichkeiten der Hypnose ertragen müssen. Lesungen vergangener Leben hingegen geben Ihnen auf einfachere Weise Zugang zu Ihren vergangenen Leben. Sie brauchen vielleicht länger, um die gleiche Tiefe zu erreichen wie bei Rückführungen in vergangene Leben, aber für normale Menschen reicht es in der Regel aus, um mit ihren früheren Leben in Kontakt zu kommen. Sowohl Rückführungen in frühere Leben als auch Lesungen haben den gleichen Zweck, nämlich Ihnen zu helfen, die Informationen, die Sie entdecken, in Ihrem gegenwärtigen Leben zu nutzen.

Die meisten erfahrenen Leser warnen ihre Probanden davor, in eine vergangene Realität hineingezogen zu werden und den Bezug zur Realität zu verlieren, indem sie in dem schwelgen, was gewesen ist. Sie können sich in ihrem gegenwärtigen Leben verirren und in einem Schwebezustand gefangen sein, in dem sie weder hier noch dort sind. Wenn Sie eines von beiden versuchen wollen, müssen Sie Ihre Absichten erkennen, sich ihnen verpflichten und vermeiden, sich trotz der Versuchungen ablenken zu lassen. Sie müssen verstehen, dass vergangene Leben in keiner Weise eine Alternative zu Ihrem jetzigen Leben sind. Stattdessen erlauben sie Ihnen, aus den Lektionen der Vergangenheit zu lernen und bessere Entscheidungen zu treffen, um ein erfüllteres Leben zu führen.

### Akasha-Chroniken und Karma

Um besser zu verstehen, wie die Akasha-Chroniken vergangene Leben anzapfen, müssen Sie die Prinzipien des Karmas kennenlernen. Im Buddhismus und Hinduismus bestimmen Ihre Handlungen und Taten, wie sich Ihr Leben entwickelt. Das Gute, das Sie tun, wird schließlich zu Ihnen zurückkommen, sowohl in diesem als auch in allen zukünftigen Leben. Das bedeutet, dass jegliches Unglück, das Ihnen widerfährt, oder Ihre ständigen Kämpfe auf eine karmische Folge von Handlungen zurückzuführen sein können, die Sie in einem Ihrer früheren Leben begangen haben. Menschen, die sich vom Zorn des Karmas befreien wollen, wenden sich an die Akasha-Chroniken, um herauszufinden, welche Dinge sie als eine Art Vergeltung wiedergutmachen müssen. Sie fragen sich sicher, ob das bedeutet, dass Sie nur ein Zuschauer Ihres eigenen Lebens sind, da Ihr Schicksal bereits geschrieben ist und Sie es nur durch einige archivierte Aufzeichnungen beobachten können. Wenn das die Wahrheit ist, was tun Sie dann hier, und was ist Ihre Aufgabe?

Sie müssen verstehen, dass wir freie Wesen sind und Sie die Möglichkeit haben, Ihr Leben zu verändern, wenn Sie es wünschen, und das ist es, was in den Akasha-Chroniken erwähnt wird. Die Aufzeichnungen sind eher ein Beobachtungsinstrument, sie beeinflussen Ihre Handlungen und Gedanken nicht, sondern speichern sie einfach. Selbst wenn Sie noch unschlüssig sind, ob die Akasha-Chroniken real sind oder nicht, wird Ihnen der Glaube an Karma in Ihrem Leben gute Dienste leisten. Wenn jeder Mensch daran glauben würde, dass das, was er in die Welt setzt, sich unmittelbar auf sein eigenes Leben auswirken wird, wäre der Menschheit eine Menge Schmerz und Leid erspart geblieben. Nehmen Sie sich einen Moment Zeit und denken Sie darüber nach. Sie müssen nicht unbedingt an Karma an sich glauben, nennen Sie es, wie Sie wollen, aber tun Sie sich einen Gefallen und schenken Sie ihm die Aufmerksamkeit, die es verdient.

**Wonach sollten Sie in vergangenen Leben suchen?**

Genau wie Ihr eigenes gegenwärtiges Leben sind auch Ihre vergangenen Leben voller Details, denen es an Wert oder Bedeutung fehlt. Während der Lektüre eines vergangenen Lebens, insbesondere wenn Sie es zum ersten Mal tun, können Sie von Millionen von Gedanken, Gefühlen und Ideen überflutet werden. Wenn Sie innehalten, um sich mit jedem einzelnen davon zu befassen, ist Ihre kostbare Lesezeit vergeudet. Sie müssen sich auf Ihre Lesesitzung vorbereiten. Listen Sie mehrere Fragen auf, auf die Sie in den Akasha-Chroniken Antworten finden möchten. Beschränken Sie sich auf ein paar kurze, offene Fragen, bis Sie sich an die Lesungen gewöhnt haben. Bitten Sie beispielsweise um Informationen über Ihre Höhenangst oder die Wurzeln Ihrer Schüchternheit. Wenn Sie sich auf bestimmte Themen konzentrieren, haben Sie eine bessere Chance auf eine informative Lesung. Wenden Sie während des Lesens die Grundregeln der Meditation an, bei der Sie irrelevante Gedanken und Gefühle nur beobachten und sie dann loslassen, ohne sie zu untersuchen. Wenn Sie erst einmal genug Wissen erlangt haben, um die Akasha-

Chroniken zu erreichen, wann immer Sie es wünschen, wird es Ihnen viel leichter fallen, Ihre Fragen zu formulieren, und Sie werden in der Lage sein, jedes Mal das zu finden, wonach Sie suchen.

## Wie sich Ihr gegenwärtiges Leben als vergangenes Leben darstellt

In Anbetracht der Prinzipien der Akasha-Chroniken, die wir besprochen haben, und der Merkmale vergangener Leben, können Sie jetzt wahrscheinlich die Verantwortung erkennen, die Sie dafür tragen, dass Ihre Gegenwart zu einer erfreulichen Vergangenheit für Ihr zukünftiges Ich wird. Anders als in Ihren früheren Leben wissen Sie jetzt genug über die Konsequenzen Ihrer Überzeugungen und Taten in dieser Welt. Wie können Sie dies also zum Vorteil Ihres zukünftigen Ichs nutzen? Was sollten Sie tun, um alle Spannungen und Unannehmlichkeiten loszuwerden, die auf Ihr zukünftiges Ich übergreifen könnten? Die Antwort ist ganz einfach. Sie müssen bewusster leben. Beginnen Sie jetzt und wiederholen Sie es immer wieder, bis Ihnen bewusstes Denken, Handeln und Sprechen ganz natürlich vorkommt. Stellen Sie sich vor, dass Sie damit die Karten verbessern, die Ihr zukünftiges Ich erhalten wird. Sie geben sich selbst einen Vorsprung, indem Sie ein starkes Fundament aus Ehrlichkeit, Freundlichkeit und Freude legen.

Entscheiden Sie sich dafür, ein gutes Leben zu führen, anderen zu dienen und sich nicht im Lärm der heutigen Welt zu verlieren. Nutzen Sie das, was Sie in den Lesungen Ihres vergangenen Lebens gelernt haben, um die gleichen Fehler zu vermeiden, die Sie in Ihrer Gegenwart zu beheben versuchen. Achten Sie darauf, was in der Vergangenheit den größten Einfluss hatte, und richten Sie Ihre ganze Energie darauf, es für Ihr zukünftiges Ich richtig zu machen. Auch wenn es eine logische Konsequenz ist, Ihre vergangenen Leben zu nutzen, um Ihre Gegenwart zu verbessern, kommt nicht jeder von allein darauf. Deshalb ist es wichtig, dies hier hervorzuheben, damit Sie verstehen, wie Sie auf Ihrem Wissen über Ihre vergangenen Leben aufbauen und es weiterführen können.

Die Vorstellung, dass Ihr Leben eine Erweiterung anderer Leben ist, kann sehr ermutigend sein. Wenn die Welt überwältigend zu sein scheint und Sie das Gefühl haben, keine Ahnung zu haben, wohin Sie gehen, können Sie immer Trost in dem Wissen finden, dass Sie in gewissem Sinne schon einmal dort gewesen sind, dass Sie es schon einmal herausgefunden haben und dass Sie es wieder tun können. Wenn Sie etwas aus diesem Kapitel mitnehmen, dann die Tatsache, dass Sie mehr sind, als Ihr menschlicher Verstand ergründen kann. Ihr Leben verlangt und verdient es, respektiert zu werden. Halten Sie an diesem Gedanken fest, während Sie weiterlesen, denn wir kommen nun zum praktischen Teil dieses Buches. In den kommenden Kapiteln werden Sie erfahren, wie Sie die Theorie anwenden können, um Ihre Bestimmung zu finden und mithilfe der Akasha-Chroniken zu heilen.

# Kapitel 5: Finden Sie Ihre Bestimmung

Nicht jeder Organismus sehnt sich nach einer Bestimmung, aber fast alle Organismen finden sie automatisch, mit Ausnahme des Menschen. Bäume zum Beispiel existieren in ihrer eigenen Energie- und Bewusstseinsebene, in der sie ein- und ausatmen und sich zu prächtigen Formen verzweigen. Ihre Energieebenen überschneiden sich bei zahlreichen Gelegenheiten mit der unseren. Aber ihr Zweck ändert sich fast nie. Sie sind immer Bäume. Der Mensch hingegen kann sich durch Überschneidungen mit anderen Ebenen, Organismen, Situationen und innerer Energie leicht verirren. Die Suche nach einer Bestimmung kann manchmal eine steinige und intensive Reise durch verschiedene Bewusstseinsebenen und Schwingungen sein.

## Warum die Bestimmung wichtig ist

Bevor Sie versuchen, die Akasha-Chroniken zu nutzen, um in den Bereichen der persönlichen und spirituellen Ziele zu navigieren, müssen Sie sicherstellen, dass Sie wissen, warum Sie nach einem Sinn suchen. Wenn Sie die Akasha-Chroniken zu Rate ziehen, versuchen Sie, viele tiefgreifende Elemente Ihres gegenwärtigen Lebens und älterer Leben zu ergründen, und Sie sind auf diese Ebene gekommen, um zu transzendieren und sich zu reinigen. Das bedeutet, dass Sie immer einen Zustand der Ehrlichkeit mit sich selbst aufrechterhalten müssen. Es gibt absolut keine Möglichkeit, eine karmische und wahrhaftige Bestimmung zu finden, ohne vollständig mit Ihrem wahren Selbst verbunden zu sein.

Das Wissen um Ihre gegenwärtigen und vielleicht auch zukünftigen Absichten wird Ihnen helfen, konzentriert und geerdet zu bleiben. Sie werden in der Lage sein, die wertvollen Elemente und Energieformen zu erkennen, die in Ihrem Leben am bedeutendsten sind, und viele dieser Elemente werden sich Ihnen durch Schwingungen, Karma oder verschiedene Formen von energiebasierten Offenbarungen zeigen. Wenn Sie in der Lage sind, sich über einen längeren Zeitraum auf ein Ziel zu konzentrieren, verstärkt sich die Energie, und dieses einfache Ziel, das Sie für sich gefunden haben, wird plötzlich zu einer Leidenschaft. Diese brennende Energie kann durch Ihren Körper und Ihre Seele fließen und Sie von den Beschränkungen befreien, die Ihnen in früheren Leben auferlegt wurden.

Es ist leicht, Menschen zu erkennen, die ihre Bestimmung schon seit Jahren kennen. Sie strahlen Energie und Aura auf diejenigen aus, die ihnen nahestehen. Es ist die Klarheit, die sie durch die Schärfung ihrer Leidenschaft und ihrer Bestimmung erlangt haben, die sie unaufhaltsam macht. Diese Art von Klarheit dient nicht nur dazu, eine Karriere voranzutreiben oder eine neue Fähigkeit zu erlernen, sondern auch dazu, die richtige Art von synchronisierten Schwingungen zu erlangen, um die Wege zu erkennen, die für sie am besten geeignet sind.

### Die persönlichen Aufzeichnungen

Die Akasha-Chroniken enthalten alle Wege, Energien, Frequenzen, Ziele und die Summe der Informationen, die Sie nicht nur in diesem Leben, sondern auch in anderen Leben gelernt haben. Diese Aufzeichnungen sind voll von unendlichen Schwingungen, die auf Ebenen jenseits von Raum und Zeit schwingen und die Energie des Universums erweitern. Menschen, die auf der Suche nach ihrer Bestimmung sind, werden auf einen bestimmten Teil ihrer Akasha-Chroniken zugreifen wollen, um ihren Weg leichter zu finden. Dieser Teil wird als die Persönlichen Aufzeichnungen bezeichnet.

Sie können sich Ihre Persönlichen Aufzeichnungen als einen unendlich verzweigten Baum vorstellen, dessen Äste die gesamte bisherige Summe Ihrer früheren Erfahrungen und die in Ihrer Zukunft enthaltenen Energien und Informationen enthalten. Der Zugriff auf Ihre Persönlichen Aufzeichnungen kann Ihre vergangenen und aktuellen Einflüsse sowie die wahre Richtung Ihrer Seele auf der Erde offenbaren. Während man gemeinhin davon ausgeht, dass man ein Ziel hat, das man bewusst vor

Augen hat, sind die meisten Ziele unserer Seele, die uns antreiben, auf der bewussten Ebene des Denkens nicht eindeutig.

Es sind diese tieferen Wurzeln der Bestimmung, die Sie zu finden versuchen, die Ihnen das Gefühl geben, dass Sie morgens aufwachen wollen, um zu sehen, was jeder Tag zu bieten hat.

## Die spirituelle Bestimmung

Bei der Verfolgung irdischer Ziele vergessen viele, dass die spirituelle Bestimmung in ihrem Streben von wesentlicher Bedeutung ist. Da diese im Hintergrund steht, denken viele, dass es eine unnötige Anstrengung ist, sie zu verfolgen. Aber die einzige Art von Bestimmung, die es Ihnen ermöglichen kann, sich von den Fesseln der Schuld und des inneren Aufruhrs zu befreien, ist die spirituelle Bestimmung. Ohne diese Art von innerem Frieden und Ruhe werden Ihre anderen Bestrebungen und Bemühungen zwangsläufig weniger Energie und Schwingungen haben, um Sie im Leben voranzutreiben.

Die spirituelle Bestimmung ist eng mit dem Gefühl verbunden, das Sie an bestimmte Menschen, Orte oder Erinnerungen knüpfen. Wenn Sie sie bewusst lenken, können Sie sich endlich von der Gewohnheit befreien, sich in Schleifen des Selbsthasses und der Zerstörung zu verstricken, denn wenn Sie ständig an einer Wunde herumstochern, wird diese nur noch schlimmer. Ihre persönliche Bestimmung ist eng mit Ihrer spirituellen Bestimmung verknüpft, denn die Psyche wird immer ein untrennbarer Teil Ihrer Persönlichen Aufzeichnungen sein.

## Die persönliche Bestimmung

Die persönliche Bestimmung ist wie ein unendlicher Fluss, der sich durch jede kleine oder große Erfahrung in Ihrem Leben zieht. Sie möchten vielleicht wissen, welche Art von Karriere oder welche Fähigkeiten Sie erlernen wollen, aber haben Sie jemals darüber nachgedacht, welche Art von emotionalem und geistigem Leben Sie führen möchten? Menschen haben leicht einen Tunnelblick, wenn sie über ihre Zukunft und das Leben, das sie führen möchten, nachdenken. Sie konzentrieren sich nur auf die kleinen, praktischen Aspekte, anstatt auf die wichtigen spirituellen und emotionalen Aspekte. Wenn Sie auf Ihre Seele hören und sich von den Ängsten und Sorgen befreien, die Sie zurückhalten, können Sie Ihre wahre Bestimmung am einfachsten finden. Wenn Sie zulassen, dass die Ängste Ihres aktuellen Lebens und vergangener Leben Ihnen unsichtbare und unbewusste Fesseln anlegen, wird es Ihnen schwerfallen, mit Ihrer persönlichen Bestimmung voranzukommen.

Sie werden lernen, sich selbst zu lieben und den Mut haben, endlich in eine Zukunft zu blicken, in der Sie sich nicht von Schuldgefühlen und Sorgen bedroht fühlen. Ihre Beziehungen und Ihr Liebesleben sind alle Teil Ihrer persönlichen Bestimmung. Sie merken es vielleicht nicht, aber es ist eine persönliche Bestimmung, die darüber entscheiden kann, wie Sie aktuelle und vergangene Beziehungen wahrnehmen. Es kommt nicht auf die Art der Beziehung an, ob sie nun beruflich, romantisch oder platonisch ist. Was wirklich zählt, ist, wie diese mit Ihrer persönlichen Bestimmung in diesem Leben zusammenhängen. Denken Sie daran, Sie wollen nicht mit Gewalt Zugang zu den Akasha-Chroniken erzwingen. Sie versuchen lediglich, einen Weg zu finden, das zu hören, worüber diese Aufzeichnungen schon seit Tausenden von Jahren zu Ihnen sprechen.

**Festgefahren sein**

Eines der größten Hindernisse, mit denen die Menschen konfrontiert werden, wenn sie versuchen, ihre Bestimmung und ihre Talente zu finden, ist, dass sie in der Vergangenheit feststecken. Dies steht in direktem Zusammenhang mit dem Karma, von dem Sie wahrscheinlich schon gehört haben, wenn Sie mit anderen Menschen zu tun hatten oder über andere Religionen gelesen haben. Es scheint, dass Karma eine der Energien ist, auf die sich viele Philosophien und Religionen stützen. Viele Menschen greifen daher auf die Akasha-Chroniken zurück, um alte Strukturen zu beseitigen, die sie daran hindern, sich weiterzuentwickeln. Es ist unglaublich schwer, eine wahre Bestimmung zu finden, wenn Sie ständig an die Vergangenheit denken und sich von ihr beherrschen lassen.

Die Aufgabe, Ihr Ego loszuwerden, mag auf den ersten Blick überwältigend erscheinen, aber es ist nicht schwieriger, als sich von den Illusionen der Vergangenheit zu befreien. Denken Sie darüber nach, was das Karma als Chance für Sie bereithält. Sind es negative Emotionen? Das Gefühl, festzustecken? Verlorene Gedanken? Das sind alles potenzielle Ansatzpunkte, um herauszufinden, was Sie wirklich daran hindert, mit Ihrer wahren Seele in Kontakt zu treten. Das Anzapfen der Akasha-Chroniken nach Lösungen wird Ihnen helfen, interessante Veränderungen in Ihrem Leben zu bewirken. Das endgültige Ziel ist es, Ihr Karma zu transzendieren und sich dem zu entziehen, was Sie viele Leben lang behindert hat.

Falls Sie mit der karmischen Verstrickung nicht vertraut sind: Sie ist die Summe aller karmischen Verbindungen, die Sie haben und die mit Ihren karmischen Mustern verbunden sind. Diese Verstrickung ist die Ansammlung vergangener Erfahrungen durch Familie, Gesellschaft, Stämme und andere Muster, die das Karma Ihrer vergangenen Leben widerspiegeln können. Sie müssen verstehen, dass Ihre persönlichen Erfahrungen nicht die einzigen Dinge sind, die Ihr Karma beeinflussen. Es ist tatsächlich ziemlich einfach für Menschen, sich durch die Verknüpfung ihrer Herkunft in karmische Muster zu verstricken, die in der Vergangenheit entstanden sind.

## Das Karma entwirren

Sich als Opfer der irdischen Umstände zu fühlen, wird Ihnen nicht dabei helfen, Ihre Bestimmung zu finden. Im Gegenteil, es wird Sie nur behindern, da Ihr Blickfeld sehr eingeschränkt sein wird. Wenn Sie das Gefühl haben, dass Sie Ihr Leben nicht mehr unter Kontrolle haben, werden Sie nicht mehr die nötige Kraft aufbringen können, um sich Ihrem Karma zu stellen und Ihren Weg zu ändern. Die Wahrscheinlichkeit ist sehr groß, dass das, was Sie aufhält, eine karmische Verstrickung ist, die durch Ihr früheres Leben entstanden ist. Eine häufige problematische Auswirkung der karmischen Verstrickung ist der Verlust Ihres wahren Selbst, Ihrer Individualität und Unabhängigkeit, da sich Ihre Seele mit anderen großen und unterschiedlichen Bereichen verstrickt.

Das lässt sich leicht beobachten, wenn Sie Menschen betrachten, die in bestimmte Religionen hineingeboren wurden, oder solche, die schnell ein Glaubenssystem übernehmen, ohne über die Konsequenzen nachzudenken. Diese Menschen können leicht in karmische Verstrickungen geraten. Dagegen anzukämpfen mag wie ein harter Kampf erscheinen, aber Sie werden sich plötzlich leichter fühlen, sobald Sie sich von den Schwingungen, die Sie herunterziehen, befreit haben. Das wird Ihnen erlauben, von einer höheren Ebene aus zu denken, was Ihnen helfen kann, Ihre Perspektive zu ändern.

Sobald Sie es geschafft haben, in Ihre Akasha-Chroniken zu gelangen, insbesondere in die persönlichen Aufzeichnungen, suchen Sie nach karmischen Verstrickungen, die mit Ihrer Familie, Ihrer Rasse, Ihrem Glaubenssystem und ähnlichen Assoziationen verbunden sind. Wenn Sie sich von solchen Assoziationen unterkriegen lassen, werden Sie sich nur über sich selbst ärgern und dadurch Ihre Energie daran hindern, richtig zu schwingen. Sie sind verantwortlich für Ihre Gefühle und die Energie, die Sie produzieren. Achten Sie also darauf, dass Sie sich nicht zu sehr in das Leben anderer verstricken oder darin aufgehen.

# Die Akasha-Chroniken und negative Emotionen

Sie müssen verstehen, dass Sie nicht genug Platz haben, um alle Emotionen gleichzeitig zu beherbergen. Das bedeutet, dass Sie, wenn Sie sich in einem Zustand ständiger Angst oder Sorge über bestimmte Dinge befinden, einen großen Teil des Platzes wegnehmen, den eigentlich die Freude einnehmen sollte. Aber so einfach ist es auch nicht. Eine solche Haltung kann zahlreiche anhaltende Energieströme verursachen, die Ihr Denken für eine ziemlich lange Zeit beeinflussen können. Ständig gestresst und besorgt zu sein, nimmt Ihnen nicht nur die Freude am Leben, sondern blockiert auch Ihre Fähigkeit, Freude in der Zukunft zu erkennen.

Aus medizinischer Sicht können Angst und Stress dem Körper großen Schaden zufügen. Bedauerlicherweise kann diese Art von Schaden einen Weg finden, sich auf die Seele zu übertragen. Dies soll kein vager Rat sein, der Ihnen sagt, dass Sie aufhören sollen, sich Sorgen zu machen, denn so einfach ist es nicht. Aber Sie sollten sich der Schwingungen und Energien bewusst sein, die Sie Ihrer Seele erlauben, aufzunehmen. Ihre innere Energie ist nicht zerbrechlich, aber sie kann schnell in eine gefährliche Form gebracht werden, wenn Sie sie den Umständen überlassen.

Die Akasha-Chroniken weisen nachdrücklich auf unsere Fähigkeit hin, unsere göttliche Essenz aus den Fesseln zu befreien, die wir ihr auferlegt haben. Vielleicht bemerken Sie es jetzt noch nicht, aber mit der Zeit werden Sie feststellen, wie die Verbindung zu einer bestimmten Geschichte oder Erzählung unangenehme Gefühle in Ihnen auslösen kann. Das bedeutet, dass Sie tatsächlich eine Wahl haben. Sie müssen aufpassen, dass Sie sich nicht auf ein so breites Spektrum festlegen und Sie sollten sich nicht von allem lösen, nur um unangenehme Gefühle zu vermeiden. Erkennen Sie Ihre Emotionen und versuchen Sie, die tieferen Ursachen für diese unangenehmen Gefühle zu finden. Schließlich hängt das Ergebnis dieser Gefühle davon ab, wie Sie auf sie reagieren.

### Macht zurückgewinnen

Wenn Sie sich Ihre Akasha-Chroniken ansehen, werden Sie viele Möglichkeiten entdecken, wie Sie auf Informationen reagieren können. Der Schlüssel zur Rückgewinnung Ihrer Macht liegt darin, zu kontrollieren, inwieweit die Informationen Sie beeinflussen. Wenn Sie sich von Ihren Gefühlen überwältigen lassen, bedeutet das, dass Sie ein anderes Thema nicht in Angriff nehmen. Die Energie, die Sie davon abgehalten haben, in Ihrem Körper zu zirkulieren, stört den natürlichen und ruhigen Rhythmus anderer Frequenzen. Wenn Sie sich zu sehr über Dinge ärgern, von denen Sie genau wissen, dass sie Ihnen nicht viel ausmachen sollten, dann versucht Ihre Seele, eine Menge negativer Energie freizusetzen, die sie schon eine Weile gespeichert hat.

Sobald Sie Ihre Emotionen durch die Akasha-Chroniken sehen, werden Sie feststellen, dass es recht einfach ist, viele Situationen zu analysieren und zu lösen, die Ihnen einst zu schaffen machten. Solange Sie sich Ihrer Emotionen bewusst sind und sie im Griff haben, sollte Ihre Energie nicht plötzlich abreißen, wenn Sie vor einem neuen Problem stehen. Lassen Sie sich nicht von Ihrer inneren Opferhaltung die Kraft rauben, die Sie zur Lösung von Problemen besitzen. Traurigerweise hat diese Opferhaltung wahrscheinlich schon in zahllosen anderen Leben Ihre Energie aufgezehrt, aber sobald Sie dieses destruktive Muster durchschauen, können Sie die Lage wieder ins Gleichgewicht bringen.

Unsere Gesellschaft gibt uns kaum Zeit, in unserem eigenen Tempo zu denken und zu handeln, und das kann Ihnen im Umgang mit Ihrem inneren Selbst eine Menge Probleme bereiten. Nutzen Sie die Akasha-Chroniken, um auf eine Zeitschiene zuzugreifen, die niemals von anderen beeinflusst werden kann. Sie werden in der Lage sein, Ihre neu gewonnene Energie zu nutzen, um Freude und alles, was Sie sich für Ihr Leben wünschen, zu erschaffen. Es kommt häufig vor, dass Menschen einfach aufgeben, wenn sie sich als Opfer von Umständen fühlen, für die sie nicht verantwortlich sind, und denken, dass es das Schicksal oder die Vorsehung war, die ihnen Unglück gebracht hat. Nutzen Sie die Akasha-Chroniken, um aus dieser destruktiven Schleife auszusteigen, die Sie daran hindert, nach vorne zu blicken und die Kontrolle über Ihr Schicksal wiederzuerlangen, anstatt von diesem versklavt zu werden.

### Die wahren Tiefen der Heilung

Selbsterkenntnis ist der Schlüssel, der Ihren Heilungsprozess in Gang setzen kann. Die Überwindung karmischer Muster ist die wahre spirituelle Bestimmung, die Ihnen helfen kann, Freude und andere angenehme Gefühle in Ihr Leben zu ziehen. Es ist nicht leicht, den Verlockungen der irdischen Welt zu entgehen. An dieser Stelle kommt die Selbstverwirklichung ins Spiel. Sie ermöglicht es Ihnen, Ihre Akasha-Chroniken einzusehen, um die Wunden der Vergangenheit zu heilen und sich weiter mit Ihrer Seele zu verbinden. Die gegenwärtige Erfahrung könnte ein Teil der Illusionen sein, die diese Welt plagen. Wenn Sie Ihrer wirklichen Geschichte folgen wollen, müssen Sie sie von Anfang an neu erschaffen. Sie werden sich mächtiger fühlen und mehr Kontrolle über Ihr Leben haben, wenn Sie beginnen, Ihre karmischen Muster neu zu gestalten.

Die Akasha-Chroniken werden Ihre wichtigste Verbindung zu Ihrer inneren göttlichen Essenz sein. Diese Verbindung wird Sie immer wieder mit Gaben, Talenten, Weisheit und der Macht versorgen, anderen zu helfen, die Dinge in ihrer wahren Natur zu sehen. Die Nutzung der Akasha-Chroniken ist zwar nicht der einzige Weg, um das zu erreichen, was Sie sich wünschen, aber doch der schnellste, weil Sie geheilt und von den Illusionen des Lebens befreit werden. Wenn Sie sich auf Ihr Karma konzentrieren, während Sie Ihre Akasha-Chroniken betrachten, wird ein Prozess der ständigen Heilung in Gang gesetzt, der sich allmählich intensiviert, je mehr Sie Ihre karmischen Muster umgestalten und auflösen. Ihre Schwingungen werden spürbar intensiver werden, wenn Sie beginnen, die irdische Ebene zu verlassen.

## Meditation

Meditation ist eine der Grundlagen der spirituellen Vorbereitung auf den Zugang zu den Akasha-Chroniken. Der erste Schritt besteht darin, eine Absicht zu formulieren. Wenn Sie sich auf eine Absicht konzentrieren, werden Sie während Ihrer gesamten Reise durch die Akasha-Chroniken auf dem richtigen Weg bleiben. Da Sie noch ganz am Anfang stehen, versuchen Sie, Ihre Intention möglichst einfach zu formulieren, damit sie klar und deutlich erkennbar ist. Sie können etwas wählen, das in Ihrer Kindheit passiert ist und Sie immer noch belastet, aber es sollte kein traumatisches oder belastendes Erlebnis sein. Legen Sie die Auflösung und Entwirrung dieses Ereignisses als Ihr Ziel fest, wenn Sie die Akasha-Chroniken betreten.

Sobald Sie sich Ihrer Absicht sicher sind, beginnen Sie, Ihren Körper durch tiefe Atemzüge zu entspannen und Ihre Augen zu schließen. Der zweitwichtigste Schritt besteht darin, sich in höhere Ebenen zu begeben als die, in der Sie sich gerade befinden. Versuchen Sie, ausgehend von Ihrem Herzen, Ihre Empfindungen langsam auszudehnen, um Ihre Umgebung zu erfassen. Die Erweiterung Ihres Bewusstseins darf nicht plötzlich erfolgen, sondern sollte allmählich erfolgen, da Sie leicht abgelenkt werden können, wenn Sie sich nicht in einem angemessenen Tempo bewegen. Ihr Bewusstsein hat das Potenzial, sich unendlich auszudehnen, und hat das schon seit geraumer Zeit getan, und zwar vor Ihrer Geburt, während des

Schlafs, der Meditation und des Todes.

Je mehr sich Ihr Bewusstsein ausdehnt, desto ruhiger werden Sie sich fühlen. Wenn Sie anfangen zu zweifeln, ob Sie die Bewusstseinserweiterung erreicht haben oder nicht, wiederholen Sie den Vorgang. Wenn Sie plötzlich das Gefühl haben, die Dinge aus einer äußeren Perspektive zu sehen, ist das die perfekte Gelegenheit, um Ihre Akasha-Chroniken zu erkunden. Beginnen Sie, das Ereignis langsam aufzuarbeiten und erkennen Sie, wo die Verantwortung liegt. Sie werden feststellen, dass es mehr Raum für Freude gibt. Spüren Sie die Freude und freuen Sie sich inmitten der Schwingungen der Glückseligkeit.

# Kapitel 6: Wie Sie sich heilen können

Turbulenzen und Zeiten der Verzweiflung gehören zum Leben dazu. Irgendwann im Leben werden Sie eine Erfahrung machen, egal wie groß oder klein sie ist, die einen Wendepunkt darstellen wird. Es wird wie ein Weckruf sein, bei dem Sie spüren, dass es an der Zeit ist, die Zügel Ihres Lebens in die Hand zu nehmen und sich auf die Suche nach Heilung zu machen. Heilung von missbräuchlichen Beziehungen, von Traumata, die durch den Verlust eines geliebten Menschen verursacht wurden, oder vielleicht vom Schock, nachdem Sie auf wundersame Weise einen tödlichen Unfall überlebt haben. In den meisten Fällen sind es monumentale Ereignisse in Ihrem Leben, die Sie dazu zwingen, die Pausentaste zu drücken und zu erkennen, dass es an der Zeit ist, aktiv zu versuchen, das Geschehene zu überwinden und mit dem Leben fortzufahren, das Sie sich immer für sich vorgestellt haben. In anderen Fällen wird die Heilung jedoch nicht durch offensichtliche Ereignisse ausgelöst. Es kann vielmehr ein Gefühl der Verunsicherung und der mangelnden Erfüllung in dem Leben sein, das Sie führen, so dass Sie beschließen, etwas dagegen zu tun. Wie wir bereits in früheren Kapiteln erörtert haben, kann der Zugang zu Ihren Akasha-Chroniken eine große Hilfe bei Ihrem Heilungsprozess sein. Die Aufdeckung von Schlüsselinformationen über Ihre früheren Leben und über das, was Ihre Seele erlebt hat, wird Sie zu den Ursachen einiger der Probleme führen, mit denen Sie in Ihrem jetzigen Leben zu kämpfen haben. Viele

Menschen wenden sich den Akasha-Chroniken zunächst aus Neugierde zu. Nachdem sie jedoch aus erster Hand erfahren haben, wie sich ihr Heilungsprozess entwickelt hat und Früchte trägt, neigen sie dazu, diese Praxis fortzusetzen. In diesem Kapitel werden wir über Heilung sprechen, was sie bedeutet, wie Sie sie erreichen können und welche Rolle die Akasha-Chroniken bei diesem angestrebten Zustand spielen.

# Was ist Heilung?

Die Heilung, von der wir hier sprechen, ist keine körperliche Heilung, sondern die Art von Heilung, die auf einer tieferen, unterbewussten Ebene stattfindet. Es ist die Heilung, die den metaphorischen Herzschmerz und die Wunden der Seele heilt. Diese spirituelle Heilung basiert zwar auf Energien, die Sie nicht zu sehen bekommen, aber wenn Sie diese Ebene erreichen, wird sie Ihr ganzes Leben auf den Kopf stellen. Sobald Sie geheilt sind, werden Sie anfangen, die Welt mit anderen Augen zu sehen. Sie werden lernen, mit Ihren Schmerzen umzugehen und künftige Herausforderungen zu meistern, denn Sie haben bereits die Werkzeuge, die Sie brauchen, um sich zu heilen, und müssen sie nur abrufen. Im weiteren Verlauf werden Sie lernen, dass Akzeptanz und Liebe die Eckpfeiler der Heilung sind. Alle erfahrenen Heiler werden Ihnen sagen, dass Sie die Akasha-Chroniken nur dann nutzen können, wenn Sie sich ihnen mit Akzeptanz nähern, egal was Sie dort finden werden. Das Universum arbeitet bei allem, was geschieht, mit großer Präzision, und diese Dinge geschehen aus einem bestimmten Grund. Es liegt in Ihrer Verantwortung, Ihren Lebenserfahrungen einen Sinn zu geben, und genau deshalb müssen Sie zunächst einmal leiden und dann nach Wegen der Heilung suchen. Es wird angenommen, dass das Universum den Schmerz nutzt, um Ihre Aufmerksamkeit zu erregen und Sie wissen zu lassen, dass Sie von Ihrem vorbestimmten Weg abkommen. Aber nur weil die Aufzeichnungen bereits vorhanden sind und von Ihnen erwartet wird, dass Sie einen bestimmten Weg gehen, bedeutet das nicht, dass Ihr Schmerz unausweichlich ist und Sie dazu bestimmt sind, ihn bis in alle Ewigkeit zu ertragen. Wie wir in den vorangegangenen Kapiteln erklärt haben, steht es Ihnen frei, die Geschichte Ihres gegenwärtigen Lebens umzuschreiben, wenn Sie es wünschen.

## Der Heilungsaspekt in den Akasha-Chroniken

Nach dem, was wir bisher über die Akasha-Chroniken gelernt haben, sind Ihre Heilkräfte bereits in Ihnen vorhanden. Sie brauchen lediglich etwas Anleitung, um diese Kräfte anzuzapfen und sie in Bewegung zu setzen. Wenn Sie zu einer Akasha-Chronik-Lesung gehen, benutzt der Leser die Aufzeichnungen lediglich als Medium, um die heilende Energie, die im Universum bereits vorhanden ist, herbeizurufen. Betrachten Sie die Akasha-Chroniken als ein Werkzeug, mit dem Sie Heilung erzielen können. Das Magische an diesem Prozess ist, dass Ihr Geist die heilenden Informationen, die er während einer Lesung wahrnimmt, schnell aufnimmt. Sie werden sich fühlen, als wären Sie schon einmal dort gewesen, und Sie wissen genau, was Sie tun müssen. Während des Lesens werden Fähigkeiten und Wissen aus Ihrem Unterbewusstsein in Ihr Bewusstsein geholt, so dass Sie sie in Ihrem jetzigen Leben nutzen können. Zu erfahren, dass Sie im Mittelalter eine Königin waren, kann ein ausreichender Grund sein, um Sie davon zu überzeugen, Ihre selbstzerstörerischen Verhaltensweisen zu ändern, die Sie viel Schmerz kosten und Ihre Beziehungen sabotieren. Was aber noch interessanter ist, ist die Tatsache, dass die Heilung, die Sie durch die Akasha-Chroniken anstreben, auch andersherum funktionieren kann. Vielleicht müssen Sie an der Heilung Ihrer früheren Ichs arbeiten, damit diese sich in Ihrem jetzigen Ich widerspiegeln kann.

Die Aufzeichnungen geben Aufschluss über Bürden und Schwierigkeiten, die Sie in früheren Leben belastet haben und die in Ihr heutiges Leben übergegangen sind. In solchen Fällen müssen Sie sich auf die Aufarbeitung der Vergangenheit konzentrieren, um sich selbst die beste Chance auf eine vollständig geheilte Zukunft zu geben. Die Akasha-Chroniken sind zielgerichteter, als Sie denken. Sie ermöglichen Ihnen zu sehen, was Sie brauchen, um die spezifischen Schmerzen zu heilen, unter denen Sie zu dem Zeitpunkt leiden. Angesichts der überwältigenden Menge an Daten, die sie enthalten, wäre es sinnlos, Sie ihrer Unermesslichkeit auszusetzen. Vielmehr sind sie dazu da, Ihnen zu helfen und Sie zu begleiten, während Sie die Heilarbeit leisten. Die Idee ist faszinierend und unterstreicht die Tatsache, dass Sie für die Heilung Ihrer Seele eigentlich nur sich selbst mit all seinen komplexen, in verschiedenen Dimensionen manifestierten Schichten brauchen.

### Wie man heilt

Da wir nun beim Kern dieses Kapitels angelangt sind, ist es an der Zeit, sich die verschiedenen Wege der Heilung anzusehen, zu denen die Akasha-Chroniken Sie anleiten können:

• Finden Sie Antworten über Ihr Leben

Unter den Millionen von Fragen, die Ihnen täglich durch den Kopf gehen, gibt es dringlichere Fragen, die Ihre volle Aufmerksamkeit erfordern und wichtig genug sind, um nach Antworten zu suchen. Solche Fragen könnten sich um Ihre Herkunft drehen, wer Ihre Vorfahren waren und wie sich alles auf Ihr Leben auswirkt. Sie könnten sich auch über Ihr Liebesleben Gedanken machen und darüber, ob Sie eine Beziehung mit einer bestimmten Person eingehen sollten. Die Antworten auf diese Fragen können nur jenseits unserer physischen Welt existieren. Die Akasha-Chroniken können Ihnen dabei helfen, das zu finden, wonach Sie suchen. Es ist der einzige Ort, an dem Sie Informationen über Ihre Herkunft und Hinweise darauf finden können, ob Ihr potenzieller Verehrer Ihr Seelenverwandter ist oder nicht. Das gibt Ihnen den entscheidenden Impuls, um vergangene Traumata zu heilen oder sich von einem unpassenden Partner zu trennen, damit Sie Zufriedenheit erreichen können. Sie haben vielleicht gedacht, dass Sie blind durchs Leben gehen und monumentale Entscheidungen treffen müssen, die sich auf alle Bereiche Ihres Lebens auswirken werden. Jetzt sollten Sie jedoch wissen, dass Sie die Wahl haben, die Kräfte der Akasha-Chroniken in Anspruch zu nehmen und die Waage zu Ihren Gunsten auszurichten.

• Bereinigen Sie das Chaos

Wie alle Menschen haben auch Sie sich schuldig gemacht, negative Gefühle und Energien in Ihr Leben zu lassen. Vielleicht haben Sie zu Gewalt gegriffen und anderen wie auch sich selbst Schmerzen zugefügt, ohne es zu wollen oder aus Gründen, die Sie nicht kontrollieren können. Indem Sie die Akasha-Chroniken einsehen, erhalten Sie endlich die Antworten, die Sie brauchen, um die Quelle dieses Verhaltens zu identifizieren, so dass Sie eine Chance haben, es in Ordnung zu bringen. Viele Menschen, die unter ähnlichen Verhaltensstörungen leiden, stellen oft fest, dass Misshandlungen Teil ihres früheren Lebens waren und sie sich nie mit dieser Tatsache als Makel abgefunden haben, mit dem sie umgehen müssen. Es ist eine einmalige Gelegenheit, das Chaos, das sich angesammelt hat, zu beseitigen und durch liebenswürdigere Qualitäten zu ersetzen. So können Sie heilen und der Mensch werden, der Sie tief im Inneren sind.

• Entfalten Sie Ihr Potenzial

Wie wir bereits erwähnt haben, geht es bei Ihrer Heilerfahrung vielleicht nicht darum, Fehler zu korrigieren, sondern vielmehr darum, Ihr volles Potenzial zu erschließen. Ihr Leiden kann darin bestehen, ein Leben zu führen, das Sie einschränkt und das Potenzial, mit dem Sie als Individuum auf einzigartige Weise gesegnet sind, nicht würdigt. In den Akasha-Chroniken werden Sie erkennen, wie besonders Sie sind und wie viele Bereiche Ihrer Persönlichkeit noch unerschlossen sind. Dieses mächtige Wissen um Ihre eigenen Fähigkeiten wird Sie aus den selbst auferlegten Fesseln befreien, die Sie in ein weniger erfülltes Leben zwingen, als Ihnen eigentlich zusteht. Es ist schon komisch, dass wir manchmal ein äußeres Medium brauchen, um einen klareren Blick auf das zu werfen, was in den tiefsten Winkeln unseres Wesens liegt.

- Schließen Sie Freundschaft mit Ihrer Seele

Wenn Ihr Geist, Ihr Körper und Ihre Seele nicht im Gleichgewicht sind, haben Sie keine Chance, ein harmonisches Leben zu führen. Das Gleichgewicht ist das mächtigste Gesetz, das unsere Existenz bestimmt. Wenn es gestört ist, spüren Sie sofort, dass in Ihrem Leben etwas nicht stimmt. Ihr Problem kann als ein einfaches Ungleichgewicht beschrieben werden. Das gilt jedoch nicht für das Ausmaß dieser turbulenten Beziehung, die Sie mit Ihrer Seele haben. Durch die Akasha-Chroniken werden Sie verstehen, dass Ihr Körper im Vergleich zu Ihrer Seele wie ein Kleinkind ist. Ihre Seele hat auf ihrer Reise hingegen schon viel Weisheit angesammelt, so dass Sie sich um Veränderungen bemühen müssen. Zeigen Sie Ihrer Seele den Respekt, den sie verdient, und ignorieren Sie sie nicht als bloße Stimme aus dem Inneren, sondern lernen Sie, auf sie zu hören und von ihren Lektionen zu profitieren. Sie werden verschiedene Situationen durchleben, in denen Ihr Verstand zu einer bestimmten Entscheidung gekommen ist, Ihre Seele aber nicht ganz mit an Bord ist. Kämpfen Sie nicht gegen Ihre Seele an, sondern lernen Sie, sie gewähren zu lassen, damit Sie in Ihrer Heilerfahrung voranschreiten können.

- Öffnen Sie Ihre Augen für alle Möglichkeiten

Sobald Sie die Weite dieses Universums und die unendlichen Möglichkeiten, die es zu bieten hat, anerkennen, werden Sie Niederlagen nicht mehr so leicht hinnehmen und werden inspiriert, zu heilen und einen Neuanfang zu machen. Während der Akasha-Chroniken Lesung können Sie eines der vielen möglichen Leben durchleben, das Sie potenziell führen können, oder das Sie irgendwann einmal geführt haben. Dieses transformative Erlebnis wird Sie dazu zwingen, Ihr gegenwärtiges Leben als eine leere Leinwand zu betrachten, die Sie bemalen und neugestalten können, wie und wann immer Sie wollen. Sie werden aufhören, sich als Opfer der Umstände zu sehen, von denen Sie umgeben sind, und können sich dafür entscheiden, die unzähligen Möglichkeiten zu erkunden, die auf Sie warten.

- Bestärken Sie sich darin, dass Sie auf dem richtigen Weg sind

Die Möglichkeiten, die Sie haben, sind zwar unendlich, aber Ihr Körper ist es leider nicht. Die Zeit ist nicht auf Ihrer Seite. Wenn Sie sicherstellen wollen, dass Sie in Ihrer Heilerfahrung so weit wie möglich vorankommen, brauchen Sie also einige bestätigende Zeichen. In diesem Fall können Ihnen die Akasha-Chroniken Hinweise darauf geben, ob Sie tatsächlich auf dem richtigen Weg sind. Indem Sie Aufzeichnungen aus der Zukunft abrufen und ein Fenster in Ihr zukünftiges Selbst öffnen, können Sie im Hier und Jetzt bessere Entscheidungen treffen. Dieses beruhigende Wissen wird Ihnen das Gefühl geben, dass Sie Ihr Bestes tun und sicherstellen, dass Sie die Erwartungen erfüllen, die an Sie gestellt werden.

- Positive Energie kultivieren

Alle Energie ist ständig in Bewegung, und dieser fließende Zustand ändert sich ständig in seiner Natur und seinen Eigenschaften. Sie möchten sicherstellen, dass Sie immer dafür sorgen, dass positive Energie durch Ihr Leben fließt, da dies ein wichtiger Teil der Heilung ist. Sie müssen wissen, wie Sie die richtige Energie zum richtigen Zeitpunkt anziehen können, nämlich dann, wenn Sie sie am meisten brauchen. Angesichts der schwer fassbaren Natur der Energie kann dies einer der schwierigsten Teile Ihrer Reise sein. Aber auch hier können Ihnen die Akasha-Chroniken helfen, indem sie Ihnen genau zeigen, wo die Energie dazu neigt, sich zu verfangen, so dass Sie die Blockade auflösen und der Energie helfen können, durchzukommen. Sobald Sie lernen, wie Sie leichter und schneller auf Ihre Aufzeichnungen zugreifen können, wird diese zunächst unmöglich erscheinende Aufgabe für Sie viel offensichtlicher werden, so dass Sie sofort erkennen können, woran Sie arbeiten müssen.

- Erkennen Sie Ihre Stärke

Sie können erst dann sagen, dass Sie vollständig geheilt sind, wenn Sie Ihre eigene Stärke vollständig erkannt haben. Auf diese Erkenntnis werden Sie sich stützen müssen, wenn Sie sich weiter heilen lassen wollen. Die Akasha-Chroniken werden Sie darin bestärken, dass Sie sich Ihre Kraft zunutze machen können, so wie Sie es früher getan haben und wie Sie es auch in Zukunft tun werden. Auf diese Weise kann sich der Kreis

Ihres Heilungsprozesses schließen.

• Beenden Sie Muster aus Ihren vergangenen Leben

Wenn Sie sich erinnern, haben wir in Kapitel 4 dieses Buches ausführlich über frühere Leben gesprochen und darüber, wie sie den Heilungsprozess beeinflussen. Wenn Sie durch die Akasha-Chroniken alte und anhaltende Muster aufdecken, gewinnen Sie eine klarere Vorstellung von den Bereichen Ihres Schmerzes. Es ist wichtig zu wissen, dass es etwas Zeit, Geduld und Mut erfordert, sich durch die Vergangenheit zu bewegen, um die notwendigen heilenden Veränderungen vorzunehmen.

• Das Gefühl, dazuzugehören

Die Verbindungen, die Sie in diesem Leben mit dem Universum und allen Lebewesen, ob menschlich oder nicht, verspüren, ist das, was Ihnen der Zugang zu den Akasha-Chroniken offenbaren wird. Als Mensch werden Sie immer das Gefühl haben wollen, zu etwas Größerem zu gehören, und genau darin liegt eine heilende Kraft. Das Wissen, dass Sie nicht allein sind und dass Sie alle Unterstützung haben, die Sie jemals brauchen könnten, kann ein Mittel zur Genesung sein, und Sie werden in der Lage sein, vollständig zu heilen.

Heilung ist ein fortlaufender Prozess. Sie können ihn nicht nur einmal durchlaufen und denken, dass der Zustand ein Leben lang andauern sollte. Es erfordert Engagement und eine Menge Arbeit, um eine Heilungspraxis zu schaffen, die Ihnen immer wieder hilft. Jeden Tag, den Sie leben, wartet ein potenzieller Schmerz darauf, Ihren Frieden zu stören und Ihr Leben in Beschlag zu nehmen. Sie werden sich selbst im Weg stehen, wenn Sie nicht wissen, wie Sie mit diesem Schmerz umgehen können und wie Sie ihn in dem Wissen angehen können, dass Sie bereits über alle Werkzeuge verfügen, die Sie brauchen, um ihn zu überwinden. Sollten Sie versuchen, die Akasha-Chroniken zu lesen, sollten Sie wissen, dass Sie auf das, was Sie erfahren könnten, gut vorbereitet sein müssen. Viele Menschen zögern und unterschätzen die Macht der Akasha-Aufzeichnungen. Am Ende sind sie entweder enttäuscht, weil sie denken, dass es bei ihnen nicht funktioniert, oder sie geraten in einen Schockzustand, nachdem sie von der Intensität der Aufzeichnungen überwältigt wurden. Im nächsten Kapitel erfahren Sie alles, was Sie brauchen, um sich auf den Zugang zu Ihren Akasha-Chroniken und das Lesen dieser Aufzeichnungen vorzubereiten.

# Kapitel 7: Wie Sie auf Ihre Akasha-Chroniken zugreifen und sie lesen können

Jetzt sind Sie vielleicht neugierig, wie Sie endlich Zugang zu den Akasha-Chroniken bekommen und diese lesen können. Der Prozess des Lesens Ihrer eigenen Aufzeichnungen und das Lesen der Aufzeichnungen eines anderen kann sehr unterschiedlich sein. Dieses Kapitel konzentriert sich jedoch auf das Lesen Ihrer eigenen Aufzeichnungen. Bevor Sie mit dem Pathway Gebet auf die Aufzeichnungen zugreifen, müssen Sie einige einfache Regeln befolgen, um sicherzustellen, dass Ihre Lesungen reibungslos verlaufen.

## Wichtige Regeln für den Zugriff auf die Akasha-Chroniken

### Alkohol und Drogen behindern Sie

Alkohol und Drogen verzerren nicht nur Ihre Wahrnehmung der Realität, sondern beeinflussen auch die Schwingungen Ihrer Seele und Ihre Aura. Wenn Sie sich selbst nicht vollständig unter Kontrolle haben, wird auch Ihr Energiefeld verzerrt. Bei jeder Lektüre der Akasha-Chroniken sollte das Ziel des Lesers die Aufdeckung der Wahrheit sein. Dies kann jedoch nicht erfolgen, wenn sich Ihre Wahrnehmung nicht in einem optimalen Zustand befindet. Außerdem ist es ziemlich respektlos, das Akasha-Reich in einem solchen Zustand zu betreten. Denken Sie daran, dass Sie sich in der Gegenwart der Herren, Meister, Lehrer und geliebten Menschen befinden werden.

Obwohl diese Menschen nur reine Liebe für Sie empfinden, sollten Sie das Geschenk, das sie Ihnen gewähren, nicht als selbstverständlich ansehen. Halten Sie sich also am besten mindestens vierundzwanzig Stunden bevor Sie eine Lesung versuchen, von Drogen und Alkohol fern. Ausgenommen von dieser Regel sind natürlich verschreibungspflichtige Medikamente. Da Sie Ihre Medikamente brauchen, um in Topform zu bleiben, ist es sinnvoll, sie weiter einzunehmen, auch wenn Sie versuchen wollen, Ihre Aufzeichnungen zu lesen. Seien Sie versichert, dass verschreibungspflichtige Medikamente keinen Einfluss auf die Qualität Ihrer Erfahrung im Akasha-Reich haben sollten.

### Ihr rechtmäßiger Name ist wichtig

Namen sind mächtige Entitäten und Sie sollten die Macht, die Ihr Name besitzt, nicht unterschätzen. Alle Namen haben unterschiedliche Schwingungen, und indem Sie Ihren offiziellen Namen verwenden, werden Ihre Aufzeichnungen wissen, dass Sie es wirklich sind und Ihnen erlauben, Wissen aus dem Akasha-Reich zu erlangen. Wenn Sie versuchen, Ihre Akasha-Chroniken zu öffnen, sollten Sie immer Ihren vollen, rechtmäßigen Namen verwenden, und nicht irgendeine Abwandlung, die Sie im Alltag benutzen. Das bedeutet, dass Sie auch keine Spitznamen verwenden sollten, wenn Sie die Aufzeichnungen öffnen. Dennoch gibt es einige Ausnahmen von dieser Regel. Wenn Sie zum Beispiel vor kurzem geheiratet haben und Ihren Nachnamen ändern und den Ihres Mannes angenommen haben, haben Sie vielleicht immer noch das Gefühl, dass Ihr Name nicht wirklich widerspiegelt, wer Sie sind. Da Ihr neuer Nachname noch nicht vollständig in Ihre Seele und Identität integriert ist, könnten Sie sich dafür entscheiden, stattdessen Ihren ursprünglichen Nachnamen zu verwenden. Auch wenn Sie kürzlich über eine Scheidung nachgedacht haben oder mit Ihrer Ehe unzufrieden sind, können Sie Ihren Mädchennamen ohne Konsequenzen verwenden.

### Das Eintauchen beim Lesen der Aufzeichnungen ist von entscheidender Bedeutung

Wenn Sie die Akasha-Chroniken öffnen, verändert sich Ihr Bewusstseinszustand, denn Sie gehen tiefer als je zuvor. Um diesen Zustand des Bewusstseins zu erreichen, sollten Sie daher genügend Zeit in den Aufzeichnungen verbringen. Nehmen Sie sich die Zeit, zu beobachten, was Sie sehen, hören oder sogar riechen können. Das Akasha-Reich bietet eine neue aufregende Erfahrung, also sollten Sie das Beste daraus machen. Bleiben Sie etwa 15 Minuten bis eine ganze Stunde im Akasha-Reich, um ein Gefühl dafür zu bekommen. Nichts hält Sie davon ab, mehr als eine Stunde im Akasha-Reich zu verbringen. Ihre Lesungen sollten jedoch nicht Ihre Produktivität oder Ihr Leben im Allgemeinen beeinträchtigen. Die Aufzeichnungen sind dazu da, Sie zu leiten, nicht um Sie abzulenken. Um zu verhindern, dass Sie abgelenkt werden, sollten Sie Ihre Sitzungen zwischen 15 Minuten und einer Stunde halten, um maximalen Nutzen zu erzielen.

### Eine Mischung von Ritualen ist nicht der beste Ansatz

Vielleicht praktizieren Sie bereits andere Rituale. Das Lesen Ihrer Aufzeichnungen sollte nicht beeinträchtigt werden, solange Sie die Rituale nicht mischen. Einige Rituale erfordern zum Beispiel die Einnahme von Psychedelika oder anderen Drogen, um Ihre Wahrnehmung auf die nächste Stufe zu heben. Doch wie bereits erwähnt, können Drogen, Alkohol oder andere Substanzen, die Ihre Wahrnehmung verändern, gefährlich sein, wenn Sie versuchen, die Akasha-Chroniken zu lesen. Es steht Ihnen natürlich frei, auch andere Rituale zu praktizieren, aber es ist immer besser, diese nicht mit dem Lesen Ihrer Aufzeichnungen zu vermischen, insbesondere wenn deren Regeln denen des Lesens der Aufzeichnungen widersprechen. Selbst wenn die Regeln nicht im Widerspruch zueinanderstehen, führt die Trennung von Lesungen und anderen Ritualen immer zu besseren Ergebnissen.

### Einige Fragen funktionieren besser als andere

Wenn Sie zum ersten Mal versuchen, auf Ihre Aufzeichnungen zuzugreifen, können Sie sich leicht überfordert fühlen. Die Akasha-Chroniken bieten Ihnen ein neues Reich des unermesslichen Wissens, so dass Sie vielleicht nicht wissen, welche Fragen Sie stellen sollen. Einige Formen von Fragen funktionieren besser als andere. Ja/Nein-Fragen funktionieren nicht gut, denn die Herren, Meister, Lehrer und geliebten Menschen geben keine endgültigen Antworten, um Ihre Meinung nicht zu beeinflussen. Vielleicht möchten Sie diese wissenden Wesen fragen, was Sie tun sollen, aber sie werden Ihnen niemals eine klare Antwort geben. Wenn Sie eine Ja/Nein-Frage stellen, werden sie Ihrer Frage wahrscheinlich mit noch mehr Fragen folgen! Auf diese Weise nehmen sie Sie mit auf eine Reise der Selbstreflexion, auf der Sie die Antwort selbst finden können. Daher ist es immer besser, Fragen zu stellen, die mit wie, was oder warum beginnen. Nehmen wir an, Sie haben Zweifel an Ihrer derzeitigen romantischen Beziehung und sind sich nicht sicher, ob Sie und Ihr Partner bereit sind, zu heiraten. Anstatt zu fragen: „Sollten wir heiraten?" können Sie auch sagen: „Wie wird unsere Ehe aussehen?" oder „Wie wird sich eine Heirat auf unsere Beziehung auswirken?" Mit solchen Frageformen erhalten Sie in der Regel bessere Einblicke und hilfreiche Antworten.

# Die Rolle der Herren, Meister, Lehrer und geliebten Menschen

In diesem Buch wurden die Herren, Meister, Lehrer und geliebten Menschen der Akasha-Chroniken bereits einige Male erwähnt. Auch wenn Sie jetzt vielleicht erahnen können, was sie tun, müssen Sie dennoch ihre Rolle vollständig verstehen, bevor Sie Ihre Aufzeichnungen zum ersten Mal lesen. Sie haben nicht nur unterschiedliche Rollen, sondern auch unterschiedliche Charaktere.

### Die Herren der Aufzeichnungen

Die Herren der Aufzeichnungen sind die höchste Autorität im Akasha-Reich. Sie sind die Hüter der Aufzeichnungen und deren Beschützer. Sie sind Wesen aus Licht und ihr einziges Ziel ist es, die Menschheit zu bereichern und das Leben der Menschen zu verbessern, indem sie ihnen helfen, ihr göttliches Ideal zu erreichen. Da sie für die Sicherheit der Akasha-Chroniken verantwortlich sind, haben sie die Macht, den Zugang eines Menschen zum Akasha-Reich entweder zu akzeptieren oder abzulehnen. Die Herren tun dies jedoch nicht, um den Menschen das Recht zu nehmen, ihre eigenen Aufzeichnungen zu lesen, sondern vielmehr, weil sie dazu vielleicht noch nicht bereit sind.

Das Lesen der Akasha-Chroniken erfordert nämlich ein hohes Maß an spiritueller Kraft und flexiblem Denken, was zum jetzigen Zeitpunkt vielleicht nicht für jeden machbar ist. Wenn Sie eine Frage stellen, können sie sich außerdem dafür entscheiden, Informationen zurückzuhalten, wenn sie der Meinung sind, dass es unklug ist, Ihnen in diesem Moment solche Informationen zu geben. Die Herren offenbaren sich Ihnen nicht, aber sie geben die Informationen an die Meister, Lehrer und geliebten Menschen weiter, die Ihnen wiederum helfen und Sie leiten. Die Akasha-Chroniken eines jeden Menschen werden von den Herren bewacht, was bedeutet, dass sie Ihnen nicht speziell zugewiesen sind.

## Die Meister

Die Meister sind ebenfalls Wesen aus Licht. Im Gegensatz zu den Herren ist jeder Meister einer bestimmten Gruppe zugewiesen. Das bedeutet, dass die Meister nicht wie die Herren eine universelle Verantwortung haben, sondern sich auf Einzelpersonen konzentrieren. Selbst wenn Sie ein Dutzend Mal reinkarniert sind, bleiben Ihre Meister dieselben. Aus diesem Grund werden Sie spüren, dass sie Ihnen vertraut vorkommen, wenn Sie in ihrer Gegenwart sind. Betrachten Sie die Meister als die Hüter Ihrer Seele. Sie wollen nur, dass Ihre Seele wächst, mehr Erfahrung sammelt und bestimmte Lektionen lernt. Je nach Ihren Bedürfnissen können die Meister, wenn Sie die Aufzeichnungen öffnen, die Hilfe bestimmter Lehrer und geliebter Menschen anfordern, die Ihnen bei Ihren Vorhaben helfen können.

## Die Lehrer

Die Lehrer unterscheiden sich ein wenig von den Meistern oder Herren, wenn es um ihre Vorgeschichte geht. In der Regel wird davon ausgegangen, dass sie in einem anderen Leben normale Menschen waren, bevor sie sich entschieden, anderen Seelen zu helfen, ihr göttliches Ideal zu erreichen. Wie im vorherigen Punkt erläutert, werden die Lehrer von den Meistern je nach Ihren Bedürfnissen gerufen. Das bedeutet also, dass Sie jedes Mal, wenn Sie Ihre Aufzeichnungen öffnen, andere Lehrer haben können.

Die Lehrer sind lektionsspezifisch, das heißt, wenn Sie eine Lektion gelernt haben, gehen sie und andere Lehrer nehmen ihren Platz ein, um Ihnen eine neue Lektion zu erteilen. Die Identität der Lehrer zu Lebzeiten ist umstritten. Einige Experten glauben, dass es sich bei ihnen um gewöhnliche Menschen handelte, die zufällig über große spirituelle Kräfte verfügten, während andere glauben, dass sie einflussreiche Persönlichkeiten waren. Ungeachtet dieser gegensätzlichen Meinungen ziehen es die Lehrer vor, ihre Identität geheim zu halten, weil sie glauben, dass diese Information für die Reise Ihrer Seele zum Wachstum irrelevant ist.

## Die geliebten Menschen

Die geliebten Menschen waren sicherlich einmal ganz normale Menschen. Nicht nur das, sondern sie waren auch vor ihrem Tod mit Ihnen verbunden. Ihre geliebten Menschen können verstorbene Verwandte, Freunde oder sogar Bekannte sein. Es spielt keine Rolle, wie kurz Ihre Beziehung war, als sie noch lebten. Sie müssen wissen, dass Ihre

Liebsten sich absichtlich dafür entschieden haben, Ihre Reise zu begleiten. Ähnlich wie die Lehrer halten es auch die geliebten Menschen für besser, ihre wahre Identität nicht zu enthüllen. Sie können dies jedoch tun, wenn sie der Meinung sind, dass es bei einer bestimmten Lesung von Vorteil sein kann. Ihre Liebsten sind in der Regel nicht alle auf einmal anwesend, sondern unterstützen Sie abwechselnd bei jeder Lesung.

# Ein Leitfaden, wie Sie Ihre Aufzeichnungen lesen können

Wenn Sie das Pathway-Gebet und die Rolle der Herren, Meister, Lehrer und geliebten Menschen verstanden haben, ist es endlich an der Zeit, auf Ihre Aufzeichnungen zuzugreifen und die Kontrolle über Ihr Schicksal zu übernehmen. Denken Sie daran, dass es mit den richtigen Vorbereitungen ganz einfach sein sollte, Ihre Aufzeichnungen zu lesen. Um sicherzustellen, dass Sie jetzt Zugang zu Ihren Aufzeichnungen haben, folgen Sie den folgenden Schritten.

### Den richtigen Ort finden

Im Laufe der Zeit werden Sie in der Lage sein, jederzeit und überall auf Ihre Aufzeichnungen zuzugreifen. Für die Zwecke dieses Kapitels gehen wir jedoch davon aus, dass Sie die Akasha-Chroniken zum ersten Mal öffnen. Sie müssen also einen ruhigen Ort finden, an dem Sie sich konzentrieren können. Dabei spielt es keine Rolle, ob es sich um einen Innen- oder Außenbereich handelt, solange Sie dort ein Gefühl von Privatsphäre haben. Sie können auch Räucherstäbchen anzünden, um die Stimmung zu verbessern und sich zu entspannen. Wenn Sie Haustiere oder Kinder haben, sorgen Sie dafür, dass diese Sie beim Lesen nicht stören. Sie können auch klassische Musik hören, wenn Sie es vorziehen, sich nicht in einer völlig stillen Umgebung aufzuhalten.

### Meditieren

Dieser Schritt ist entscheidend, wenn Sie eine genaue Akasha-Lesung erhalten möchten. Meditieren ist eine großartige Methode, um sich zu zentrieren und zu erden. Wenn Sie das Akasha-Reich betreten, wollen Sie frei von Ihren täglichen Sorgen sein, und um das zu erreichen, müssen Sie Ihren Geist völlig frei halten. Für manche Menschen mag es schwierig sein, einfach den Stecker zu ziehen und sich zu entspannen. Wenn Sie jedoch vor jeder Sitzung einige Minuten lang meditieren, können Sie einen Zustand des inneren Nirwana erreichen, der Ihnen hilft, gut mit Ihren

Meistern, Lehrern und geliebten Menschen zu kommunizieren.

## Das Lesen des Gebets

Das Pathway Gebet bildet eine Verbindung, über die Sie das Akasha-Reich erreichen können. Wenn Sie das Eröffnungsgebet lesen, versuchen Sie, den ersten und den letzten Absatz laut vorzulesen. Wenn die Aufzeichnungen schließlich geöffnet sind, stellen Sie nicht zu viele Fragen auf einmal. Da Sie die Akasha-Chroniken zum ersten Mal lesen, müssen Sie ein Gefühl für das Akasha-Reich bekommen, das heißt, Sie sollten zunächst keine Fragen stellen. Versuchen Sie einfach, so viel wie möglich aufzunehmen, und schließen Sie die Aufzeichnungen nach 15 Minuten.

## Konzentrieren Sie sich auf eine Frage

Nachdem Sie ein Gefühl dafür bekommen haben, was die Akasha-Chroniken zu bieten haben, können Sie sie nach etwa zehn Minuten wieder öffnen. Jetzt ist der richtige Zeitpunkt gekommen, um Ihre Frage zu stellen. Wie bereits erwähnt, sollten Sie sich von Ja/Nein-Fragen und direkten Bitten um Rat fernhalten. Außerdem sollten Sie sich auf jeweils eine Frage konzentrieren. Da Sie Aufzeichnungen aus der Vergangenheit, der Gegenwart und der Zukunft haben, müssen Sie entscheiden, welchen Teil der ewigen Zeitleiste Sie betrachten wollen. Diese Klarheit ist wichtig, wenn Sie eine nahtlose Lektüre wünschen. Denken Sie daran, dass Ihre Akasha-Chroniken immer präsent sind, also machen Sie sich keine Sorgen, wenn Sie Ihre Gedanken jetzt nicht sammeln können. Sie können einfach später zu ihnen zurückkehren, wenn Sie mehr Klarheit über die Fragen haben, die Sie stellen möchten.

## Erden Sie sich nach jeder Lesung

Ihr Bewusstsein verändert sich, wenn Sie auf die Akasha-Chroniken zugreifen. Sie können es sich als eine Art Trance vorstellen. Deshalb ist es wichtig, dass Sie in Ihren normalen Bewusstseinszustand zurückkehren, wenn Sie die Aufzeichnungen schließen. Um wieder zu sich selbst zu kommen und Ihren Tag fortzusetzen, müssen Sie eine Tätigkeit finden, die Ihre volle Aufmerksamkeit erfordert, d. h. etwas, das Sie nicht gedankenlos tun können. Sie können einige Dehnübungen machen, kochen, mit einem Freund sprechen oder mit Ihrem Haustier spielen. Diesen Schritt sollten Sie unter keinen Umständen auslassen. Die Erdung ist ein äußerst wichtiger Teil jeder Lesesitzung.

## Üben Sie Ihr neues Talent

Ja, der Zugang zu den Akasha-Chroniken ist ein Talent. Jeder Mensch wird mit der Fähigkeit geboren, auf seine Aufzeichnungen zuzugreifen, aber nur wer genug übt, kann jedes Mal eine korrekte Deutung erhalten. Aus diesem Grund müssen Sie Ihre Akasha-Chroniken so oft wie möglich öffnen, vor allem im ersten Monat. Sie können Ihre neue Fähigkeit auch üben, indem Sie die Aufzeichnungen anderer Menschen lesen, worüber wir im nächsten Kapitel ausführlich sprechen werden. Ignorieren Sie Ihre Akasha-Chroniken jedenfalls nicht zu lange, denn Sie müssen sich erst an die Bewusstseinsveränderung gewöhnen, die der Prozess jedes Mal erfordert.

## Führen Sie ein Tagebuch

Da Sie während Ihrer Zeit im Akasha-Reich viele Dinge lernen werden, müssen Sie Ihre Erfahrungen detailliert dokumentieren. Das Führen eines Tagebuchs ist eine gute Möglichkeit, dies zu tun. Ihr Tagebuch ermöglicht es Ihnen nicht nur, Ihre Erfahrungen in diesem Reich zu beschreiben, sondern es hilft Ihnen auch, alle Gefühle festzuhalten, die Sie möglicherweise empfinden. Außerdem können Sie die Antworten, die zukünftigen Möglichkeiten und die Führung, die Sie während Ihrer Lesungen erhalten haben, notieren. Schreiben Sie auch alle anderen Fragen auf, die Sie während Ihrer nächsten Sitzung stellen möchten. Dies wird Ihnen dabei helfen, die Aufzeichnungen der Vergangenheit zu identifizieren, die umgeschrieben werden müssen, die aktuellen Muster, die Sie ändern möchten, und die zukünftigen Möglichkeiten, die Sie entweder vermeiden oder nutzen möchten.

# Kapitel 8: Aufzeichnungen für andere lesen

## Der Unterschied zwischen dem Lesen Ihrer Akasha-Chroniken und dem Lesen der Aufzeichnungen einer anderen Person

Es gibt einige grundlegende Unterschiede zwischen dem Öffnen und Lesen Ihrer eigenen Akasha-Chroniken und dem Lesen der Aufzeichnungen eines anderen Menschen. Wenn Sie für andere lesen, gibt es einige Richtlinien, die Sie befolgen müssen. Diese Richtlinien unterscheiden sich erheblich von den Richtlinien, die wir im vorherigen Kapitel aufgestellt haben. Das Lesen der Aufzeichnungen einer anderen Person ist sowohl eine Ehre als auch ein Privileg, daher sollten Sie sich auf diese Verantwortung vorbereiten. Hier sind einige der Richtlinien, die Sie befolgen sollten, um eine erfolgreiche Akasha-Lesung durchzuführen:

### Einverständnis ist entscheidend

Die Akasha-Chroniken enthalten alle Gedanken, Gefühle, Handlungen und Absichten einer Person. Sie sind die Aufzeichnungen ihres Lebens, und sie enthalten auch die Aufzeichnungen der vergangenen Leben. Wenn Sie jemandem erlauben, Ihre Aufzeichnungen zu lesen, können Sie sich verletzlich fühlen, denn Sie vertrauen demjenigen jedes Detail Ihres Lebens an. Daher ist es äußerst wichtig, dass Sie niemandem die Einsichtnahme aufzwingen. Sie müssen die ausdrückliche Zustimmung der

Person einholen, wenn Sie eine Akasha-Lesung durchführen wollen. Versuchen Sie auch nicht, die Person zu manipulieren, um Ihnen die Erlaubnis zu erteilen. Es ist sogar besser, wenn Ihre Klienten oder Angehörigen zu Ihnen kommen und Sie um eine Deutung bitten und nicht andersherum.

Mit zunehmender Erfahrung können Sie die Bedürfnisse anderer Menschen erkennen und herausfinden, ob sie tatsächlich Bedarf an einer Lesung haben. Letztlich ist es nicht Ihre Entscheidung. Wenn die andere Person zögert, bedeutet das, dass die Herren der Aufzeichnungen glauben, es sei nicht der richtige Zeitpunkt für diese Person, mehr zu erfahren. Unabhängig von der endgültigen Entscheidung der Person müssen Sie ihr weiterhin Liebe und Unterstützung entgegenbringen.

### Diskretion ist der Schlüssel

Dieser Punkt versteht sich von selbst, aber wir müssen sicherstellen, dass Sie sich der Geheimhaltung bewusst sind, die jede Akasha-Lesung beinhalten sollte. Wie bereits erwähnt, enthalten die Aufzeichnungen einer Person ein Abbild ihres gesamten Lebens. Wenn Sie auserwählt werden, jemandem dabei zu helfen, mehr über sich selbst zu erfahren, werden Sie zu dessen Geheimniswahrer. Daher müssen Sie dieser Person beweisen, dass ihre Entscheidung richtig war, Ihnen zu vertrauen, indem Sie sich an einen Kodex der Verschwiegenheit halten. Das bedeutet, dass Sie niemals Informationen über die Lesungen, die Sie anderen geben, preisgeben sollten, auch wenn es sich nicht um streng private Details handelt. Manchmal möchten Sie vielleicht über Ihre wachsenden Erfahrungen berichten und darüber, wie Sie Ihr Talent nutzen, um anderen zu helfen. Dennoch ist es besser, es für sich zu behalten, es sei denn, die Person ist damit einverstanden, die Details ihrer Sitzungen zu teilen. Versetzen Sie sich in deren Lage und fragen Sie sich, ob es Ihnen gefallen würde, wenn jemand Ihre privatesten Details mit Fremden teilen würde.

### Klarheit ist wichtig

Menschen, die anderen Menschen Akasha-Lesungen geben, berichten oft, dass sie die Informationen oder Bilder, die ihnen präsentiert werden, nicht ganz verstehen. Sie können sicher sein, dass dies völlig normal ist. Da Sie die Aufzeichnungen einer anderen Person lesen, wird nicht alles, was Sie sehen oder hören werden, einen Sinn ergeben. Nichtsdestotrotz ist es Ihre Pflicht, die andere Person über das, was Sie gesehen haben, zu informieren. Sie werden überrascht sein, dass Ihr Gegenüber sich vielleicht einen Reim darauf machen kann. In jedem Fall ist es wichtig, dass Sie bei der Übermittlung der Informationen sanft, unterstützend und respektvoll bleiben. Halten Sie Ihre Lesungen frei von Urteilen und machen Sie sie zu einem sicheren Ort für jeden, der Ihre Hilfe braucht.

## Minderjährige sind leicht beeinflussbar

Sie sollten niemals versuchen, die Akasha-Chroniken eines Minderjährigen zu öffnen, da diese noch in der Entwicklung stecken. Wenn Sie versuchen, einem Minderjährigen eine Akasha-Lesung zu geben, riskieren Sie, ihn zu beeinflussen und seine Zukunft auf irgendeine Weise zu verändern, insbesondere wenn Sie sich dafür entscheiden, seine zukünftigen Aufzeichnungen zu öffnen. Außerdem ist dies mit einem noch größeren moralischen Dilemma verbunden, nämlich der Frage der Einwilligung. Minderjährige haben nicht die nötige geistige Reife, um ihr Einverständnis zu geben, daher gilt jeder Versuch, ihre Zustimmung zu erhalten, als Nötigung. Was sollten Sie also tun, wenn die Eltern eines Minderjährigen Sie bitten, seine Aufzeichnungen zu öffnen? Die kurze Antwort lautet, dass Sie ablehnen sollten. Dennoch können Sie stattdessen die Erlaubnis der Eltern einholen, ihre eigenen Aufzeichnungen einzusehen, falls sie Fragen dazu haben, wie sie ihre Erziehungsmethoden verbessern können. Auf diese Weise können Sie den Eltern immer noch helfen und gleichzeitig die Rechte des Minderjährigen respektieren.

## Ihre Emotionen können sich verfangen

Objektivität ist unerlässlich, wenn Sie jemandem eine Akasha-Lesung geben. Da Sie intime Informationen über das Leben dieser Person erhalten, müssen Sie diese Informationen objektiv betrachten und weitergeben. Versuchen Sie, Ihre eigenen Emotionen aus dem Spiel zu lassen, um die andere Person nicht zu verunsichern. Sie sollten der Person auch keine direkten Ratschläge geben, die auf dem basieren, was Sie in ihren Aufzeichnungen gesehen haben. Sie sollten der Person die Freiheit lassen, selbst zu entscheiden, wie sie die Informationen, die Sie ihr gegeben haben, verwenden will. Wenn Sie bemerken, dass Sie immer wieder verärgert oder sogar wütend werden, wenn Menschen Ihren Rat nicht befolgen, dann sollten Sie eine Pause vom Akasha-Lesen einlegen, bis Sie das Gefühl haben, dass Sie unvoreingenommen an die Sitzungen herangehen können.

## Was Sie tun können, wenn Sie die Zustimmung einer Person nicht bekommen haben

Vielleicht stoßen Sie auf Widerstand oder Zögern, wenn Sie andere bitten, ihre Akasha-Chroniken zu öffnen. Auch wenn dies in den meisten

Fällen ein Zeichen dafür ist, dass es nicht der richtige Zeitpunkt ist, kann der Widerstand oder das Zögern, mit dem Sie konfrontiert werden, leicht behoben werden. Wenn Sie die Erlaubnis einer Person zum Lesen ihrer Aufzeichnungen nicht erhalten können, gibt es zwei Dinge, die Sie tun können.

### Beruhigen Sie die Person

Das Einfachste, was Sie tun können, ist, die Zweifel der anderen Person zu zerstreuen. Der Widerstand der Person, Ihnen das Öffnen ihrer Aufzeichnungen zu gestatten, könnte von falschen Vorstellungen herrühren, die sie von den Akasha-Chroniken im Allgemeinen hat. Sie denken vielleicht, dass sie nicht real sind oder dass der Zugang zu den Aufzeichnungen sie in unnötige Gefahr bringt. Um Ihre Ängste und Zweifel zu überwinden, müssen Sie zunächst verstehen, was Ihr Gegenüber denkt. In den meisten Fällen wird ein aufrichtiges Gespräch über das Wesen und die Vorzüge des Öffnens der Akasha-Chroniken die Person davon überzeugen, Ihnen ihre Erlaubnis zu geben.

### Öffnen Sie Ihre eigenen Aufzeichnungen

Wenn Sie in eine Sackgasse geraten sind und die Erlaubnis der anderen Person nicht erhalten können, egal wie sehr Sie versuchen, sie zu beruhigen, dann ist es an der Zeit, sich zurückzuziehen und ihre Wünsche zu respektieren. Das sollte Sie jedoch nicht davon abhalten, sie weiterhin in jeder Hinsicht zu unterstützen. Die Einsicht in Ihre eigenen Aufzeichnungen ist eine gute Möglichkeit, dies zu tun. Wenn Sie Ihre Aufzeichnungen öffnen und mit Ihren Meistern, Lehrern und geliebten Menschen sprechen, können Sie sie fragen, wie Sie dieser Person helfen können, ihr göttliches Ideal zu erreichen. Ihre Meister, Lehrer und geliebten Menschen werden Ihnen wirksame Wege aufzeigen, wie Sie der Seele der anderen Person helfen können, zu wachsen und neue Lektionen zu lernen, selbst wenn Sie deren Aufzeichnungen jetzt nicht öffnen können.

# Wie man eine Akasha-Lesung für eine andere Person durchführt

Nachdem Sie die obigen Richtlinien befolgt und die Person von der Sicherheit des Öffnens ihrer Akasha-Chroniken überzeugt haben, können Sie nun auf deren Aufzeichnungen zugreifen und sie lesen. Sie müssen dazu den im dritten Kapitel erwähnten Pathway Prayer Prozess verwenden. Allerdings ist die Art und Weise, wie Sie das Gebet lesen, ein wenig anders. Hier finden Sie eine Aufschlüsselung des gesamten Prozesses:

### Bereiten Sie sich vor

Wenn Sie versuchen, die Aufzeichnungen eines anderen Menschen zu öffnen, sollten Sie sich immer zuerst vorbereiten. Sie müssen Ihre Sorgen loslassen, besonders wenn Sie normalerweise von Gedanken der Unzulänglichkeit geplagt werden. Der Hauptunterschied zwischen dem Lesen Ihrer eigenen Aufzeichnungen und dem Lesen der Aufzeichnungen einer anderen Person besteht darin, dass Sie möglicherweise unter Lampenfieber leiden, wenn es an der Zeit ist, eine Lesung durchzuführen. Deshalb müssen Sie die Bedürfnisse der anderen Person an die erste Stelle setzen, d.h. Sie müssen sich darauf konzentrieren, wie die Lektüre für diese Person von Nutzen sein wird, anstatt sich mit Ihren eigenen Gefühlen zu beschäftigen. Sie können ein paar Minuten meditieren, um Stress abzubauen und sich auf die Sitzung vorzubereiten.

### Öffnen und Schließen der Aufzeichnungen

Da Sie die andere Person beruhigen wollen, muss die Art und Weise, wie Sie das Pathway Gebet lesen, dies widerspiegeln. Der erste Absatz des Eröffnungsgebets sollte immer laut vorgelesen werden, um Ihre Absicht zu signalisieren, die Akasha-Chroniken zu öffnen. Der zweite Absatz hingegen befasst sich mit den persönlichen Gefühlen des Lesers, also Ihnen, und sollte daher nicht laut vorgelesen werden. Indem Sie den zweiten Absatz lesen, bitten Sie Gott aktiv darum, Sie vor Egoismus zu schützen und Ihnen zu helfen, sich auf das Lesen zu konzentrieren. Sie sollten bedenken, dass der dritte Absatz die größte Veränderung mit sich bringt.

Aufgrund der vorangegangenen Kapitel sollten Sie nun wissen, wie wichtig es ist, den richtigen Namen der Person zu verwenden, wenn Sie deren Unterlagen öffnen. Da Sie der Person jedoch nicht das Gefühl geben wollen, dass sie nicht richtig verstanden wird, können Sie ihren Vornamen oder sogar ihren Spitznamen verwenden, wenn Sie den dritten Absatz laut vorlesen. Dann können Sie den Absatz erneut vorlesen, wobei Sie den offiziellen Namen der Person verwenden. Abschließend sollten Sie die letzte Zeile immer laut vorlesen, da sie signalisiert, dass Sie die Akasha-Chroniken erfolgreich geöffnet haben. Während das Eröffnungsgebet anders ist, wenn Sie einer anderen Person die Aufzeichnungen vorlesen, ist das Schlussgebet dasselbe. Lesen Sie also, nachdem Sie die gewünschten Informationen erhalten haben, alle Zeilen des Schlussgebets laut vor, um Ihre Dankbarkeit gegenüber den Meistern, Lehrern und geliebten Menschen zu zeigen.

### Erden Sie sich selbst

Ihr Bewusstsein verändert sich, wenn Sie die Akasha-Chroniken öffnen, und es kehrt wieder in seinen normalen Zustand zurück, wenn Sie sie schließen. Sie werden vielleicht feststellen, dass Sie nach dem Schließen der Aufzeichnungen der Person noch einige Restemotionen von der Lesung spüren. Wenn Sie in die Aufzeichnungen der Person eintreten, erleben Sie deren vergangene Leben und Probleme aus erster Hand. Daher kann es sein, dass Sie sich auch nach dem Schließen der Aufzeichnungen noch ein wenig verwirrt fühlen. Sie brauchen sich jedoch keine Sorgen zu machen. Indem Sie sich eine Aktivität suchen, die Ihre volle Aufmerksamkeit erfordert, oder das, was wir eine erdende Aktivität nennen, können Sie alle Eindrücke loslassen, die die Lesesitzung hinterlassen hat.

# Was Sie tun können, um die Integrität der Lesung zu gewährleisten

### Suchen Sie sich einen ruhigen Ort

Das Ziel eines Akasha-Lesers sollte es sein, die Wahrheit zu finden, und dazu brauchen Sie einen ruhigen Ort, an dem Sie sich konzentrieren können. Wenn Sie die Lektüre in Ihrem Haus oder Büro durchführen, sorgen Sie dafür, dass der Raum frei von Ablenkungen und Geräuschen ist. Wenn Sie die Lesung hingegen im Haus der Person durchführen, müssen Sie diese bitten, vorher einen ruhigen Bereich vorzubereiten. Wenn die Akasha-Chroniken geöffnet sind, müssen Sie dafür sorgen, dass nichts Sie beide ablenken kann. Wie Sie also sehen, erfordert jede Akasha-Lesung einige ernsthafte Vorbereitungen.

### Seien Sie vorsichtig, wenn Sie Fernlesungen geben

Dass die andere Person nicht im selben Raum ist, bedeutet nicht, dass Sie ihre Aufzeichnungen nicht öffnen können. Sie können immer noch Fernlesungen durchführen, entweder online oder am Telefon. Sie müssen jedoch sicherstellen, dass Ihre Technologie der Aufgabe gewachsen ist. Vergewissern Sie sich, dass Ihr Telefon oder Laptop vollständig aufgeladen ist. Außerdem müssen Sie Ihre Internetverbindung überprüfen, damit es während der Sitzung nicht zu Verbindungsproblemen kommt. Je nachdem, was die Person braucht, wird sie Sie vielleicht bitten, die Sitzung aufzuzeichnen. Stellen Sie also sicher, dass Sie eine funktionierende Kamera zur Hand haben.

### Räumen Sie das Finanzielle aus dem Weg

Es ist keine Schande, ein Honorar für Ihre Lesungen zu verlangen. Vielleicht können Sie Ihre Talente sogar zum Beruf machen, wenn Sie fortgeschrittener sind und sich auf die Energie des Akasha-Reiches eingestellt haben. Wenn Sie sich bereits entschieden haben, ein Honorar zu verlangen, sollten Sie das Geld vor Beginn der Lesung einsammeln, um das Thema aus dem Weg zu räumen. Auf diese Weise können Sie sich ausschließlich auf den Zugang zu den Aufzeichnungen der anderen Person konzentrieren und ihr so helfen, ihr göttliches Ideal zu erreichen. Wir raten Ihnen jedoch davon ab, direkt nach der ersten Öffnung Ihrer eigenen Aufzeichnungen ein Honorar zu verlangen. Sie benötigen genügend Praxis, um die Erhebung einer Gebühr für Ihre Lesungen zu rechtfertigen. Bieten Sie daher in den ersten zwei oder drei Monaten kostenlose Lesungen an.

### Halten Sie eine Reihe von Fragen bereit

Genau wie beim Lesen Ihrer eigenen Aufzeichnungen müssen Sie auch beim Lesen der Aufzeichnungen anderer Personen bestimmte Fragen im Kopf haben. Natürlich können Sie keine Liste von Fragen aufstellen, die Sie stellvertretend für die andere Person stellen werden, ohne dies vorher mit ihr zu besprechen. Daher müssen Sie die Person bitten, die Fragen vorzubereiten, die sie stellen möchte. Zu diesem Zweck müssen Sie den Unterschied zwischen den verschiedenen Frageformen herausarbeiten und herausfinden, welche davon besser funktionieren als andere.

Sollten Sie immer noch eine Liste voller Ja/Nein-Fragen erhalten, können Sie mit der anderen Person besprechen, wie Sie solche Anfragen umschreiben und in Fragen umwandeln können, die mit Warum, Was und Wie beginnen. Ebenso müssen Sie der anderen Person mitteilen, dass sie keine persönlichen Fragen über eine andere Person stellen kann, es sei denn, sie steht in einer Beziehung zu dieser Person. In jedem Fall werden die Informationen, die sie über die andere Person erhalten, auf den Kontext ihrer Beziehung beschränkt sein.

### Wiederholen Sie das Pathway Gebet

Trotz Ihrer besten Bemühungen haben Sie vielleicht immer noch das Gefühl, dass eine unsichtbare Barriere zwischen Ihnen und den

Aufzeichnungen der Person besteht. Zusätzlich können Ihre Emotionen in die Lesung einfließen und Ihre Unparteilichkeit negativ beeinträchtigen. Sollte dies der Fall sein, können Sie das Pathway Gebet noch einmal lesen, um jegliche negative Energie oder Spannung loszuwerden, die Sie spüren. Die Aufgabe des Gebets ist es, Ihre Aura zu klären und Ihnen zu helfen, die Wahrheit zu sehen. Wenn Sie also Zweifel haben, wiederholen Sie das Gebet und machen Sie dann dort weiter, wo Sie aufgehört haben.

# Die Vorteile des Lesens der Akasha-Aufzeichnungen anderer

### Sammeln Sie mehr Erfahrung

Je mehr Zeit Sie im Akasha-Reich verbringen, desto mehr Erfahrung sammeln Sie und desto einfacher wird es, Ihr Bewusstsein bei Bedarf zu verändern. Dadurch können Sie nicht nur anderen helfen, ihr göttliches Ideal zu erreichen, sondern auch Ihre eigenen persönlichen Aufzeichnungen verbessern. Mit der Zeit wird es einfacher, auf Ihre Aufzeichnungen zuzugreifen und sie zu lesen. Aber nicht nur das, sondern Sie werden auch in der Lage sein, jedes Mal ein präzises Ergebnis zu erhalten. Auch wenn Sie keinen finanziellen Nutzen daraus ziehen, kann das Lesen der Aufzeichnungen anderer Menschen Ihnen helfen, mehr Erfahrung mit der Akasha-Welt zu sammeln.

### Sie können sich besser auf die Bedürfnisse anderer einstellen

Wenn Sie mehr und mehr Lesungen für andere durchführen, werden Sie feststellen, dass Sie sich immer besser auf deren Bedürfnisse einstellen können. Sie werden in der Lage sein, die Informationen, die Sie erhalten haben, so sanft und respektvoll wie möglich weiterzugeben. Außerdem wird Ihre Wahrnehmung über die physische Welt hinausgehen, denn Sie werden in der Lage sein, andere Menschen im Licht der Akasha-Chroniken zu sehen. Das bedeutet, dass Sie in der Lage sein werden, alle Seelen gleichermaßen und ohne Vorurteile zu lieben. Außerdem werden Sie sich von allen urteilenden Verhaltensmustern befreien, die Sie möglicherweise in der Vergangenheit hatten, und sie durch unmissverständliche Liebe und Akzeptanz ersetzen.

# Kapitel 9: Übungen und Meditationen

Der Zugang zu Ihren Akasha-Chroniken wird Ihnen dabei helfen, mit Ihrer wahren Bestimmung in Einklang zu kommen. Wenn Sie sich erst einmal mit Ihrer Seele verbunden haben und den Grund für Ihre Existenz verstehen, wird es leichter sein, einen Weg zu finden, um aus Ihrem besorgniserregenden, egoistischen und ängstlichen Geist zu entkommen. Die verschiedenen Meditationsübungen sind meist darauf ausgerichtet, Ihnen die nützlichsten Fragen beizubringen, die Sie stellen können, um Ihre Verbindung zu den Akasha-Chroniken zu stärken. Auf diese Weise werden Sie eine tiefere Verbundenheit aufbauen, durch die Sie die Führung erhalten, die Sie suchen. Sie können diese Übungen an Ihr Leben, Ihre Erfahrungen und Ihre Wünsche anpassen. Diese Meditationsübungen können Ihnen in allen Bereichen Ihres Lebens helfen, privat, beruflich und sogar in Ihren Liebesbeziehungen. Sie sind jedoch wertlos, wenn Sie Ihren Geist und Ihr Herz nicht für die Wahrheit und Führung öffnen können, die Ihnen die Übungen erschließen werden.

## Übung 1: Öffnen Sie das Zentrum Ihres Herzens

Dies ist die erste Übung, in die Sie sich vertiefen müssen, um dem Verstand zu entkommen, in dem Ängste, Sorgen und Zweifel widerhallen. Wenn Sie Ihren Verstand zum Schweigen bringen, sind Sie offener für all die Informationen und die Kraft, die Sie durch den Zugang zu Ihren Akasha-Chroniken freisetzen werden. Anfänger, die nicht an Meditation oder das Öffnen ihres Herzzentrums gewöhnt sind, können diese Technik mit einigen einfachen Schritten meistern, z.B. indem sie ihre Muskeln entspannen, bis sie ihren Körper nicht mehr spüren und beginnen, ihren Geist zur Ruhe kommen zu lassen. Seien Sie dankbar für die Fortschritte, die Sie erzielen, bis Sie einen Punkt erreichen, an dem Sie nicht mehr durch einen wahllosen Zug von Gedanken und Zweifeln abgelenkt werden. Alles, was Sie tun müssen, ist, mit Behaglichkeit und Leichtigkeit im Jetzt präsent zu sein und dabei tief und ruhig zu atmen.

1. Versuchen Sie, so ruhig und langsam wie möglich ein- und auszuatmen. Versuchen Sie mit jedem Atemzug, Ihre Sorgen loszulassen und Ihre Gedanken zu vertreiben.

2. Achten Sie darauf, wohin Ihr Gedankengang Sie führt, ohne ihn zu unterbrechen oder zu versuchen, ihn zu zwingen, sich auf einen bestimmten Gedanken zu konzentrieren. Achten Sie einfach darauf, wie Sie sich bei jedem Gedanken fühlen, während er aus Ihrem Kopf verschwindet.

3. Schließen Sie die Augen und atmen Sie noch einmal tief ein. Versuchen Sie dieses Mal, sich vorzustellen, wie Ihre Gedanken wie eine schwerelose Wolke davonschweben, bis sie im Nichts verschwinden.

4. Atmen Sie noch einmal tief ein und versuchen Sie, Ihre Gesichtsmuskeln so weit wie möglich zu entspannen. Achten Sie darauf, dass Ihre Schultern und Ihr Rücken nicht steif sind. Versuchen Sie, jegliche Anspannung in Ihrem Geist und Körper loszulassen, indem Sie einfach tief ein- und ausatmen.

5. Während Sie sich noch mehr entspannen, versuchen Sie, Ihren Geist sanft nach unten in die Mitte Ihres Herzens schweben zu lassen. Lassen Sie Ihren Geist friedlich in Ihr Herzzentrum schweben, von wo aus Ruhe und Gelassenheit ausgehen. An diesem Punkt sollten Sie beginnen, ein Gefühl göttlicher Liebe zu spüren, das tief in Ihrem Herzen vibriert.

6. Erlauben Sie dem Funken der göttlichen Liebe, sich langsam in eine Flamme zu verwandeln, die jeden Teil Ihres Körpers und Ihrer Seele entzündet.

7. Tauchen Sie Ihren Körper in den Frieden und das Licht ein, das in Ihrem Herzen strahlt und Sie ausfüllt.

8. Sie sollten ein Gefühl der Vertrautheit und des Wohlbefindens spüren, das von Ihrem Herzzentrum aus durch Ihren ganzen Körper strahlt, bis Sie sich mit Ihrem ewigen Geist verbunden fühlen, der offen dafür ist, Führung und Inspiration zu empfangen.

9. Wann immer Sie sich in einem Zustand der Aufregung befinden oder wenn Sie eine beruhigende Erfahrung brauchen, wenden Sie sich an den inneren Frieden. Dies ist Ihre ewige Quelle der Ruhe, die niemals aufhört zu existieren.

## Übung 2: Aufzeichnungen der Zeit bereinigen

Um die Aufzeichnungen von Zeit und Raum zu bereinigen, ist es wichtig, die Zeiten in Ihrem Leben zu identifizieren, in denen Sie sich oft herausgefordert fühlten. Sie müssen sich des Musters all der Tage, Wochen, Jahreszeiten, Ereignisse oder sogar Jahre bewusstwerden, von denen Sie das Gefühl haben, dass sie Ihnen die meisten Herausforderungen beschert haben, die Sie scheinbar nicht überwinden können. Sie können die Hilfe Ihres Aufzeichnungsjournals in Anspruch nehmen, um diese Ereignisse in klaren Notizen niederzuschreiben und die Punkte zu verbinden, um ein klares Muster zu finden, mit dem Sie arbeiten können.

1. Beginnen Sie mit den Verhaltensweisen, Gedanken und Emotionen, die Sie zu dieser Zeit empfunden haben. Achten Sie darauf, dass Sie alle schwierigen Punkte auflisten, die Sie loswerden und aus Ihren Aufzeichnungen löschen wollen.

2. Beginnen Sie gleichzeitig mit der Auflistung aller ermutigenden und angenehmen Gedanken und Emotionen, mit denen Sie Ihre negativen Energien ersetzen möchten.

3. Nachdem Sie ein klares zeitliches Muster aller negativen Emotionen, die Sie loswerden möchten, identifiziert haben, visualisieren Sie eine Uhr mit allen Zeiträumen, die Sie im Sinn haben. An diesem Punkt werden Sie vielleicht bemerken, dass sich viele Bilder oder Schriften der Ereignisse, die Sie zu löschen versuchen, vor Ihren Augen entfalten.

4. Stellen Sie sich vor, wie Sie ohne zu zögern all diese Bilder, Gedanken und Schriften auslöschen, bis Ihre Uhr so klar wie Kristall ist.

5. Achten Sie genau auf die Worte, die in Ihrem Kopf erscheinen werden. Konzentrieren Sie sich darauf, alle negativen Worte zu löschen, die in Ihre Gedanken vordringen. Versuchen Sie dann, positive Emotionen und Energien zu verstärken, wie Vergnügen, Entspannung, Erfüllung, Freude und erfolgreiche Errungenschaften. Visualisieren Sie Ihre Uhr mit bunten Farben und fröhlichen Bildern von sich selbst, während Sie Ihr Leben so erleben, wie Sie es sich wünschen.

6. Nachdem Sie Ihre Uhr mit all den glücklichen Momenten gefüllt haben, die Sie sich wünschen, ist es an der Zeit, all die schrecklichen Erlebnisse der Vergangenheit aufzuschreiben, die Sie gerne ändern würden. Schreiben Sie in Ihrem Aufzeichnungsjournal alle Schwierigkeiten auf, die Sie durchgemacht haben, und die Gefühle, die dadurch in Ihrem Herzen ausgelöst werden.

7. Schreiben Sie auf, wie Sie diese schweren Zeiten angehen möchten und welche Überzeugungen und Einstellungen Ihnen dabei helfen würden.

8. Gehen Sie nicht zu hart mit sich ins Gericht, wenn Sie sich an Ihre Fehler erinnern. Implementieren Sie Selbstermächtigung, positive Selbsteinschätzung und Seelenfrieden. Lassen Sie den Selbsthass und all die grausamen Gedanken los, mit denen Sie sich ständig selbst kritisiert haben.

9. Nachdem Sie einen klaren Weg all der Erfahrungen gezeichnet haben, die Sie umschreiben möchten, und die verschiedenen Ansätze, die Sie wählen möchten, beginnen Sie mit langsamen, tiefen Atemzügen zu meditieren.

10. Visualisieren Sie ein klares Bild von dem Ort, an dem Sie diese schlechten Erfahrungen immer wieder machen. Stellen Sie sich vor, wie Sie all die dunklen Schatten auslöschen, die dort umherstreifen, mit der Affirmation im Hinterkopf, dass Sie alle toxischen Anhaftungen loslassen, die Sie vielleicht einmal an diesem Ort hatten.

11. „Ich bin frei und fühle mich wohl, ich habe eine Geschichte, aber ich bin nicht meine Geschichte." Wiederholen Sie diese Worte in Ihrem Geist oder sogar laut, während Sie sich den betreffenden Ort vorstellen.

12. Wenn Sie spüren, wie eine Welle der Ruhe Ihren Körper besänftigt, fangen Sie an, sich eine lebendigere und glücklichere Version des Ortes vorzustellen, erleuchtet von einem schönen, warmen Licht, das all die Dunkelheit vertreibt, die dort einst gelebt hat.

## Wenn sich Ihre Bestimmung anstaut

Jedes Leben bringt uns verschiedene Erfahrungen, durch die wir zu unserer Bestimmung geführt werden. Die Erforschung dieser Erfahrungen und die Erfüllung unserer Ziele sind unsere einzigen Tore zum emotionalen Wachstum und damit zur Entwicklung unserer Seele. Diese Erfahrungen bilden langsam eine Landkarte für unsere Seele, die uns im Leben weiterführt. Mit der Zeit werden wir in Bezug auf unseren Verstand, unsere Emotionen und Reaktionen komplexer. Es wird schwieriger, unsere Gefühle, Motivationen und sogar unser wahres Selbst zu verstehen. Deshalb leiden so viele Menschen unter einem verzerrten Selbstbild, das sie dazu bringt, an ihrer eigenen Wahrnehmung der Realität zu zweifeln.

Ein entscheidender Teil der Untersuchung der Aufzeichnungen ist das Verständnis der komplexen Schichten unseres Selbst. Um zu heilen und voranzukommen, müssen wir diese Schichten abtragen. Das wird uns nicht nur helfen, unsere Ziele zu verstehen, sondern es wird uns auch helfen, eine klare Vorstellung davon zu bekommen, wer wir wirklich sind. Diese Reise zur Erforschung der eigenen Seelenwahrheit wird Ihnen schließlich die lang ersehnte Heilung für vergangene und gegenwärtige Schmerzen bringen.

Wenn eine bestimmte ungesunde Situation, ein bestimmtes Gefühl oder eine bestimmte Reaktion anhält, dann sollte dies ein klares Zeichen dafür sein, dass wir anfangen sollten, in die Vergangenheit zu schauen, um die Gegenwart zu verstehen. In solchen Situationen ist es der einzig kluge Schritt, nach den Ursachen und Gründen zu suchen, warum Ihr Karma darauf besteht, zurückzukehren. Nur dann können wir den richtigen Weg finden, in unsere Seele zu schauen, um uns aus diesen negativen Zyklen zu befreien. Manche Muster sind zwar schwieriger aufzulösen, aber Sie können Ihre Vergangenheit, Ihre Gegenwart und sogar Ihre Zukunft mit einer einfachen Handlung ändern. Wenn Sie es erst einmal geschafft haben, die Macht und Energie zu verlagern, werden Sie mit jedem Schritt dieser erhellenden Reise mehr Probleme und negative Emotionen loswerden können. Wenn wir weniger belastet sind mit den Schwierigkeiten, die wir in unserer Vergangenheit hatten, können wir offener sein für die Veränderungen, die unsere Zukunft bereithält, und wir können uns kraftvoll und befreit fühlen.

### Übung: Die Vergangenheit entfalten

Nachdem Sie die Kraft verstanden haben, die in der Entfaltung der Schichten komplexer Reaktionen und Emotionen liegt, um unser wahres Selbst zu verstehen, müssen Sie damit beginnen, herauszufinden, wo alles schief zu gehen scheint. Diese Übung mag anstrengend sein, aber sie ist notwendig, um zu heilen und vorwärts zu kommen.

1. Schließen Sie die Augen und atmen Sie tief und lange ein.

2. Lassen Sie Ihre Gedanken zu den Momenten in Ihrem Leben wandern, in denen Sie sich frustriert, traurig und aufgebracht fühlten, ohne den Grund für Ihre Misere zu verstehen. Nachdem Sie sich Ihre Aufzeichnungen angesehen und die verschiedenen Schichten Ihrer Emotionen aufgedeckt haben, stellen die meisten Menschen fest, dass es eine böse Wurzel hinter all ihrem Elend gibt. Das ist der Zeitpunkt, an dem sich die Puzzleteile zusammenfügen sollten.

3. Erstellen Sie in Ihrem Kopf eine Karte der verschiedenen schwierigen Ereignisse und Ihrer Reaktion darauf. Achten Sie genau auf die wiederholten schwierigen Zeiten. Haben Sie das Gefühl, dass es eine bestimmte Energie gibt, die Ihnen den Weg zur Freude versperrt? Haben Sie das Gefühl, dass es ein bestimmtes Ereignis gibt, für das Sie kompensieren oder für das Sie zahlen?

4. Stellen Sie fest, welche Hindernisse zwischen Ihnen und Ihrer Freude, Ihrem Reichtum, dem Finden der wahren Liebe, der Kreativität, nach der Sie sich sehnen, und sogar der Heilung, die Sie so dringend brauchen, stehen.

5. Beginnen Sie, das Muster zu erkennen, das sich vor Ihren Augen bildet.

6. Erlauben Sie sich mit jedem tiefen Ein- und Ausatmen, sich von diesen schwierigen Momenten zu lösen.

7. Genau hier sollten Sie Ihre ganze Aufmerksamkeit darauf richten, Ihren Körper zu entspannen und Ihren Geist zu leeren.

8. Es ist leicht, in die Aufzeichnungen der Vergangenheit, der Gegenwart und der Zukunft zu schauen, wenn Sie verstehen, dass alle Zeit gleichzeitig geschieht und vibriert.

9. Richten Sie Ihre ganze Aufmerksamkeit darauf, die Quelle jedes Problems, das Sie durchgemacht haben, jedes negative Gefühl, das Sie erlebt haben, und jeden bösen Gedanken, der seinen Weg in Ihren Geist gefunden hat, zu öffnen.

10. Sie werden feststellen, dass es ein bestimmtes Ereignis gibt, zu dem Ihre Gedanken immer wieder zurückkehren, obwohl Sie sich bemühen, es hinter sich zu lassen.

11. Sobald Sie dieses bestimmte Ereignis definiert haben, das Sie nicht ignorieren können, erlauben Sie Ihrem Geist, es weiter zu erforschen und jeden Aspekt davon zu entfalten.

**Übung: Aufzeichnungen aus dem vergangenen Leben ansehen**

Diese Übung soll Ihnen helfen, Zugang zum Heiligen Tempel und zu Ihren Aufzeichnungen zu erhalten, um ein Ereignis aus Ihrem vergangenen Leben zu sehen. Dabei geht es nicht um irgendeine zufällige Erfahrung, die bereits in Ihrem früheren Leben stattgefunden hat. Es sollte mit Ihrer konzentrierten Absicht verbunden sein. Achten Sie darauf, dass Sie dem Skript aufmerksam folgen, nachdem Sie Ihren Geist, Ihr Herz und Ihre Seele darauf vorbereitet haben, für jede Art von Information auf dem Bildschirm Ihres Akasha-Chroniken-Führers offen zu sein. Dies ist ein Meditationsprozess, der zwei verschiedene Phasen umfasst, und nicht nur eine einmalige Übung. Sie können diese Übung jederzeit wiederholen, wenn Sie dieselbe Erfahrung mehr als einmal machen wollen oder andere Erfahrungen, die Sie weiter erforschen möchten, bevor Sie mit dem zweiten Teil dieser Erfahrung beginnen, bei dem es darum geht, umzuschreiben und zu ändern, was geändert werden muss. Sie können diese Technik verwenden, um alle Arten von Traumata, emotionalen Narben und negativen Energien in Ihren Aufzeichnungen zu heilen.

- Beginnen Sie wie bei jeder Meditationsübung damit, Ihren Körper und Geist in einen Zustand der Entspannung zu versetzen. Beginnen Sie von sechs abwärts bis eins zu zählen. Denken Sie daran, bei jeder absteigenden Zahl tief einzuatmen, während Sie spüren, wie Sie tiefer und tiefer in einen Zustand der Ruhe eintauchen. Ohne sich zu zwingen, lassen Sie Ihren Geist sanft zu Ihrem Heiligen Tempel schweben, in dem Sie normalerweise großen Trost und Frieden finden und sich tief mit Ihrer Seele verbunden fühlen.

- Stellen Sie sich Ihren Heiligen Tempel als einen Pool vor, in den Sie Ihren Körper mit jeder Zahl, die Sie zählen, langsam eintauchen. Konzentrieren Sie sich bei jedem Einatmen auf einen bestimmten Teil Ihres Körpers. Konzentrieren Sie sich bei jedem Ausatmen darauf, diese Muskeln zu entspannen.

- Sechs: Entspannen Sie Ihre Gesichtsmuskeln, lassen Sie jede Anspannung los, insbesondere im Bereich der Stirn und der Augenbrauen.

- Fünf: Konzentrieren Sie sich darauf, die Muskeln Ihrer angespannten Schultern zu lockern.

- Vier: Spüren Sie, wie Ihre tiefen Atemzüge Ihren Bauchraum wie einen aufgeblasenen Ballon füllen. Atmen Sie dann langsam aus, und spüren Sie, wie Ihr Bauch langsam in seinen ursprünglichen Zustand zurückkehrt, so wie ein Luftballon nach und nach entleert wird.

- Drei: Lassen Sie jegliche Anspannung in Ihrem Unterkörper los und freuen Sie sich darüber, wie oft Ihre Beine Ihr Gewicht getragen haben.

- Zwei: Wenn Ihr Körper beginnt, tiefer in die Entspannung einzutauchen, versuchen Sie, all Ihre Bedenken, Sorgen und Ängste loszulassen. Lassen Sie Ihren Geist in Ihr Herzzentrum fallen, um sich ruhiger und entspannter zu fühlen.

- Eins: Wenn Sie spüren, wie Ihr Körper und Ihr Geist langsam in Ihrem heiligen Tempel schweben, reiten Sie auf dieser warmen Welle der Entspannung, um Einblicke in Ihr vergangenes Leben zu erhalten, damit Sie Ihr jetziges Leben heilen können.

### Vergangene Erlebnisse umschreiben

Dies ist der Teil des gleichen Meditationsprozesses, bei dem Sie die Informationen, die Sie im ersten Teil gesammelt haben, nutzen können, um den negativen Kreislauf zu durchbrechen und Energien freizusetzen, die Sie loslassen möchten. In diesem Teil geht es darum, die Aufzeichnungen aller Ereignisse und ihrer Folgen umzuschreiben, auch wenn sie in Ihrem vergangenen Leben über längere Zeiträume hinweg erlebt wurden. Während dieses Teils sollten Sie sich darauf konzentrieren, sich selbst eine neue Erklärung oder eine andere Herangehensweise zu geben, die Sie in diesen Situationen befähigen kann, die Gefühle der Machtlosigkeit und Hilflosigkeit, die Sie in der Vergangenheit empfunden haben, zu verändern.

- Begeben Sie sich an Ihren Lieblingsort, an dem Sie die Ruhe finden können, die Sie auf dieser Reise brauchen.

- Beginnen Sie Ihre Meditationssitzung, indem Sie Ihren Körper und Ihren Geist entspannen, um direkten Zugang zur Betrachtung des Bildschirms zu haben, den Sie bereits in der vorherigen Übung entfaltet haben.

- Zählen Sie wieder von sechs bis eins, bis Ihr Körper in den gleichen Zustand wie zuvor eintritt.

- Diesmal haben Sie die Möglichkeit, das betreffende Ereignis anders zu entfalten. Anstatt die Schichten eines traumatisierenden Erlebnisses zu entfalten, das Sie schwach und zitternd zurücklässt, können Sie es proaktiv angehen, um die Oberhand zu behalten.

- Anstatt mit Zweifeln und Ängsten auf das Ereignis zurückzublicken, gehen Sie mit Zuversicht in die Erfahrung, sodass Sie die Macht haben, das zu ändern, was nötig ist, um Ihre eigene Vergangenheit, Gegenwart und Zukunft neu zu schreiben.

# Bonus 1: Elf kraftvolle Akasha-Gebete, die Ihr Leben verändern werden

Sie müssen nicht unbedingt ein Akasha-Gebet sprechen, um von den heilenden und transformierenden Wirkungen der Akasha-Chroniken profitieren zu können. Aber wenn Sie noch am Anfang Ihrer Reise stehen, können Gebete Wunder für Ihren Körper und Ihre Seele bewirken und Ihnen tiefgreifende Ergebnisse liefern, die mit anderen Arten der Meditation erst nach Jahren erreicht werden können. Die in diesem Kapitel erwähnten Akasha-Gebete und -Übungen stammen sowohl aus alten als auch aus modernen Akasha-Quellen.

### 1. Das Gebet der Erlaubnis

„Während ich in dem von dieser Gottheit erzeugten Licht stehe, biete ich demütig meinen Körper als Gefäß für die Energie an, die in und durch mich fließt. Bitte akzeptiere meine Bitte um Zugang zu den Akasha-Chroniken."

Dieses Gebet wird täglich gesprochen, bevor Sie versuchen, auf Ihre Akasha-Chroniken zuzugreifen. Es ist zwar nicht unbedingt erforderlich, aber sehr nützlich, denn Sie beginnen, sich in Demut zu üben und Ihr Ego zu verlieren, um klar sehen zu können. Denken Sie daran, dass Ihre Akasha-Chroniken eine unendliche Menge an Informationen und Energie enthalten. Es ist daher ratsam, Ihren Geist und Ihre Seele vorzubereiten, damit Sie konzentriert bleiben und nicht überwältigt werden.

Die Erlaubnis, um die Sie bitten, ist nicht direkt an eine äußere Kraft gerichtet. Sie versuchen nur, mit dem Göttlichen zu kommunizieren, das bereits in Ihnen ist. Vielleicht sind Sie sich dieser Göttlichkeit zunächst nicht bewusst, aber mit der Zeit werden Sie beginnen, deren Präsenz in Ihnen zu spüren, wenn Sie auf die Akasha-Chroniken zugreifen.

## 2. Das Gebet der Ausrichtung

„Quelle, Universum, Seele, Geist und das Göttliche, bitte erhört mich, wenn ich darum bitte, durch die hellsten und höchsten Schwingungen geführt zu werden. Lasst mich verstehen, was die Wahrheit wirklich bedeutet. Was immer ich empfange, möge mir in diesem Leben die größte Hilfe sein."

Wenn Sie durch die Akasha-Chroniken gehen, ist es wichtig, dass Sie Ihre Ziele in Einklang bringen. Sie müssen sich viele Fragen über Ihre wahren Absichten und Gründe für diese Reise stellen. Dieses Gebet wird Sie auch daran erinnern, dass Sie ein Wesen sind, das die weltlichen Geflechte der Illusionen überwinden kann.

Die Wegbeschreibung, um die Sie bitten, bedeutet nicht, dass Sie den Weg nicht selbst finden können, sobald Sie in den Akasha-Chroniken sind. Sie sind wie ein Totem, auf das Sie während Ihrer Reise immer wieder schauen, um sich daran zu erinnern, warum Sie überhaupt hierhergekommen sind. Das Gebet hilft Ihnen, sich nicht in Endlosschleifen und Illusionen zu verstricken, die in der Vergangenheit entstanden sind, und gibt Ihnen die Richtung vor, in die Sie sich auf Ihrer Reise bewegen.

## 3. Das Gebet des Vorwärtsgehens

„Mutter, Vater, Götter, Ahnen, alte Wesen, helft mir, die Bande der vergangenen Leben zu lösen. Lasst meine Wunden mit der Zeit heilen. Gebt mir den Mut, diese in mir gefangene Energie loszulassen und das Licht in meine Seele zu lassen. Ich werde meine alte stagnierende Energie mit überfließender Energie auffüllen. Lasst den Fluss des Lichts durch jede Ritze meiner Seele fließen."

Dieses Gebet ermöglicht es Ihnen, die Energien Ihrer Familie und der göttlichen Wesen, die den Raum um Sie herum umgeben, aufzunehmen. Ihre Seele kann verschiedene Formen von Energie aus unterschiedlichen Quellen aufnehmen. Nutzen Sie dies zu Ihrem Vorteil, während Sie sich in den Akasha-Chroniken befinden. Die Energien um Sie herum sind zwar unendlich, aber die Chancen, sie alle zu nutzen, sind gering. Wenn Sie sich von den göttlichen Wesen im Inneren und im Äußeren bedienen, können Sie den Fluss der Energien durch Ihre Seele synchronisieren.

### 4. Das Gebet der Verantwortung

„Ich folge nicht länger den Wegen, die es mir erlauben, mich der Verantwortung zu entziehen. Ich entscheide mich dafür, niemand anderem die Schuld an allem zu geben, was mich in der Zukunft, der Vergangenheit und der Gegenwart plagt. Ich bin der Schöpfer meiner eigenen menschlichen Erfahrung. Ich kontrolliere die Macht, meine eigene göttliche Erfahrung zu erschaffen, und ich werde diese Verantwortung niemals auf jemanden oder etwas anderes abwälzen."

Eines der Hauptprobleme, mit denen wir konfrontiert werden, wenn wir versuchen, unsere tiefsten Probleme zu lösen, ist das Abschieben der Schuld für das, was wir durchmachen. Und das wird Ihnen nicht helfen, weiterzukommen. Was geschehen ist, ist geschehen, und es gibt keinen Grund, es noch einmal zu erleben und darüber nachzudenken, was Ihre Energie verbraucht. Übernehmen Sie die Verantwortung nicht, um sich selbst zu verletzen, sondern als Akzeptanz für das, was Sie fühlen. Was auch immer in Ihrer Vergangenheit geschehen ist, Sie sind wahrscheinlich nicht dafür verantwortlich, aber es liegt in Ihrer Verantwortung, zu ändern, wie Sie darauf reagieren.

### 5. Das Gebet der Vertreibung

„Gott, Göttin, Mutter, alte Wesen, ich brauche eure Hilfe, um mich von Energien zu reinigen, die nicht zu mir gehören. Mein Körper, meine Aura und mein Energiefeld sind mit Energien gefüllt, von denen ich weiß, dass sie mir keinen Nutzen bringen. Helft mir, diese Energien loszulassen und sie in das göttliche Feld zu schicken, wo sie besser genutzt werden können. Lasst mich meinen Geist und meinen Körper mit den persönlichsten und göttlichsten Energien füllen."

Die Energie anderer zu tragen, ohne es zu wissen, kann eine große Belastung für Sie sein. Die Anhäufung von Energien in Ihrer Seele wird Sie daran hindern, höhere Schwingungsfrequenzen zu erreichen. Das bedeutet nicht, dass unpersönliche Energieformen Sie negativ beeinflussen. Im Gegenteil, einige Energien können von anderen Menschen übertragen werden, um Sie auf Ihrer Reise in den Akasha-Chroniken zu unterstützen.

Die Energien, die Sie in sich tragen, können von Menschen stammen, die vor Tausenden von Jahren gestorben sind. Soldaten, Könige, Mägde, Kinder und viele andere Menschen, die durch karmische Muster mit Ihnen verbunden sind, können einen lebenslangen Abdruck in Ihrer Energie hinterlassen. Es liegt an Ihnen, diese Energien loszulassen und zu vertreiben, um eine neue Chance zu erhalten, Ihre eigene vollständige und perfekte Energieform zu erschaffen.

### 6. Das Gebet der Energiemuster

„Ich rufe demütig die Kräfte von Erzengel Michael und den Akasha-Gottheiten der Reiche an. Nur mit Eurer Hilfe kann ich die Netze der Schatten entwirren, die sich meinem Verständnis entziehen. Helft mir, die Störungen der karmischen Muster zu beseitigen, die meine Gedanken und Schwingungen umgeben. Reinigt die Energien, die durch unendliche Ebenen in unendliche Dimensionen gebracht wurden. Erlaubt mir, meine eigenen karmischen Muster durch höhere Schwingungen zu formen. Mögen diese Energien für immer in den unendlichen Raum abfließen."

Bei diesem Gebet handelt es sich eher um ein Vertreibungsgebet als um ein Schutzgebet. Die Energien, die sich negativ auf den Akasha-Prozess auswirken, können manchmal zu stark sein, um sie zu vertreiben. Denken Sie daran, dass die Masse dieser Energie unüberwindbar sein kann, weshalb Sie vielleicht die Macht hoher göttlicher Wesen anrufen müssen. Ihre Großzügigkeit ist einfach verblüffend. Sobald Sie dieses Gebet rezitiert haben, werden Sie sofort merken, wie die niedrigen negativen Schwingungen aus Ihrem Körper entweichen.

Karmische Energiemuster sind dafür bekannt, dass sie aufgrund ihrer uralten Kräfte lästig sind. Sie können diese Muster zwar so umgestalten, dass sie das anziehen, was Sie anziehen wollen, aber es wird wahrscheinlich einige Zeit dauern, wenn Sie nicht um Hilfe bitten. Dieses Gebet wird Anfängern empfohlen, denn karmische Muster lassen sich am besten mit äußerster Konzentration angehen. Die Akasha-Chroniken können und werden Ihnen zeigen, wie Energiemuster den Weg Ihrer Seele behindern können. Aber es liegt an Ihnen, diese Muster in etwas anderes umzuwandeln.

### 7. Gebet zum Einfluss der Ahnen

„Hört mich bitte an, Akasha-Wesen des Göttlichen. Ich brauche eure Hilfe, um die Ketten zu sprengen, die meine Seele seit Hunderten von Jahren versklavt haben. Lasst mich das neue Licht genießen, frei von den Ketten, die meiner Seele auferlegt wurden. Mein Körper schmerzt, da er eine Vielzahl von Bewusstseinsinhalten aufnimmt, die mehr wiegen, als er bewältigen kann. Lasst mein Bewusstsein das gesamte Erbe meiner Vorfahren aufnehmen und lasst es sich der vergangenen und zukünftigen Generationen bewusst sein. Nur die negativen Bindungen sollen gebrochen werden und nichts als die Energie des Einsseins mit dem Göttlichen zurücklassen."

Der Einfluss der Familie der Vorfahren fließt sehr tief durch jede Seele auf der Erde. Es ist unmöglich, all die Energie zurückzuweisen, die durch ein Band, das die Ewigkeit umspannt, eingebracht wird. Aber es ist dennoch möglich, Energien, die Ihrer Seele schaden, abzuweisen und zu vertreiben. Dieses Gebet wird Ihnen dabei helfen, die Kontrolle über die Energien zu übernehmen, die Sie von Ihren Vorfahren beziehen. Jede Seele ist anders, aber Sie werden in jeder einzelnen Seele gute und schlechte Ahnenverbindungen finden.

Diese Aufgabe ist nicht einfach, und deshalb werden Sie die Kräfte der Akasha-Wesen des Lichts nutzen. Sie sind uralte Kräfte, die den Fluss und die Masse der Energie durch die unendlichen Ebenen der geistigen Welt kontrollieren. Sie werden Ihnen helfen zu erkennen, wo die Schwachstellen Ihrer Vorfahren liegen. Wenn Sie sich von den negativen Bindungen der Vorfahren lösen, werden Sie sich leicht fühlen und in der Lage sein, neue spirituelle Erinnerungen für sich zu erschaffen.

## 8. Das Gebet des Himmels

„Da die Kraft des Göttlichen durch mich fließt, weiß ich, dass ich mit Gnade alles erschaffen kann, was mein Herz begehrt. Ich werde die Kräfte der Schöpfung manifestieren, um meine tiefsten Wünsche vom Himmel auf Erden Wirklichkeit werden zu lassen. Mein Ziel ist es, eins mit dem Universum zu werden und schließlich als Energie durch seine endlosen Schöpfungen zu fließen."

Eine der stärksten Kräfte der Akasha-Chroniken ist ihre Fähigkeit, den Himmel auf Erden zu manifestieren. Die Konzentration von Energien unendlichen Ausmaßes ermöglicht es dem göttlichen Wesen, das zu erschaffen und anzuziehen, was wirklich in den tiefsten Teilen seiner Seele wohnt. Die Ausrichtung der Akasha-Energien ermöglicht es Ihnen, die niedrig schwingenden Energien zu veranlassen, ihre Schwingungen nach Ihrem Willen zu verändern. Die Art von Energie, die Sie durch dieses Gebet ausstrahlen können, wird Ihnen helfen, Ihre äußere Umgebung zu beeinflussen.

### 9. Das Gebet des Unbekannten

„Vater, Mutter, Gott, das Göttliche, alte Wesen, lasst mich wissen, was ich wissen muss, um sicher zu sein. Wenn das nicht möglich ist, dann lasst mich bitte die Energie loslassen, die mit meiner Angst vor dem Unbekannten verbunden ist. Ich werde mich endlich frei von Sorgen und Zweifeln bewegen, wenn ich meine Angst vor dem Unbekannten aufgebe."

Die Angst vor dem Unbekannten ist einer der größten Hindernisse für den Menschen. Von Natur aus sind sich die Menschen in der Regel nicht bewusst, welche Auswirkungen die Energien haben, die die Zukunft für sie bereithält. Diese Angst vor dem Unbekannten kann Ihren Fortschritt behindern und Sie davon abhalten, Ihre Ziele zu erreichen, weil Sie von der Angst gelähmt werden. Wenn Sie sich in einem unruhigen Zustand befinden, verwenden Sie dieses Gebet, wenn Sie die Akasha-Chroniken betreten, denn es wird Ihnen helfen, die niedrigen Schwingungen zu stabilisieren.

### 10. Das Gebet der Freude

„Göttliche Wesen des Lichts, bitte lasst mich die Freuden dieser Welt in ihrer wahrsten und reinsten Form sehen. Erinnert mich daran, wie ich mich an den einfachen Handlungen erfreuen kann, an denen ich mich einst erfreut habe. Lasst die Sonnenstrahlen sanft meine Haut kitzeln und den Wind wieder sanft durch mein Haar wehen."

Wenn es etwas gibt, das Sie in den Akasha-Chroniken suchen sollten, dann ist es Ihre eigene Freude und die der Menschen um Sie herum. Glücklicherweise reduziert der Zugang zu den Akasha-Chroniken viele Ihrer Stressfaktoren und nimmt Ihnen damit eine große Last ab, die Sie davon abhalten kann, glücklich und lebensfroh zu sein. Viele Menschen denken, dass das Erreichen von Freude eine Aufgabe wie die des Sisyphos ist, bei der man einen Felsbrocken bis in alle Ewigkeit vor sich herschieben muss, der jedes Mal, wenn er die Spitze erreicht, herunterfällt. Aber in Wirklichkeit ist es viel einfacher, Freude zu erreichen.

Der Zugang zu den Akasha-Chroniken durch dieses Gebet wird den Zynismus und Pessimismus der Menschen beseitigen, die sich emotional niedergeschlagen fühlen. Sie werden verstehen, dass es so etwas wie einen dauerhaften Energiezustand nicht gibt, sondern dass er ständig nach dem Willen des Einzelnen modelliert und umgestaltet werden kann. Fallen Sie nicht dem Glauben zum Opfer, dass Sie keine Kontrolle über Ihren Zustand haben. Versuchen Sie, die Verantwortung dafür zu übernehmen, dass Sie sich so lange glücklich fühlen, wie Sie atmen. Ja, Sie werden vielleicht nicht dauerhaft glücklich bleiben, aber zumindest werden Sie in der Lage sein, auf einem sehr nahen Grundniveau zu bleiben.

## 11. Das Gebet der Heilung

„Mutter, Vater, Gott, Göttin, alte Wesen, göttliche Wesen des Lichts, bitte haltet meinen Geist, während ich versuche, den Schaden zu heilen, der meiner Seele zugefügt wurde. Lasst mich die klärende Energie auf mehreren Dimensionen empfangen und erlaubt mir, all die Energie zu nutzen, die Ihr mir gegeben habt, um zu reparieren, was zerbrochen wurde. Möge das Licht seinen Weg in die alten und aktuellen Wunden finden und es von innen heraus antreiben, um meine Seele und meinen Körper in ihren vollkommensten Zustand zu versetzen."

Dieses Gebet kann täglich verwendet werden. Es ist besonders wichtig, wenn Sie das Gefühl haben, dass Sie niedergeschlagen sind und die Probleme, die Sie plagen, nicht lösen können. Es ermöglicht Ihnen, sich die Kraft göttlicher Wesen zu leihen, die Ihnen helfen können, die Energie durch das zu lenken, was Sie plagt. Ganz gleich, ob es sich um eine emotionale oder körperliche Wunde handelt, Sie werden sie dennoch schnell heilen können, wenn Sie die Akasha-Chroniken die Schwingung in ihren ursprünglichen und perfekten Zustand zurückversetzen lassen.

# Bonus 2: Einführung und Anleitung zum Lesen des Akasha-Tarots

Trotz ihrer enormen Bedeutung als Wegweiser für unsere Seelen war das Tarot ursprünglich ein einfaches Gesellschaftsspiel zur Unterhaltung. Der Ursprung der Tarotkarten, so wie wir sie heute kennen, geht weit ins 14. Jahrhundert zurück. Europäische Künstler entwarfen das erste Deck, ohne die Absicht, ein Wahrsageinstrument zu schaffen, doch sie schufen versehentlich eines der mächtigsten. Die Karten waren einfach nur als unterhaltsames Kartenspiel gedacht. Die Assoziation zwischen diesen Karten und der Wahrsagerei tauchte erst im 16. oder Anfang des 17. Jahrhundert auf. Damals war ihre Verwendung jedoch noch viel einfacher als heute.

Im Laufe der Jahrhunderte, insbesondere zu Beginn des 18. Jahrhunderts, gelang es dem Tarot, seine Bedeutung als eines der wichtigsten Instrumente der Wahrsagerei zu etablieren. Man begann, Vorschläge für die mögliche Bedeutung jeder Karte zu machen und ihre prophetischen Zwecke darzulegen. Heutzutage zieht die Magie dieser Karten immer mehr Menschen an, so dass sich das Tarot schließlich als die beliebteste unter den verschiedenen Arten des Hellsehens etabliert hat.

# Ein grundlegender Überblick

Tarot ist nicht nur deshalb so beliebt, weil es so einfach zu handhaben ist. Es ist allerdings keineswegs so einfach wie das Lesen von Teeblättern oder andere Methoden wie das Pendeln. Die Bedeutung der Tarotkarten liegt in der Macht, die sie haben, wenn es darum geht, unser höheres Selbst zu verstehen und einen verlässlichen Weg zu finden, um zu deuten, was die Zukunft für uns bereithält. Wenn Sie mit dem Konzept der Wahrsagerei und ihren verschiedenen Werkzeugen noch nicht vertraut sind, könnten Sie dem falschen Eindruck erliegen, dass Tarot-Lesungen gleichbedeutend sind mit dem Lesen in die Zukunft. Die Wahrheit ist jedoch, dass Tarotkarten zwar das sind, was einer Zeitmaschine am nächsten kommt, aber dennoch nicht von jedermann als Wahrsagemethode verwendet werden können. Denken Sie daran, dass es mit etwas Übung einfach ist, das Konzept zu verstehen und die Richtlinien des Tarot zu befolgen, aber es ist keine leichte Aufgabe, genaue Lesungen zu machen, und nicht jeder ist für dieses Talent geeignet.

### Das Akasha-Tarot

Was als einfaches Spielkartendeck begann, hat sich zu Hunderten und Tausenden von verschiedenen Optionen entwickelt, aus denen Sie wählen können. Sie können Kartendecks finden, die auf berühmten Kunstwerken wie Filmen, Serien, Büchern und mehr basieren. Es gibt jedoch ein Deck, das die Zeit überdauert hat, und das ist das Akasha Tarot Deck.

Es ist eines der bedeutendsten und mächtigsten Decks auf dem Markt. Seine Bedeutung liegt in der Tatsache, dass es das einzige Deck ist, das für den Zugang zu den Akasha-Chroniken entwickelt wurde, um deren tiefgreifende Energie und reichhaltige Informationsquelle zu erschließen. Es ist eines der mächtigsten Werkzeuge, die einen klaren Zugang zu den höheren mystischen und magischen Kräften bieten, die die Akasha-Chroniken in sich bergen. Sie können dieses Deck verwenden, um große Felder der Weisheit anzuzapfen und um in verschiedenen Aspekten Ihres Lebens nach Orientierung zu suchen.

### Pflegen Sie Ihre Karten

Das Wichtigste, worauf Sie achten müssen, ist, Ihre Tarotkarten vor physischen Schäden zu schützen und sie vor negativen und bösen Energien zu bewahren. Es gibt verschiedene Möglichkeiten, dies zu tun, und zwar indem Sie Ihr Deck weihen, die Karten in einen Seidenschal einwickeln, sie in einer kleinen Schachtel aufbewahren oder sie in einen

Stoffbeutel stecken, der durch eine Kordel geschützt ist. Manche Menschen bevorzugen eine Kombination dieser verschiedenen Methoden, um die Karten vor jeglichem Schaden zu bewahren, der sie ereilen könnte.

### Wie weiht man seine magischen Werkzeuge?

In den alten Wicca- und modernen heidnischen Traditionen sollten alle magischen Werkzeuge geweiht werden, bevor man versucht, mit ihnen mit dem Göttlichen zu kommunizieren. Dieses Ritual kann auch dann noch durchgeführt werden, wenn Sie Ihr Deck bereits gefühlt und gespielt haben, um jegliche negative Energie zu vertreiben, die Ihre Karten umhüllen könnte. Diese Methode ist besonders nützlich, wenn Sie sich über die Geschichte Ihrer magischen Werkzeuge nicht im Klaren sind, d.h. über ihre früheren Besitzer oder darüber, wer sie benutzt hat, bevor sie zu Ihnen gelangten. Sie sollten jedoch bedenken, dass einige spezielle Werkzeuge vor ihrer Verwendung keine Weihe benötigen. Einige Praktizierende betrachten die Weihe als ein unnötiges Ritual, das ihren natürlichen Energiefluss stören und bewusste und unbewusste Energierichtungen durcheinanderbringen könnte. Manche Menschen ziehen es vor, das Deck durch Berühren und Fühlen kennen zu lernen, bevor sie ihre Karten reinigen.

Denken Sie daran, dass es keine richtige oder falsche Art und Weise gibt, ein Ritual durchzuführen, und dass es auch keinen festen Zweck dafür gibt. Manche Menschen ziehen es vor, ihre magischen Werkzeuge, ihren Schmuck, ihre Kleidung und den Altar selbst zu weihen. Die Gegenstände, die für dieses Ritual benötigt werden, sind recht einfach. Sie brauchen eine weiße Kerze, eine Schale mit Wasser, Weihrauch und eine Schale mit Salz. Jeder Gegenstand steht für ein Element und eine Himmelsrichtung, um die Kräfte des Nordens, des Südens, des Ostens und des Westens mit den Hütern der Luft, des Feuers, der Erde und des Wassers zu beschwören. Ziehen Sie bei Bedarf einen Kreis, um das Ritual abzuschließen und Ihre Werkzeuge von früheren Besitzern oder dunkler Energie zu reinigen.

### Akasha Tarot Karten als Geschenk

Es gibt drei verschiedene Überzeugungen, wenn es darum geht, ein Tarotdeck zu verschenken.

Einige Wahrsager glauben, dass Tarotdecks ihre Großartigkeit und ihren spirituellen Wert verlieren, wenn sie von jemand anderem erhalten werden. Diese Kartenleger haben strenge Regeln gegen die Annahme von Tarotkarten als Geschenk. Es gibt jedoch eine Ausnahme von dieser

Regel. Wenn es sich um eine Person handelt, der Sie vertrauen und die Ihnen die Karten aus reiner Herzensgüte schenkt, dann gibt es keinen triftigen Grund, der Sie zwingt, das Geschenk abzulehnen. Sie können dann nach einer guten Reinigung und Weihe verwendet werden.

Einige Leser sind der festen Überzeugung, dass Tarotkarten niemals gekauft werden sollten. Sie müssen als Geschenk von Menschen erhalten werden, zu denen sie eine starke Verbindung haben, um die magischen Kräfte der Liebe zu erhalten.

Einigen anderen Lesern ist die Herkunft ihrer Kartendecks völlig gleichgültig, egal ob sie sie selbst kaufen oder geschenkt bekommen. Die Quelle macht keinen Unterschied, solange die Karten frei von jeglichen negativen Energien sind und sich nicht falsch anfühlen. Was zählt, ist die Verbindung, die Sie zu Ihrem Deck aufbauen, und die Genauigkeit Ihrer Deutungen, nicht die Quelle der Karten.

# Ein Überblick über das Lesen des Akasha Tarots

Die Methoden des Lesens haben sich im Laufe der Jahre verändert und weiterentwickelt. Da das Lesen von Tarotkarten ein höchst intuitiver Prozess ist, haben viele Leser sogar ihre eigenen, einzigartigen Methoden des Lesens von Akasha Tarot-Karten übernommen und entwickelt. Sie spielten mit den traditionellen Bedeutungen der Kartenlayouts. Wir können jedoch keine signifikante Veränderung feststellen, die auf die Karten selbst zurückgeht. Es gibt verschiedene Leitfäden, Bücher und Karten, die Anfängern, die noch versuchen, die Grundlagen des Kartenlegens zu verstehen, sehr nützlich sein können. Es wird jedoch davon ausgegangen, dass der beste Weg zur Entwicklung Ihres Talents darin besteht, die Karten zu fühlen, sie in der Hand zu halten und zu versuchen zu verstehen, was sie Ihnen sagen wollen. Dennoch sollten Sie einige grundlegende Tipps beachten, um Ihre Karten kennenzulernen und sie zu schützen, bevor wir damit beginnen, die verschiedenen Aspekte des Erlernens des Akasha Tarots zu entfalten.

Wenn Sie versuchen, sich mit einem brandneuen Deck Akasha Tarot Karten vertraut zu machen, dann ist es am besten, wenn Sie die Karten unter Ihr Kopfkissen legen. Auf diese Weise werden die Karten Ihre persönliche Energie aufnehmen.

Lassen Sie Ihre Karten niemals überall verstreut liegen. Wenn Sie die Karten bei sich tragen, sollten Sie sie nicht einfach in Ihrer Tasche oder Handtasche lassen. Bewahren Sie sie in einer Schutzhülle auf, bis Sie Ihr

Ziel erreichen.

Viele Kartenleger erlauben niemandem, ihre Karten zu berühren, um zu verhindern, dass die Karten andere Schwingungen als ihre eigenen absorbieren. Andere ziehen es vielleicht vor, dass ein Kartenleger die Karten mischt oder austeilt, bevor er mit dem Lesen beginnt.

Nachdem Sie Ihre Karten durch eine Weihe gereinigt haben, können Sie den Kontakt mit jeglichen Energien begrenzen, indem Sie sie mit einem Quarzkristall aufbewahren, der alle diese Energien absorbiert.

Wenn Ihre Karten von irgendjemandem angefasst wurden und Sie sich in deren Gegenwart nicht wohl fühlen, ist es besser, die Karten erneut zu weihen oder sie liegen zu lassen, bis sie sich für Sie wieder richtig anfühlen.

Diese Reinigungsrituale sind nicht notwendig, wenn Sie nicht das Bedürfnis danach haben. Wenn Sie sie jedoch durchführen müssen oder ein anderes spirituelles Reinigungsritual, dann ist es wichtig, dass Sie das tun, was sich richtig anfühlt. Sobald Sie sich mit dem Gefühl der Karten wohlfühlen, werden Sie merken, wie Ihre Lesungen besser werden.

# Anleitung zum Akasha Tarot Lesen

Wie bei jedem Werkzeug der Wahrsagerei gibt es keine falsche oder richtige Art, es zu benutzen. Das Lesen von Akasha Tarot-Karten ist eine Intuition, die sich von Mensch zu Mensch leicht unterscheiden kann. Der Schwerpunkt liegt darauf, die Karten auf Ihre ganz eigene Art und Weise zu verwenden, die es Ihnen ermöglicht, Ihre übersinnlichen Fähigkeiten zu entwickeln. Es gibt eine Reihe von Layouts und Legesystemen, die Sie verändern und zwischen denen Sie wechseln können, um die höchste Genauigkeit beim Lesen zu erreichen. Die Schritte zum Lesen von Akasha Tarot Decks, um Ihr höheres Selbst zu entschlüsseln und ein Fenster in die Zukunft zu öffnen, sollten damit beginnen, dass Sie Ihre Karten verstehen.

**1. Bereiten Sie sich auf Ihr Reading vor, indem Sie die Karten interpretieren**

Das Deck ist in zwei Hauptgruppen unterteilt, die Großen Arkana und die Kleinen Arkana. Um die Grundlagen eines traditionellen Decks zu verstehen, gehen wir die drei Teile der Haupt-Arkana durch, die aus 22 Karten, den sogenannten Trümpfen, besteht. Bevor wir tiefer in die Bedeutung jeder einzelnen dieser Karten eintauchen, müssen wir schnell die Karten der Kleinen Arkana in den Akasha Tarot Decks durchgehen, die die Ereignisse unseres täglichen Lebens wiedergeben. Jede Gruppe repräsentiert ein Element der vier wesentlichen Elemente.

* Stäbe, die das Feuer repräsentieren

1. Ass der Stäbe
2. Zwei der Stäbe
3. Drei der Stäbe
4. Vier der Stäbe
5. Fünf der Stäbe
6. Sechs der Stäbe
7. Sieben der Stäbe
8. Acht der Stäbe
9. Neun der Stäbe
10. Zehn der Stäbe
11. Seite der Stäbe
12. Ritter der Stäbe
13. Königin der Stäbe
14. König der Stäbe

* Münzen, die die Erde repräsentieren

1. As der Münzen
2. Zwei der Münzen
3. Drei der Münzen
4. Vier der Münzen
5. Fünf der Münzen
6. Sechs der Münzen
7. Sieben der Münzen
8. Acht der Münzen
9. Neun der Münzen
10. Zehn der Münzen
11. Seite der Münzen
12. Ritter der Münzen
13. Königin der Münzen
14. König der Münzen

* Außerdem gibt es Schwerter, die für Luft stehen, vom Schwert-Ass bis zum Schwert-König, und Kelche, die für Wasser stehen, vom Kelch-Ass bis zum Kelch-König.

## Die Großen Arkana

* Der erste Teil: Die materielle Welt (Karten 0-7)

Der erste Teil stellt die materielle Welt in Bezug auf beruflichen Erfolg, Ausbildung, Finanzen und Ehe dar.

0. Der Narr: Der Narr ist, anders als Sie vielleicht denken, der weiseste Trumpf der Großen Arkana, derjenige, der alles weiß. Er steht für Weisheit, Erleuchtung und Führung. Der Narr symbolisiert den ewigen Geist des Decks, gemalt mit der Seele des inneren Kindes, Vertrauen und Unschuld. Er macht den Weg frei für einen neuen Sinn, einen neuen Zyklus oder ein neues Kapitel im Leben.

1. Der Magier: Diese Karte ist die Darstellung des Planeten Merkur, mit einem Unendlichkeitssymbol über dem Kopf des Magiers. Sie symbolisiert eine große Beherrschung und Kontrolle über alle Ihre bewussten und unbewussten Prozesse.

2. Die Hohepriesterin: Dies ist die Karte, die im Akasha Tarot die Emotionen repräsentiert, mit ihrer Symbolisierung der Intuition, der Traumwelt, der übersinnlichen Energie und aller Gefühle und Instinkte. Sie ist ein empfänglicher Spiegel der Unterwelt und all dessen, was unter der Oberfläche geschieht. Diese Karte bezieht sich auf den weiblichen Zyklus in Bezug auf die Fruchtbarkeit, die Gebärmutter und die Magie, die Frauen in sich tragen.

3. Die Herrscherin: Diese Karte steht in Verbindung mit dem Planeten Venus. Sie ist die Göttin der Liebe und die große Mutter der Tarotkarten. Diese Karte bezieht sich auf Schönheit, Beziehungen und Friedensstiftung und hat eine künstlerische Seite. Sie steht für die Mutterschaft und Ihre Beziehung zu anderen Frauen in Ihrem Leben.

4. Der Herrscher: Diese Tarotkarte steht für Macht, Autorität, Führung, Verantwortung und Handlung. Eine andere Seite von ihm ist die männliche Kreativität, Leidenschaft und Neuanfänge. Er ist der Vater, der Anführer, der Ehemann, die Autoritätsperson oder der Mann in Ihrem Leben.

5. Der Hierophant: Diese Karte symbolisiert Ihre Verbindung zu Ihrem Gott, Ihrem Schutzengel und Ihrem höheren Selbst. Sie steht für praktische Weisheit und Energie.

6. Die Liebenden: Diese Karte wird von fast allen Tarot-Lesern bevorzugt. Sie zeigt einen goldenen Schlüssel zu einer Vielzahl von Entscheidungen und Beziehungen. Die Karte der Liebenden steht für den Himmel, die Erde, die Vereinigung, die Liebe, die Kommunikation, die Dualität und das Gleichgewicht zwischen den männlichen und weiblichen Energien, die wir alle in uns tragen.

7. Der Wagen: Dies ist die Karte, die die emotionale Seite mit dem Körper verbindet. Es ist eine klare Darstellung der Kontrolle von Emotionen, des Bedürfnisses nach emotionalem Schutz, Familie, Fürsorge und Nahrung.

## 2. Wählen Sie eine einzelne Karte

Bevor Sie mit dieser Übung beginnen, sollten Sie sich die Zeit nehmen, die Bedeutungen und verschiedenen Symbole der Karten zu verstehen. Achten Sie auch auf die umgekehrten Bedeutungen der Karten, wenn sie verkehrt herum aufgedeckt werden. Manche Leser glauben, dass die Karten, wenn sie umgedreht sind, einfach bedeuten, dass ihre Bedeutungen ebenfalls umgekehrt sind. Zum Beispiel würde die Karte Liebende im Gegensatz zu ihren normalen Symbolen für Hass, Unsicherheit und Isolation stehen.

Diese Übung ist recht einfach. Alles, was Sie tun müssen, ist, jeden Tag zufällig eine Karte aus dem ersten Teil der Großen Arkana zu ziehen. Machen Sie sich im Laufe des Tages Notizen zu den wichtigsten Ereignissen und deren Zusammenhang mit der Karte, die Sie am frühen Morgen aus dem Deck gezogen haben. Manche Wahrsager ziehen es vor, für jede gezogene Karte ein Notizbuch oder ein Tagebuch zu führen, in dem sie die Höhepunkte ihres Tages in Bezug auf jede Karte festhalten. Sie können dann am Ende jeder Woche zurückblicken und darüber nachdenken, welche Karte am häufigsten aufgetaucht ist und welche Karten häufiger gezogen wurden als andere. Diese Übung ermöglicht ein viel leichteres Verständnis der Hauptenergie Ihrer Aufzeichnungen und der Erfahrungen, die Ihre Aura malen.

* Der zweite Teil: Der intuitive Verstand (Karten 8-14)

Während sich der erste Teil der Großen Arkana auf unsere Interaktionen mit der äußeren Welt in Bezug auf unsere Familie,

Freundschaften, Liebe und die mit verschiedenen Beziehungen verbundenen Emotionen und Instinkte konzentrierte, geht es im zweiten Teil mehr um den Individualismus. Die Karten in dieser Gruppe konzentrieren sich mehr auf unser individuelles Wesen als auf gesellschaftliche Themen. In diesem Teil geht es um den intuitiven Verstand. Die sieben Karten spiegeln eher unsere Gefühle wider, als dass sie unsere Gedanken symbolisieren. Sie sind auf die Bedürfnisse unseres Herzens und unsere unendliche Suche nach der Wahrheit und dem Glauben abgestimmt.

8. Die Kraft

9. Der Eremit

10. Das Rad des Schicksals

11. Die Gerechtigkeit

12. Der Gehängte

13. Der Tod

14. Die Mäßigkeit

## 3. Ein Drei-Karten-Layout

Nachdem Sie es sich zur Gewohnheit gemacht haben, eine einzelne Karte zu ziehen und die täglichen Ereignisse zu dokumentieren, die mit diesen Karten in Verbindung stehen, werden Sie ein bestimmtes Muster oder einige regelmäßige Trends bemerkt haben, die sich über diesen Zeitraum angekündigt haben. Da Sie sich wahrscheinlich an zwei Drittel der Großen Arkana sowie an die Stäbe und Münzen der Kleinen Arkana gewöhnt haben, sollten Sie nun ein Gefühl für jede Karte und ihre Bedeutung und ihr Symbol entwickeln.

Nun ist es an der Zeit, den zweiten Teil der Großen Arkana in die Gleichung aufzunehmen. Fügen Sie Ihrem Stapel alle Stäbe und Münzen von Ass bis König hinzu. Mischen Sie Ihre Karten wie bei der vorherigen Übung und machen Sie es sich zur Gewohnheit, jeden Morgen drei Karten zu ziehen, anstatt nur eine einzige. Betrachten Sie die Karten, die Sie ziehen, nicht als Einzelne, sondern als Ganzes. Achten Sie darauf, wie sie zusammenpassen und wie sie miteinander verbunden sind. Sind sie alle miteinander verbunden oder gibt es eine bestimmte Karte, die jedes Mal hervorzustechen scheint? Der Rest der Übung ist derselbe wie zuvor. Achten Sie auf Ihre täglichen Ereignisse und wie sie mit den Karten zusammenhängen, die Sie jeden Morgen ziehen. Sie können die Gewohnheit fortsetzen, ein Tagebuch über jeden gezogenen Stapel und alle hervorgehobenen Ereignisse Ihres Tages zu führen.

\* Der dritte und letzte Teil: Der intuitive Verstand (Karten 15-21)

Sie haben sich bereits mit den Karten vertraut gemacht, die sich mit der materiellen Welt und Ihrer Verbindung zu anderen befassen, und Sie haben den zweiten Teil hinzugefügt, der sich mit dem intuitiven Geist und Ihrem individuellen Wesen befasst. Der letzte Teil, der die Karten ab der 15. und bis zur letzten Karte in der Großen Arkana umfasst, gibt Ihnen ein Fenster zum Verständnis universeller Gesetze und Themen. Dieser Teil ist wichtig, da er sich mit Umständen befasst, die für die Gestaltung unserer Gegenwart und Zukunft von großer Bedeutung sein können.

15. Der Teufel

16. Der Turm

17. Der Stern

18. Der Mond

19. Die Sonne

20. Das Gericht

21. Die Welt

\* Die letzte Übung besteht darin, einen Stapel von fünf Karten aus dem gesamten Tarotdeck zu ziehen, einschließlich der großen und kleinen Arkana.

## 4. Akasha-Chroniken mit Tarotkarten

Inzwischen haben Sie eine Verbindung zu den Karten aufgebaut, sie gefühlt und ihre tieferen Bedeutungen erforscht. Sie können sie nun nutzen, um einen leichteren Zugang zu Ihren Akasha-Chroniken zu erhalten, um sich mit Ihrem höheren Selbst zu verbinden. Sobald Sie das Lesen der Akasha Tarots beherrschen, werden Sie in der Lage sein, sich der Führung und Weisheit zu öffnen, die Ihre Akasha-Chroniken für Sie bereithalten. Erst dann werden Sie in der Lage sein, mehr über Ihre Zukunft zu erfahren.

# Fazit

Es ist nicht leicht, die spirituellen und weltlichen Wünsche sorgfältig auszubalancieren, vor allem wenn Sie in persönliche Kriege verwickelt sind, die sowohl spirituelle als auch materielle Elemente beinhalten. Es ist leicht zu erkennen, ob jemand in Harmonie und Ruhe lebt oder in Instabilität aufgrund der vielen Widersprüche, die er in Kauf nehmen muss, um voranzukommen. Das Bindeglied zwischen der spirituellen und der materiellen Welt liegt in den Akasha-Chroniken, die Zeit und Raum transzendieren und sich mit Schwingungen und Energie befassen. Ihre Augen mögen in der Lage sein, die Gegenwart sorgfältig zu beobachten, aber es sind die Akasha-Chroniken, die es Ihnen ermöglichen, über die Gegenwart hinaus in die Vergangenheit und Zukunft zu sehen.

Das hier zur Verfügung gestellte Material soll Ihnen als Munition dienen, wenn Sie sich mit den verschiedenen und gegensätzlichen Welten Ihres Lebens auseinandersetzen. Nutzen Sie die Akasha-Chroniken, um den Bereich der geistigen Welt in die materielle Welt zu integrieren. Sie können sicher sein, dass die Freude und das Glück, die Sie anziehen werden, ansteckend sein werden, denn Sie werden nicht nur Ihre eigene Energie spüren, sondern auch die der anderen. Die Weisheit, die Sie durch den Zugang zum Göttlichen erlangen, wird Ihnen die wahre Richtung Ihrer Seele zeigen, die darin besteht, sich auf eine Reise der Ehrlichkeit, der Wahrheit und des Guten zu begeben.

Wenn Sie dieses Buch abschließen, bedeutet das, dass Sie wirklich in die Verbesserung Ihrer inneren Seele investiert haben. Verlieren Sie niemals das Momentum, und investieren Sie immer in die Bemühung, das anzuziehen, was Sie sich wirklich wünschen. Wenn Sie Ihre wahre Macht erwecken, können Sie diese Kraft nutzen, um Wunden zu heilen, sich selbst zu umarmen und anderen zu helfen. Sie werden feststellen, dass andere Menschen die Veränderung Ihrer Energie bemerken, auch wenn sie nicht genau sagen können, was sich verändert hat.

Ihre Schwingungen werden ihren Höhepunkt erreichen und über die niedrigen Plateaus hinausgehen, was Sie vielleicht überraschen wird. Sie sind es wahrscheinlich noch nicht gewohnt, das intensive Leuchten Ihres inneren Lichts zu spüren. Mit der Zeit werden Sie sich in den höheren Ebenen immer wohler fühlen, da sich Ihr Körper und Ihre Seele an die höheren Schwingungen anpassen. Leben Sie Ihr Leben als Kind des Göttlichen und schaffen Sie niemals einen Riss zwischen Ihrer Seele und Ihrem Körper, indem Sie versuchen, Ihre Spiritualität und höheren Schwingungen zu verbergen.

Die Akasha-Chroniken geben Ihnen endlich die Möglichkeit, sich von den harten und einschränkenden Beschränkungen zu lösen, die Ihnen von einer Welt voller Illusionen auferlegt wurden. Die Akasha-Chroniken sind nämlich niemals auf einen Teil unserer Spiritualität beschränkt. Stattdessen beziehen sie unser vergangenes, gegenwärtiges und zukünftiges Leben als Einheit ein, die durch mehrere Energieebenen miteinander verbunden sind. Eine starke Wunde kann so tief vergraben sein, dass sie sich über mehrere Lebenszeiten erstreckt. Die Selbstheilung durch die Akasha-Chroniken stellt sicher, dass die spirituellen Wunden nicht nur oberflächlich geheilt werden.

Da wir in einer Welt leben, die hyperfokussiert auf das Überleben ist, ist es schwer, Raum zu finden, um sich auf seine Spiritualität konzentrieren zu können. Daher sollten Sie die in diesem Buch erwähnten Methoden erst dann anwenden, wenn Sie ganz sicher sind, dass Sie Ihre ganze Aufmerksamkeit auf den Zugang zu den Akasha-Chroniken richten können. Es mag Ihnen anfangs schwerfallen, sich daran zu gewöhnen, aber wenn Sie erst einmal mit eigenen Augen gesehen haben, wie effektiv die Akasha-Chroniken sind, wird es Ihnen leichtfallen, die nötige Konzentration aufzubringen.

Ganz gleich, ob es um Sucht, Verlust, Beziehungen oder spirituelle Müdigkeit geht, die Sie heilen oder beheben wollen, schauen Sie dem Problem in die Augen, indem Sie auf die Akasha-Chroniken zugreifen. Alle Lösungen, die Sie in den Aufzeichnungen finden, sind persönlich und einzigartig, und diese Informationen werden bei den Problemen anderer nicht funktionieren, aber Sie können anderen dennoch helfen, auf ihre Akasha-Chroniken zuzugreifen und ihre eigenen Lösungen zu finden. Vielleicht fürchten Sie sich anfangs vor der radikalen Veränderung, die durch die Nutzung der Informationen in den Akasha-Chroniken eintreten kann, aber es sollte nicht lange dauern, bis Sie nach dem vollständigen Verständnis der Informationen Freude empfinden.

# Teil 2: Zwillingsflammen

*Das ultimative Handbuch für alle, die Ihre Zwillingsflamme anziehen wollen, mitsamt aller Anzeichen, die Sie kennen müssen und den Stadien der Beziehung*

# Einleitung

Haben Sie schon einmal eine so starke Verbindung zu jemandem gespürt, dass Sie sich fühlten, als würde ein Blitz durch Ihren Körper zucken? Haben Sie schon einmal jemanden getroffen und nach nur fünf Minuten des Gesprächs das Gefühl gehabt, die Person schon ein Leben lang zu kennen? Wir alle knüpfen jeden Tag Verbindungen zu den Menschen, die uns umgeben. Manche dieser Interaktionen halten nur einen flüchtigen Moment lang an und nach wenigen Minuten vergessen wir sie wieder, während andere uns für immer in Erinnerung bleiben. Welche Menschen sind dazu bestimmt, eine wichtige Rolle in Ihrem Leben zu spielen, und welche sollten Sie hinter sich lassen und ohne Sie weiter durchs Leben ziehen?

Ständig wird uns gesagt, dass es da draußen eine Person gibt, die „die Richtige" für uns sei, aber stimmt das wirklich? Ist es möglich, dass es unter den Milliarden von Menschen auf der Welt nur eine Person gibt, die unser perfekter Partner sein kann? Bei Zwillingsflammen ist es tatsächlich so, dass es eine besondere Verbindung gibt, die auf Sie wartet. Seelenverwandte sind jedoch etwas anderes, und Lebenspartner... Nun, das ist eine ganz andere Geschichte!

Vielleicht glauben Sie an Zwillingsflammen, vielleicht aber auch nicht. Dieses Buch wird Ihnen das Wissen vermitteln, das Sie brauchen, um herauszufinden, warum bestimmte Menschen Ihr Leben auf unterschiedliche Weise beeinflussen können. Wenn Sie Seelenverwandte oder Zwillingsflammen treffen, ist ihr gemeinsames Leben doch sicher vom ersten Moment an perfekt, oder nicht? Wenn das wahr wäre, wäre das Leben viel einfacher. Selbst die turbulenteste Beziehung kann von einem verbesserten Verständnis von der spirituellen Reise, auf der sie sich befinden, profitieren.

# Kapitel 1: Was sind Zwillingsflammen?

Wenn Sie jemals jemanden getroffen haben, der Ihr Leben völlig verändert hat, könnte diese Person Ihre Zwillingsflamme gewesen sein. Wenn Sie eine hochgradige spirituelle Verbindung mit jemandem eingehen, kann das zu Liebe, Freundschaft oder einer Kombination der beiden Gefühle führen. Wenn Sie bereits eine Beziehung zu jemandem haben, die intensiv, lebensfördernd und spirituell ist, könnte es sich um eine Zwillingsflammenbeziehung handeln, die alle Hindernisse und schwierigen Umstände überdauert.

Um das Konzept besser zu verstehen, beginnen wir mit den Ursprüngen der Zwillingsflammentheorie. Wenn Sie den Hintergrund dieser Lehre besser kennen, sind Sie auch eher dazu in der Lage, die Verbindung, die Sie eines Tages mit einer Zwillingsflamme eingehen können, zu verstehen.

## Die Geschichte der Zwillingsflammen Theorie

Wenn man die Ursprünge der Zwillingsflammentheorie besser verstehen will, muss man so weit in die Vergangenheit zurückgehen, wie es die historischen Aufzeichnungen erlauben. In fast allen Zivilisationen gibt es Beispiele für die Trennung der ursprünglich vereinten Seelen, doch der griechische Philosoph Platon liefert die deutlichste Erklärung dafür, wie die Seelen der Menschheit in zwei Teile geteilt wurden.

Platon lebte in der klassischen Periode des antiken Griechenlands und gründete eine Denkschule, die heutzutage einfach unter dem Namen „Platoniker" bekannt ist. Er verfasste einen als Symposion bekannten Dialog, in dem er erklärt, wie sich die Handlungen der Götter auf die Menschen auswirkten und warum deren oft drastisches Eingreifen nötig war.

Ursprünglich habe der Mensch vier Arme, vier Beine und zwei Arten von Genitalien besessen. Der Kopf habe aus zwei Gesichtern bestanden, und es habe drei Geschlechter von Menschen gegeben. Zwei dieser Geschlechter waren das traditionelle männliche und weibliche Geschlecht, während das dritte ein Zwitterwesen mit beiden Geschlechtsorganen war. In den Symposien erklärte Platon, dass diese ursprünglichen Menschen für die Götter und andere spirituelle Mächte höheren Dimensionen eine wichtige Arbeits- und Energiequelle darstellten, aber schnell selbst zu mächtigen Wesen wurden. Sie bedrohten die Götter, und es steht geschrieben, dass die völlige Ausrottung der Menschen von den Göttern erwogen wurde.

Da Zeus erkannte, dass die Götter dann keine Untertanen mehr gehabt hätten, die ihrem Willen folgeleisten konnten, fand er eine andere Lösung, um die Zahl der Arbeitskräfte zu erhöhen und gleichzeitig die Stärke der Menschen zu verringern. Er teilte die ursprünglichen menschlichen Körper in zwei Hälften. Jeder Mensch erhielt die Körperform, die wir heute kennen, mit zwei Armen und Beinen, nur einem Gesicht und einem Geschlechtsorgan.

Durch diesen Prozess verdoppelte sich zwar die Zahl der Menschen, doch die Kraft der Menschheit wurde insgesamt geschwächt. Die Götter hatten eine Sklavenform geschaffen, die kein Vergnügen kannte und der jeder Lebenswille fehlte. Die Menschen verhungerten ohne ihre Partner und starben langsam aus, was die Götter vor ein Rätsel stellte, das sie dringend lösen mussten. Apollo fand schließlich eine Lösung. Er nähte die ursprünglichen Menschenpaare spirituell zusammen und teilte sie dann so, dass ein spirituelles Band zwischen ihnen bestehen blieb, sodass sie einen Sinn für ihr Ziel im Leben und ein Verlangen nach ihrer Zwillingshälfte hatten. Er rekonstruierte die menschliche Form mit einem Bauchnabel, der zum erlösenden Zeichen dafür wurde, dass unsere Zwillingsflamme noch irgendwo auf der Welt existierte.

Jeder Mensch wurde dann wiedergeboren. In jedem Menschen entflammte der Wunsch, die eigene Zwillingsflamme zu suchen und mit ihr eine rekonstruierte Version des ursprünglichen Selbst zu bilden. Die Götter erkannten, dass das Verlangen und die Emanzipation die Menschen dazu brachten, auf einer höheren Ebene zu funktionieren, doch die Wahrscheinlichkeit, dass sie ihre Zwillingsflamme tatsächlich eines Tages wiederfinden konnten, war dabei eher gering. Dies entsprach dem Wunsch der Götter, denn hätten die Menschen ihr spirituelles Spiegelbild gefunden, wären sie zu einer mächtigen Kraft geworden, die es mit den Wesen, die sie regieren, den Göttern selbst, aufnehmen konnte!

# Das typische Beispiel einer Zwillingsflammen-Beziehung

Die klassische griechische Geschichte liefert uns sogar ein Beispiel für den Archetyp eines heiligen Liebespaares – die Rede ist von der Beziehung von Aphrodite und Ares.

Ares ist dabei die göttliche männliche Zwillingsflamme und der Gott des Krieges. Aphrodite ist seine weibliche Zwillingsflamme und die Göttin der Liebe und Schönheit. Beide hätten sich eigentlich abstoßend finden müssen, da sie mit ihren Überzeugungen und Kräften polare Gegensätze darstellen. Aphrodite war mit einem mächtigen, aber hässlichen Gott namens Hephaistos verheiratet, der seine schöne und frustrierte Frau vernachlässigte und die Nächte in seiner Schmiedewerkstatt verbrachte. Ares und Aphrodite nutzten diese Situation aus und trafen sich jeden Abend bis zum Morgengrauen, um sich zu lieben.

Es ist gut überliefert, dass die griechischen Götter Affären mit anderen Menschen pflegten; sie verschrieben sich keiner Form der Treue. Als der Gott Helios die Liebenden in flagranti erwischte, erzürnte das Wissen um die Liebe zwischen Aphrodite und Ares die Götter, und sie bestraften die Liebenden, indem sie sie auf ewig trennten. Diese Zwillingsflammen ließen sich nicht durch Regeln auseinanderhalten, und selbst nach der göttlichen Entdeckung trafen sie sich regelmäßig und zeugten sieben Kinder! Zu diesen gehörte auch der Gott Eros, zu dessen Kräften die Liebe, die jugendliche Magie und Sex gehören. Er dient als kraftvolle Erinnerung daran, was passieren kann, wenn sich Zwillingsflammen fortpflanzen.

Manche Menschen glauben, dass eine Begegnung mit einer Zwillingsflamme automatisch zu einer romantischen Beziehung mit dieser Person führt. Das kann zwar stimmen, aber Ihre Zwillingsflamme könnte auch ein Freund, ein Mentor oder sogar ein Schüler sein. Zwillingsflammen treten oft in unser Leben ein, wenn wir verzweifelt nach Hilfe suchen. Sie bauen intensive Beziehungen zu uns auf, die uns dabei helfen, Zeiten der Not zu überstehen. Die Beziehungen zwischen Zwillingsflammen können so intensiv sein, dass es ungewöhnlich ist, dass sie ein Leben lang halten, so dass eine Trennung manchmal unvermeidlich wird.

Es ist in Ordnung, wenn Zwillingsflammenbeziehungen enden, denn ein so hohes Maß an Intensität kann auf Dauer ungesund sein. Wenn Zwillingsflammen sich trennen, ist das zwar schmerzhaft, aber die beiden Menschen bleiben jeweils mit wichtigen Antworten auf wichtige Lebensfragen und dem Gefühl zurück, ihrem kosmischen Partner begegnet zu sein.

## Sind Sie bereits Teil einer Zwillingsflammen-Beziehung??

Haben Sie ein Yin zu Ihrem Yang bereits getroffen? Haben Sie eine Beziehung zu jemandem, der Sie vervollständigt?

Hier sind einige der häufigsten Anzeichen dafür, dass Sie bereits mit einer Zwillingsflamme verbunden sind:

1) Die Zeit spielt für Sie beide keine Rolle. Sie können stundenlang Zeit miteinander verbringen und werden dabei nie unruhig oder fühlen sich gelangweilt. Sie fragen sich beide, wo die Zeit geblieben ist, und doch fühlen Sie sich dazu bereit, den nächsten Tag genauso wie den vorherigen zu verbringen.

2) Déjà vu: Bei Gesprächen entdecken Sie seltsame Übereinstimmungen in Ihren gegenwärtigen und früheren Lebenserfahrungen. Es scheint, als ob das Leben sich einen Weg gebahnt hätte, so dass Sie beide sich gegenseitig erreichen konnten. Sie sind dazu bestimmt, eine Beziehung zu führen.

3) Sie spüren beide eine magnetische Kraft, die bei Ihrer Begegnung förmlich in der Luft knistert. Sie spüren eine Verbindung zwischen Ihren körperlichen und geistigen Energien, und Sie haben ein unausgesprochenes gegenseitiges Verständnis.

4) Ihre Stärken sind ein perfekter Ausgleich für ihre Schwächen und umgekehrt. Zusammen haben Sie eine unanfechtbare Macht, vor der sich Ihre Gegner in Acht nehmen müssen und die praktisch

unschlagbar ist.

5) Sie haben ein gemeinsames Ziel vor Augen. Die Ideen, die Ihnen am Herzen liegen, haben einen gemeinsamen Wert, und führen Sie zu einem Ziel, dass Sie beide gleichermaßen anstreben.

6) Als Zwillingsflammen kennen sie sich gegenseitig in- und auswendig, mit allen Fehlern, und urteilen nie über den anderen.

7) Sie werden oft offen unterschiedlicher Meinung sein, weil Sie sich sicher sind, dass Sie Ihre Differenzen immer klären werden, egal wie oft Sie sich streiten.

8) Sie sind auf vielen Ebenen miteinander verbunden. Zwillingsflammen können Partner, Freunde, Schultern zum Ausweinen oder auch Mentoren füreinander sein.

9) Sie haben Übereinstimmungen in Ihrem früheren Leben. Manchmal entdecken Sie unheimliche Parallelen in Ihrer persönlichen Geschichte; zum Beispiel könnten Sie beide während eines historischen Ereignisses wie 9/11 am selben Ort gewesen sein, ohne es zu merken.

10) Sie wachsen als Paar und werden verständnisvoller, verzeihender und einfühlsamer gegenüber anderen.

## Warum wir die Beziehung zu unserer Zwillingsflamme brauchen

Im Gegensatz zu manchen anderen Überzeugungen sind wir auch ohne die spirituelle Verbindung zu unserer Zwillingsflamme vollständige Wesen. Wir alle haben eine vollständige Seele, die durch unsere eigenen Erfahrungen gestärkt werden kann, aber eine Zwillingsflammenbeziehung hilft uns dabei, eine andere Ebene zu erreichen. Diese Beziehungen helfen uns dabei, unser Ego aufzugeben und zu verstehen, was unsere Herzen zur Heilung brauchen. So können Sie den ersten Schritt tun, um ein spirituell ausgewogenerer Mensch zu werden.

Die Absicht, die hinter der Beziehung zu Ihrer Zwillingsflamme steht, kann unterschiedlich sein, aber sie wird unweigerlich zu einer harmonischen und ausgewogenen Verbindung mit einem positiven Ergebnis führen. So können beispielsweise Kinder gemeinsam großgezogen werden, es lässt sich ein gemeinsames Band knüpfen, das besonders dann wichtig ist, wenn es um ökonomische Entscheidungen geht. Eine solche Verbindung kann Ihnen dabei helfen, Ihre Angelegenheiten miteinander zu regeln oder einander eine spirituelle Unterstützung zu sein.

Manchmal kann man die Zeichen übersehen, die einen zu der eigenen Zwillingsflamme führen. Äußere Einflüsse können dazu führen, dass man sich unfähig fühlt, das Geschenk einer spirituellen Beziehung anzunehmen, und dass man für die Verbindung nicht empfänglich ist. Man kann von Emotionen überwältigt werden, die einen erschöpft und niedergeschlagen zurücklassen, so dass man die spirituellen Zeichen nicht erkennt, und es gar nicht merkt, wenn man sich in der Gegenwart einer Zwillingsflamme befindet. Vielleicht trauern Sie gerade oder fühlen sich, als steckten sie in einer schlechten Beziehung fest. Sollten Sie spirituellen Hilfsbedarf haben, könnte dies der Grund dafür sein, dass Sie die Anwesenheit einer Zwillingsflamme nicht erkennen.

Es spielt dabei keine Rolle, ob Sie eine neue spirituelle Verbindung suchen oder einfach nur neue Menschen treffen wollen; es ist vor allem wichtig zu wissen, wie Sie sich in Gegenwart anderer Menschen fühlen. Das gilt auch für Personen, mit denen wir bereits zusammenleben oder die bereits ein Teil unseres Lebens sind. Solche Bekanntschaften könnten ein Teil unseres spirituellen Rückhalts sein, ohne dass Sie sich dessen bewusst sind!

### 15 Dinge, auf die Sie achten sollten, wenn Sie eine mögliche Zwillingsflamme treffen

1) Wenn Sie Zeit mit der Person verbringen, haben Sie immer das Gefühl, dass Sie etwas gelernt haben. Wenn Sie jemanden zum ersten Mal treffen und dabei das Gefühl haben, dass diese Person Ihnen etwas beibringen kann, ohne dass Sie sich unzulänglich oder inkompetent fühlen, dann sind Sie vielleicht einer Zwillingsflamme begegnet. Wenn Sie gleichzeitig auch das Gefühl haben, dass Ihr Wissen geteilt wurde, dass sie die Welt verändern könnten, und es mit jeder Herausforderung aufnehmen können, könnte es sich um Ihre spirituelle Zwillingsflamme handeln!

2) Sie haben sofort das Gefühl, dass sie dieser Person vertrauen können und fühlen sich bei der Person sicher. Wenn Sie jemanden treffen, der absolut vertrauenswürdig ist und Ihre Geheimnisse und Gedanken bewahrt, kann sich das anfühlen, als seien Sie nach langem Suchen nach Hause gekommen.

3) Sie wissen, dass die Person Sie nie verurteilen oder zurückweisen würde. Das heißt aber nicht, dass sie nicht ehrlich zu Ihnen ist oder Sie nicht mehr ernst nimmt, wenn Sie Fehler machen. Sie haben so viel Vertrauen in Ihre Beziehung, dass Ihre Zwillingsflamme wahrscheinlich die einzige Person ist, die Ihnen die ganze Wahrheit mit einer Klarheit sagen kann, die den meisten Menschen fehlt. Das liegt daran, dass sich Ihre Zwillingsflamme sicher ist, dass Sie die Wahrheit verkraften können. Die Person weiß, wie sie mit Ihnen zusammenarbeiten kann, um zu einem besseren Menschen zu werden. Sie beide wissen, dass ausreichend Potential unter der Oberfläche vorhanden ist.

4) Sie müssen nie eine Show für Ihre Zwillingsflamme veranstalten. Wenn Sie sich schlecht fühlen, können Sie sich auch so verhalten, und Ihr Gegenüber wird genau wissen, was zu tun ist. Sie werden Sie nie dafür beschimpfen, dass Sie völlig menschliche Gefühle haben, aber sie werden Sie auf Ihrer Reise begleiten, und Ihnen dabei helfen, sich diesen Gefühlen zu stellen.

5) Sie beiden haben dunkle und helle Seiten, die sich gegenseitig ergänzen. Wenn Ihre dunkle Seite überwiegt, zeigt ihre Zwillingsflamme Ihre helle Seite auf, um ein ausgeglichenes, harmonisches Gefühl zu erzeugen. Die Person weiß instinktiv, in welcher Stimmung Sie gerade sind. Sie kann sich in Ihre Aura einfühlen und dunkle und helle Seiten spüren, die sich gegenseitig ergänzen.

6) Man verliebt sich bedingungslos. Jeder Mensch liebt eine oder mehrere andere Personen, wie Eltern und Freunde, frühere Liebhaber oder Menschen, die eine wichtige Rolle im eigenen Leben gespielt haben, aber wenn man sich wirklich verliebt, ist das Gefühl ein anderes. Zwillingsflammen verlieben sich trotz der Konventionen und Umstände, die ihnen vorschreiben, dass ihre Verbindung falsch ist. Sie werden dabei weder von der Realität noch von der Vernunft beeinflusst. Das Herz will diese Beziehung, und sie entsteht als eine natürliche Entwicklung zwischen beiden Menschen.

7) Sie bekommen Angst vor der Beziehung und wollen aussteigen. In der Anfangsphase einer Zwillingsflammen-Beziehung können Sie sich von der Intensität und Tiefe Ihrer Gefühle überwältigt fühlen. Menschen können manchmal das Bedürfnis verspüren, vor einer

Beziehung fliehen zu wollen. Stellen Sie sich einen Hasen und einen Fuchs vor – sie wissen sicherlich, wie ein Wettkampf zwischen diesen beiden Tieren ausgehen wird. Sie können wie verrückt herumrennen, der eine jagt den anderen, bis der Hase einen Haken schlägt und sich das Blatt wendet. Wir werden dieses Phänomen der Zwillingsflammen-Beziehungen im weiteren Verlauf des Buches noch genauer besprechen.

8) Sie fühlen sich nicht davon bedroht, Zeit getrennt voneinander zu verbringen. Sie wissen, dass Sie, wenn Sie nicht zusammen sind, miteinander verbunden sind und auf diese Weise eine Einheit bilden, aber Sie haben gleichzeitig noch immer einen Sinn für Freiheit und Unabhängigkeit. Zwillingsflammenbeziehungen sollten sich nicht so anfühlen, als würden sie Sie erdrücken; sie sollten stark genug sein, um fortzubestehen, auch wenn Sie nicht mehr zusammen sind. Wenn Sie jemanden treffen, der alles verkörpert, was Sie sich wünschen, und Sie trotzdem nie Angst haben, von der Person getrennt zu sein, könnte es sich um eine Zwillingsflamme handeln.

9) Sie sind fein auf die Energie des anderen eingestimmt. Wenn Sie eine spirituelle Verbindung haben, wissen Sie sofort, wie sich die andere Person fühlt. Sie wissen mit einem Blick, ob die Person glücklich, traurig, wütend oder aufgebracht ist, und Sie wissen, dass die Person Ihnen gegenüber das gleiche Maß an Empathie empfinden kann.

10) Sie spüren ein Gefühl der Vollkommenheit. Wenn Sie Ihr ganzes Leben lang auf jemanden gewartet haben, werden Sie sofort wissen, dass Ihre Suche beendet ist. Jeder weiß, dass Reisen anstrengend sein können, vor allem, wenn die Dauer der Reise zeitlich nicht festgelegt ist. Diese unerbittliche Suche nach einem Gefühl der Zusammengehörigkeit wird aufhören, wenn Sie Ihre Zwillingsflamme treffen. Sie werden das Gefühl haben, am Ziel angekommen zu sein, und Sie werden den Pfad der Entdeckung mit Freude verlassen.

11) Ihre Zwillingsflamme wird ein Spiegel für ihre Ängste und Sehnsüchte sein. Wenn Sie zum Beispiel eine kreative Seele sind, die mit jedem Medium Kunst und Schönheit erschaffen kann, dann wird Ihre Zwillingsflamme wahrscheinlich eher das Gegenteil von Ihnen sein und eher kein Interesse an den kreativen Künsten

haben. Wenn Sie eine chaotische, unorganisierte Seele sind, dann wird Ihre Zwillingsflamme ein Ordnungsfreak sein, der von Ihnen ein hohes Maß an Organisation verlangt. Wenn Sie ein dramatischer Charakter sind, der in stressigen Situationen überreagiert, wird er oder sie ein starker und willensstarker Partner sein, der gut dazu in der Lage ist, Sie zu beruhigen.

12) Ihre Beziehung zu Ihrer Zwillingsflamme wird Ihnen zeigen, wie oberflächlich Ihre anderen Beziehungen waren. Wenn Sie sich mit Ihrer Zwillingsflamme verbinden, werden Sie dabei eine Tiefe und Intensität spüren, die Sie noch nie zuvor gefühlt haben. Das bedeutet nicht, dass ihre früheren Beziehungen irrelevant sind; schließlich sollte uns jede Beziehung, die wir haben, etwas lehren. Es unterstreicht lediglich, dass spirituelle Verbindungen viel intensiver sind, als es physische oder familiäre Beziehungen jemals sein können.

13) Ihnen fällt nichts ein, was Sie an der anderen Person ändern würden. In einer Zwillingsbeziehung gibt es keine rosarote Brille, und Sie wissen beide, wie die andere Person tickt. Der Unterschied besteht darin, dass Sie die Schwächen zusammen mit den Qualitäten, die Sie beide mitbringen, akzeptieren. Sie wissen, dass Sie als Einheit spektakulär sind, und Sie wollen nichts daran ändern! Sie mögen sich beide auf unterschiedlichen spirituellen Stufen befinden, aber Ihr Hauptziel ist es, sich gegenseitig zu helfen, eine höhere Ebene zu erreichen und Ihre Bestimmung zu entdecken.

14) Es gibt kein Gefühl des Wettbewerbs. Wenn Sie eine Zwillingsflammen-Beziehung haben, werden Sie auch einen gesunden Respekt füreinander haben. Die Person wird Ihre Erfolge feiern, genauso wie Sie die ihrigen feiern werden. Es gibt keinen Platz für Neid und Missgunst, wenn es um den Erfolg im Leben geht. Sie können mehr oder weniger erfolgreich sein als Ihr Zwilling, aber das sollte nie zu einem Problem werden. Sie sollten nicht miteinander konkurrieren, sondern danach streben, als Paar gemeinsam besser zu werden.

15) Sie werden bald dazu bereit sein, sich voll und ganz für Ihre Beziehung einzusetzen. Das gilt nicht nur für romantische Beziehungen, denn das Wort „Engagement" kann für alle Formen von Partnerschaften gelten. Wenn ein Freund sich für einen

anderen Freund engagiert, bedeutet das, dass er für ihn da sein möchte, egal was passiert. Man weiß, dass man einem solchen Freund vertrauen kann, dass er einem den Rücken freihält. Ein solcher Freund lässt sich von einem Freund aus reiner Bequemlichkeit gut unterscheiden. Wahre Freunde sollten sich auf allerlei Art und Weise füreinander einsetzen; man sollte dabei nur erkennen, wem man wirklich wichtig ist. Ihre Zwillingsflamme würde Flüsse und Berge überqueren, um an Ihrer Seite zu stehen, wann immer Sie sie brauchen, und sie wird Ihnen zur Seite stehen, egal was passiert.

Das Wichtigste, was man wissen muss, um zu verstehen, was Zwillingsflammen sind und wie sie Ihr Leben beeinflussen, ist, sich daran zu erinnern, dass es Kräfte gibt, die größer sind als wir selbst. Sie sind vielleicht noch nicht bereit, sich auf diese besondere Art mit jemandem zu verbinden, aber es ist dennoch wichtig, die Zeichen zu verstehen, die Ihnen zeigen, wann sich die Gelegenheit bietet. Ihr Zwilling ist vielleicht noch nicht für Ihre Gefühle empfänglich, weil er sich noch nicht in einer Phase seines Lebens befindet, in der er Ihnen wirklich begegnen kann. Halten Sie durch, denn Ihre Zeit wird kommen, und in der Zwischenzeit werden Sie lernen, die anderen Menschen in Ihrem Leben und deren Gefühle Ihnen gegenüber besser zu verstehen.

# Kapitel 2: Seelenverwandte vs. Zwillingsflammen

Was sind die Unterschiede zwischen diesen Beziehungsarten? Sie wissen bereits, was eine Zwillingsflamme zu einer Beziehung beiträgt. Was also bedeutet es für Sie, wenn Sie Ihre Seelenverwandten treffen?

## Was sind Seelenverwandte?

Seelenverwandte sind Menschen, die in Ihr Leben treten und es tief beeinflussen. Sie sind auf Ihre Seele ausgerichtet und waren vielleicht sogar ein wichtiger Teil eines früheren Lebens. Genau wie Zwillingsflammen werden sie Sie bis zu einem gewissen Grad wiederspiegeln, und wenn Sie die Person ansehen, können Sie Ihre eigenen Schwächen und Stärken besser erkennen. Der Unterschied zwischen Seelenverwandten und Zwillingsflammen liegt jedoch in der Tiefe der Verbindung.

Sie haben nur eine Zwillingsflamme, die die andere Hälfte Ihrer Seele verkörpert, während Ihre Seelenverwandten Erweiterungen Ihres spirituellen Wesens sind. Sie werden in Ihrem Leben viele Seelenverwandte treffen, und diese werden in verschiedenen Formen auf Sie zukommen. Sie werden in Ihr Leben treten, um einige Dinge aufzurütteln und Ihr Leben sinnvoller zu gestalten. Sie können romantische Bindungen mit ihnen eingehen oder sie können einfach Freunde sein, die sich das Leben gegenseitig angenehmer machen.

Manchmal kann der Begriff *„Seelenverwandter"* eine Beziehung unter Druck setzen. Wenn eine Person die andere als Seelenverwandte bezeichnet, hat die andere Person oft Angst, dieser Erwartung nicht gerecht zu werden. Wahre Seelenverwandte sollten leichtere Beziehungen haben als andere Menschen und einen natürlichen Fluss des gemeinsamen Lebens ohne dunkle oder schwierige Aspekte genießen können. Beziehungen zwischen Seelenverwandten sind intensiv, aber freudvoll im Vergleich zu Zwillingsflammenbeziehungen, die oft heiß und voller extremer Emotionen sind. Ihr Seelenverwandter sollte Ihnen das Gefühl geben, ihm nahe sein zu wollen. Sie sollten sich in seiner Gesellschaft wohl fühlen.

Seelenverwandte können für längere Zeit in Ihr Leben treten und für Sie wie ein Fels in der Brandung sein, oder sie können der Katalysator sein, der eine Idee auslöst und dann innerhalb weniger Minuten wieder aus Ihrem Leben verschwindet. Seelenverwandte haben eine Beziehung des Gebens und Nehmens, und sie werden Sie manchmal aus Ihrer Komfortzone locken, wenn es nötig ist. Seelenverwandte sind dazu da, uns Lebenslektionen zu erteilen und unsere spirituelle Kraft zu stärken. Sie werden Ihnen dabei helfen, Ihr spirituelles Bewusstsein zu erhöhen. Zwillingsflammenbeziehungen beruhen hingegen auf Zusammenarbeit und sind dazu da, das spirituelle Bewusstsein der ganzen Welt zu erhöhen.

Sie werden während Ihrer Zeit auf der Erde viele Seelenverwandte treffen, aber es kann sein, dass Sie Ihrer Zwillingsflamme nie begegnen. Diese Aussage soll Sie nicht traurig machen. Ihre Zwillingsflamme ist ein besonderer Teil Ihrer Seele, aber Sie müssen sich nicht mit ihr verbinden, um ein erfolgreiches und erfülltes Leben zu führen. Sie sind auch ohne sie vollständig, so wie Sie sind, aber wenn Sie mit einer Zwillingsflamme gesegnet sind, dann werden Sie miteinander zusammenarbeiten, um eine intensive Energie zu erschaffen, die anstrengend und schmerzhaft sein kann, aber von der intensivsten Liebe erfüllt ist.

**Die Zeichen dafür, dass Sie jemanden aus Ihrer Seelengruppe getroffen haben**

Ihre Seelengruppe umfasst Menschen, zu denen Sie eine natürliche Verbindung haben. Sie werden sich mit ihnen auf einer mentalen, emotionalen, physischen und spirituellen Ebene verbinden, ohne zu wissen, warum. Die Energie zwischen Ihnen wird so stark schwingen, dass sie sich fast körperlich greifbar anfühlt. Seelenverwandte schaffen starke Bindungen, die die Zeit überdauern und Schwingungen erzeugen können, die Harmonie in der Seelengruppe schaffen werden.

Seelenverwandte in Ihrer Seelengruppe können unterschiedlicher Herkunft, Kultur und unterschiedlichen Geschlechts sein und kommen oft aus verschiedenen gesellschaftlichen und kulturellen Bereichen, die nichts mit Ihrem eigenen Hintergrund zu tun haben. Was sie jedoch gemeinsam haben, ist ein starkes Gefühl für gemeinsame Werte und Träume. Die Mitglieder Ihrer Seelengruppe glauben an die gleichen Dinge wie Sie, und sie teilen die gleichen Prinzipien und ethischen Grundsätze wie Sie.

Sie müssen für die Begegnung mit Mitgliedern Ihrer Seelengruppe offen sein, um von dieser Erfahrung zu profitieren. Die Mitglieder Ihrer Seelengruppe sind alle in Ihr Leben geschickt worden, um Ihnen dabei zu helfen, zu wachsen und Ihre Ängste zu überwinden. Wenn Ihr Geist durch negative Einstellungen blockiert wird, werden Sie nicht dazu in der Lage sein, die Begegnung mit Mitgliedern Ihrer Seelengruppe zu genießen. Viele spirituelle Traditionen glauben, dass die Hindernisse, mit denen wir im Leben konfrontiert werden, schon vor unserer Geburt vorbestimmt worden sind. Die Menschen, die als Teil Ihrer Seelengruppe in Ihr Leben treten, sind auserwählt, um Ihnen dabei zu helfen, diese Hindernisse zu überwinden und als spirituelle Wesen zu wachsen.

**Wo Treffen Sie auf Mitglieder Ihrer Seelengruppe?**

Dies ist eine der wichtigsten Fragen, die Sie sich stellen können, und manche Menschen werden Ihnen raten, dass Sie einfach überall suchen sollten. Doch wenn Sie sich für diesen Ansatz entscheiden, kann er Ihr Leben gänzlich beherrschen. Ihr spiritueller Weg ist vorgezeichnet, und die Chance, Mitglieder Ihrer Seelengruppe zu treffen, wird sich Ihnen bieten, wenn Sie dazu bereit sind. Das bedeutet nicht, dass Sie sich zurücklehnen und Ihrer normalen Routine nachgehen sollten, ohne ihr Verhalten zu verändern; schließlich können Sie auch nicht im Lotto gewinnen, wenn Sie kein Los gekauft haben! Sobald Sie spüren, dass die Synchronizität Ihrer Seelengruppe Sie anzieht, müssen Sie bereit sein, die Gefühle anzunehmen und die Mitglieder Ihrer Seelengruppe zu suchen.

Dieser Prozess erfordert, dass Sie Ihrem Herzen erlauben, Ihren Kopf zu beherrschen und auf Ihr Bauchgefühl hören. Ihr Kopf ist mit all Ihren Ängsten und mit dem Bedürfnis nach Sicherheit gefüllt, dass Sie instinktiv auf einen sicheren und bequemen Weg führen sollte. Ihr Herz hingegen ist eher dazu geneigt, Sie aus Ihrer Komfortzone herauszulocken und auf einen neuen Weg zu führen. Versuchen Sie, Ihrer Intuition zu folgen, anstatt immer Ihren altbewährten Methoden den Vorzug zu geben. Lassen Sie sich auf neue Erfahrungen und die sich daraus ergebenden Möglichkeiten ein.

Wenn Sie neue Menschen kennen lernen und Ihren Horizont erweitern wollen, sollte das Internet der letzte Ort sein, an dem Sie damit beginnen. Online-Interaktionen sind nicht das, was Sie bei der Suche nach Ihrem Seelenverwandten weiterbringen kann. Trotzdem können Sie Onlineressourcen als Ausgangspunkt nutzen. Sie können neue Themen, Hobbys und Interessen recherchieren, um Ihre potenziellen Seelenverwandten durch neue Erfahrungen und Bekanntenkreise zu entdecken.

Erstellen Sie einen Online-Kurs für Menschen in Ihrer Umgebung, die sich für die gleichen Dinge interessieren wie Sie. Ein Koch- oder Kunstkurs könnte Ihnen eine Gelegenheit geben, um Gleichgesinnte treffen, die vielleicht zu Ihrer Seelengruppe gehören. Selbst wenn Sie nicht sofort eine Seelenverwandte oder einen Seelenverwandten finden, werden Sie neue Kontakte knüpfen und Ihren Bekanntenkreis vergrößern, was immer positiv ist.

Die örtliche Kirche kann ein idealer Ort sein, um Menschen zu treffen und ein aktiver Teil der Gemeinde zu werden. Ehrenamtliche Arbeit ist ebenfalls sehr lohnend und gibt Ihnen das Gefühl, etwas an die Gesellschaft zurückzugeben. Es kann mit zunehmendem Alter schwieriger werden, Freunde zu finden und neue Beziehungen zu knüpfen, also müssen Sie sich anstrengen und zu neuen Erfahrungen enthusiastisch „Ja" sagen. Hören Sie auf damit, viel Zeit auf den sozialen Netzwerken zu verbringen und Fotos von entfernten Bekannten zu liken. Konzentrieren Sie sich stattdessen auf die Menschen, denen Sie jeden Tag begegnen.

**Woher wissen Sie, dass Sie jemandem aus Ihrer Seelengruppe begegnet sind?**

1) **Der Augenkontakt zwischen Ihnen ist intensiv:** Wenn Sie jemandem in die Augen schauen und dabei eine Verbindung spüren, die sich vertraut und angenehm anfühlt, dann haben Sie vielleicht einen Seelenverwandten getroffen. Diese Personen haben eine Verbindung mit Ihrer Seele, die sich uralt und ungebrochen anfühlen kann. Diese Verbindung sollte sich nie unangenehm anfühlen.

2) **Die Person wird sehr auf Ihre Seele bedacht sein:** Die Mitglieder Ihrer Seelengruppe werden sich nicht für Ihren sozialen Status

interessieren, und auch nicht z. B. dafür wie viel Geld Sie haben, Ihren Status im Beruf oder andere egozentrische Aspekte Ihres Lebens. Sie werden eher an Ihrem spirituellen Fußabdruck in der Welt interessiert sein. Rechnen Sie mit Gesprächen über Umweltfragen und bewusste Lebensführung, wenn Sie beginnen, Ihre gemeinsamen Interessen mit dem Mitglied Ihrer Seelengruppe zu teilen.

3) **Sie werden eine magnetische Anziehungskraft spüren:** Auch wenn Ihr Treffen nur kurz ist, werden Sie von der Person und ihrer Energie fasziniert sein.

4) **Sie teilen die gleichen Ansichten und Prioritäten:** Die Mitglieder Ihrer Seelengruppe werden Sie oft durch ihre Synchronizität mit Ihren Überzeugungen verblüffen. Sie sind mit Ihnen auf einer Wellenlänge und spiegeln den Inhalt Ihrer Worte und Gedanken wider.

5) **Sie haben eine zeitlose Beziehung zu der Person:** Von dem Moment an, an dem Sie einen Seelenverwandten treffen, fühlen Sie sich in seiner Gesellschaft wohl. Es gibt keine anfängliche Unbeholfenheit oder Vorbehalte. Es fühlt sich an, als ob Sie diese Person schon Ihr ganzes Leben lang kennen.

6) **Die Person taucht in einem günstigsten Moment auf:** Sie mögen sich Ihres persönlichen Gefühls der Verbundenheit nicht bewusst sein, aber die Mitglieder Ihrer Seelengruppe werden instinktiv wissen, dass Sie bereit dazu sind, sie zu treffen. Es gibt zahlreiche Arten von Seelenverbindungen in Ihrer Seelengruppe, und diese werden Ihnen erscheinen, wenn Sie sie am meisten brauchen.

7) **Zeit spielt keine Rolle:** Man kann stundenlang mit Seelenverwandten zusammen sein, ohne zu merken, wo die Zeit geblieben ist. Es ist, als ob die Uhr, die Ihr Denken und Handeln steuert, vorübergehend stehen geblieben ist. Sie sind so sehr in Ihre Verbindung vertieft, dass Sie das Gefühl haben, nichts anderes sei wichtig, und Sie weigern sich, sich vom Leben ablenken zu lassen!

8) **Ihre Seelenverwandten werden Sie herausfordern, ohne Sie zu verurteilen:** Ihre Seelengruppe ist dazu da, Sie als Person und als geistiges Wesen wachsen zu lassen. Personen aus Ihrer Seelengruppe lieben es, Sie herauszufordern und Ihnen neue Erfahrungen zu ermöglichen, die Ihre Lebensfähigkeiten und

Gefühle auf die Probe stellen. Sie werden Sie nie im Stich lassen und immer wissen, welche Form von Unterstützung Sie zu einem bestimmten Zeitpunkt brauchen.

9) **Ihre Seele wird sich wie energiegeladen anfühlen:** Wenn Sie jemanden aus Ihrer Seelengruppe treffen, wird sich Ihre Seele erfüllt anfühlen, so als ob Ihre Seele vor kurzem gut gesättigt worden sei.

10) **Sie können ganz Sie selbst sein:** Ihre Seelengruppe kennt Ihre wahre Persönlichkeit – Sie werden nie das Gefühl haben, sich verstellen zu müssen. Stattdessen können Sie einfach authentisch sie selbst sein, Mitglieder Ihrer Seelengruppe werden Sie nie dafür verurteilen.

# Die 10 Arten von Seelenverwandten

Ihre Seelengruppe umfasst mehrere Arten von Partnern, daher ist es wichtig genau zu erkennen, wer in unserem Umkreis Teil unseres spirituellen Bewusstseins und unserer gemeinsamen Menschlichkeit sein kann.

1) **Seelenpartner:** Dies sind die häufigsten Arten von Verbindungen, die mit Menschen eingegangen werden, mit denen man sich auf eine Partnerschaft einlässt. Die meisten Menschen assoziieren diese Art von Seelenverwandten mit der Ehe und der Gründung einer Familie, aber es gibt viele andere Arten von Partnerschaften, die wir mit unseren Seelenverwandten schließen können. Die Gründung einer Seelengesellschaft mit jemandem kann zu einer Verbindung führen, die ihn zu einem Teil der eigenen Seelengruppe macht. Die Beziehung kann aber auch eher der zu einem geliebten Geschwisterkind ähneln, das uns ebenfalls ein Partner im Leben ist. Niemand kann allein durchs Leben gehen, und unsere Seelenpartner sind da, um uns daran zu erinnern, wie eng menschliche Leben miteinander verwoben sind.

2) **Reinkarnierte Seelenverwandte:** Wenn sich Seelen in diesem Leben wieder verbinden, kann das bedeuten, dass sie noch ungelöste Probleme aus ihren früheren Leben miteinander haben. Eine solche Begegnung kann auch bedeuten, dass die beiden Seelen schon vorher unzählige Leben miteinander verbracht haben. Wie auch immer es sein mag, diese Art der Verbindung ist eine der kraftvollsten in Ihrer Seelengruppe, aber Sie müssen

Vorsichtsmaßnahmen für diese Art von Beziehung treffen. Versuchen Sie, alle Restgefühle aus früheren Leben zu ignorieren und ihre Verbindung zu der fraglichen Person nur auf Basis ihrer jetzigen Beziehung zu beurteilen. Das kann auch bedeuten, dass Sie Risse und Verletzungen in der Beziehung, die in einem frühen Leben entstanden sind, heilen können.

3) **Romantische Seelenverwandte:** Diese Beziehung kann so ähnlich wie die zu einem Seelenpartner sein, oder sie kann Ihnen eine Gelegenheit bieten, durch die Beziehung zu wachsen und zu einem besseren Menschen zu werden. Jeder weiß, dass Romantik nicht die einzige Bedingung für eine erfolgreiche Beziehung ist, und diese Beziehungen dauern nicht immer lange an. Romantische Seelenverwandte helfen uns dabei, als Person zu wachsen und die guten und die schlechten Erfahrungen in unserem Leben gleichermaßen hinzunehmen. Ihr Partner kann dazu in der Lage sein, Ihnen verheerende Wunden zuzufügen oder Sie mit seinem Verhalten herauszufordern, aber er erfüllt am Ende immer einen Zweck in Ihrem Leben. Solche Beziehungen lehren uns wichtige Lektionen, die wir zur Verbesserung zukünftiger Beziehungen anwenden können, auch wenn wir uns gegebenenfalls von unserem Seelenpartner trennen mussten.

4) **Seelenverwandte als Gefährten:** Stellen Sie sich ein Leben vor, in dem alle Ihre Beziehungen entweder romantischer oder familiärer Natur sind. Das wäre doch die Hölle, oder? An wen würden Sie sich wenden, wenn Sie Rat oder Unterstützung von jemandem brauchen, der keine zwischenmenschlichen Beziehungen zu Ihnen hat? Ihr Seelengefährte oder Ihre Seelengefährtin bieten Ihnen diese Art von Unterstützung, die Sie brauchen, um Ihre irdische Odyssee fortzusetzen. Wäre Ihr Leben in Romanform geschrieben, würden manche Menschen Seelengefährten als Ihre spirituellen Handlanger bezeichnen. So können diese Personen nur für ein paar Monate oder für Jahrzehnte in Ihrem Leben sein, die Länge Ihrer gemeinsamen Zeit spielt keine Rolle. Diese Personen sind das Lebensblut, das Ihre Seele braucht, und sie leisten Ihrem Geist Gesellschaft.

5) **Seelenfamilien:** Der Begriff bezeichnet mitnichten Ihre eigentlichen Familienmitglieder, aber sie sind genauso wichtig wie Ihre Blutsverwandten. Bei Seelenfamilien handelt es sich um Menschen

auf der ganzen Welt, die die gleiche Leidenschaft wie Sie für bestimmte Anliegen oder Aktivitäten teilen. Viele Menschen mit den gleichen Leidenschaften wie Sie können ein Teil Ihrer Seelenfamilie sein. Spirituelle Gruppenmitglieder, die aktiv daran arbeiten, unserem Planeten Liebe und Frieden zu bringen, werden sich vielleicht nie begegnen, aber sie werden sich aufgrund der Tiefe ihres Engagements für die Sache trotzdem verbunden fühlen.

6) **Gleichgesinnte:** Diese Verbindungen können durch eine Gemeinsamkeit in ihrer Persönlichkeit entstehen, die zu gemeinsamen Erfahrungen führt. Gleichgesinnte sind nicht immer seelenverwandt im engeren Sinne, aber sie sind wichtig für Sie und Ihr Leben. Vielleicht haben Sie beide ähnliche Lebenserfahrungen gemacht, die Ihre Bindung stärken. Junge Mütter, die mit ihren Neugeborenen zu kämpfen haben, wenden sich an Gleichgesinnte, die sich in der gleichen Situation befinden. Menschen, die denselben Beruf ausüben, können Teil Ihrer Seelengruppe werden, weil sie die Spannungen und den Stress verstehen, die Ihr Beruf mit sich bringt. Es kann unglaublich befriedigend sein, Zeit mit einer Seele zu verbringen, die genau versteht, worum es Ihnen geht.

7) **Seelenverträge:** Dies ist nicht wirklich ein Teil Ihrer Seelengruppe, sondern eher ein Vertrag, den Sie mit sich selbst schließen. Sie werden ein aktives Mitglied Ihrer Seelengruppe und versprechen sich selbst, in diesem Leben etwas Monumentales zu tun. Sie können diesen Vertrag mit jemand anderem oder mit sich selbst eingehen. Allein das Wissen um die Tiefe der Verpflichtung wird Ihnen helfen, wenn Sie darum kämpfen, Ihre Ziele zu erreichen. Diese Erfahrung ist inspirierend und seelenerhebend.

8) **Seelen-Lehrer:** Diese Mitglieder Ihrer Seelengruppe werden geschickt, um Sie zu erziehen und zu belehren. Die Beziehung zu Ihnen können traditionelle Beziehungen sein, die Sie mit Ihren Lehrern eingehen, die Ihnen durch die Schule oder das Studium helfen. Sie können aber auch auf komplexeren Beziehungen beruhen. Wenn Sie eine Beziehung zu einer Person aufbauen, die Ihnen den Weg in Ihrem Leben weisen kann, kann das eine magische Erfahrung sein. Uni-Professoren oder Berater können Seelenverwandte sein, die Sie nicht nur ausbilden, sondern Ihnen auch zeigen, wie wichtig Ihr Rat und Ihre Ratschläge für andere

Menschen sein können. Sie haben ein Geschenk des Wissens und haben das dringende Bedürfnis, diese Gabe zu teilen.

9) **Seelische Kreuzungen:** Sie haben vielleicht das Gefühl, dass der wichtigste Teil Ihrer Seelengruppe die Menschen sind, die Ihr Leben lang für Sie da sind und Sie ständig begleiten. Das kann manchmal wahr sein, aber die flüchtigen Begegnungen mit Seelenverwandten können genauso wichtig sein. Die Redewendung „wie Schiffe, die in der Nacht vorbeiziehen" beschreibt diese Art von Begegnungen perfekt. So spüren Sie vielleicht eine intensive Verbindung zu der Person, aber die Zeit und der Ort sind nicht für eine langfristige Beziehung geeignet. Es könnte sich um jemanden handeln, den Sie im Urlaub kennenlernen und zu dem Sie sofort eine Bindung aufbauen, zu dem Sie aber nach Ihrer Rückkehr nach Hause den Kontakt verlieren. Seelische Kreuzungen können beispielsweise auch mit einem Liebhaber bestehen, bei dem eine unheilbare Krankheit diagnostiziert wurde und der einen Monat nach dem Treffen verstirbt.

Diese Verbindungen sollen Ihnen das Verständnis vermitteln, dass die Dauer bei seelischen Verbindungen keine Rolle spielt. Auch diese Erfahrungen sind ein wesentlicher Teil unserer Seelengruppe und können uns auch in kurzer Zeit Vieles lehren.

10) **Karmische Seelenverwandte:** Was bedeutet der Begriff „Karma" Ihrer Ansicht nach? Geht es um ein System, das auf Strafe und Belohnung beruht, bei dem das Universum Karma als Konsequenz für unsere Handlungen austeilt? Karma ist eine natürliche Energie, die von Ursache und Wirkung bestimmt wird, und die Mitglieder Ihrer Seelengruppe, die karmische Seelenpartner sind, werden Ihnen dabei helfen zu wachsen und sich zu entwickeln. Sie treten in Schlüsselmomenten in Ihr Leben ein und helfen Ihnen dabei, die Richtung zu ändern. Sie können positive Beeinflusser sein, die Ihrer Seele dabei helfen, sich weiterzuentwickeln, oder sie können negative Kräfte auslösen, die Ihnen die Erkenntnis vermitteln, dass Ihr Leben Sie auf den falschen Weg geführt hat.

Unsere Seelengruppe bietet uns die nötige Unterstützung und Ermutigung, um das Leben zu meistern. Denken Sie daran, dass sich Ihre Seele immer nach neuen Erfahrungen sehnt und sich weiterentwickeln möchte. Wenn Sie Menschen erkennen lernen, die zu Ihrer Seelengruppe gehören, kann Ihnen dies die vorgesehenen Erkenntnisse über Ihr Leben erleichtern.

Was ist also der Unterschied zwischen Seelenverwandten und Zwillingsflammen? Sie haben mehrere Seelenverwandte und nur eine Zwillingsflamme. Die Intensität der Begegnung mit Ihrer Zwillingsflamme wird die Skala sprengen. Das Treffen mit einer Zwillingsflamme wird sich noch wesentlich intensiver anfühlen, als jede Verbindung zu einem Seelenverwandten es je sein könnte.

# Kapitel 3: Zwillingsflammen als Lebenspartner

Wenn wir über archetypische Liebesbeziehungen nachdenken und darüber, wie Menschen ihre Partner beschreiben, wird häufig der Begriff „Lebenspartner" verwendet. Es entsteht das Bild von zwei Menschen, die sich treffen, sich verlieben, eine Familie gründen und dann gemeinsam alt werden. Lebenspartner sind dazu bestimmt, füreinander da zu sein, durch dick und dünn.

Ist es vor diesem Hintergrund also ideal, eine Zwillingsflamme als Lebenspartner zu haben? In den meisten Fällen ist die Antwort ein klares Nein. Zwillingsflammen sind zwei Teile derselben Seele und verbinden sich auf turbulente Weise, wobei leidenschaftliche und hoch aufgeladene Emotionen im Spiel sind. Sie können sich Ihre Zwillingsflamme nicht aussuchen; Sie beide sind auf einer spirituellen Ebene miteinander verbunden. Wenn es Ihnen bestimmt ist, sich zu treffen, werden Sie es tun. Zwillingsflammen bringen Sie oft an einen dunklen Ort und zwingen Sie dazu, Ihr Verhalten als Individuum zu überdenken.

Zwillingsflammen treten in Ihr Leben, um Sie zu einem stärkeren Individuum zu machen und Sie zu Ihren höchsten Höhen und tiefsten Tiefen zu führen. Die blinde Leidenschaft, die Sie für Ihre Zwillingsflamme empfinden, wird nicht immer sexueller Natur sein. Trotzdem werden Sie die andere Person in einem fast ungesunden Maße lieben und die Menschen in Ihrem Umfeld werden Ihnen raten, die Beziehung zu verlassen. Wenn Sie sich mit Ihrer Zwillingsflamme verbinden, werden Sie sich fühlen, als sei in Ihrem Inneren eine Sucht entflammt. Sie sehnen sich nach einer Verbindung, bei der Sie jede freie Minute mit der Person verbringen können und diese Beziehung ist Ihnen wichtiger, als alle Ihre anderen Bekanntschaften.

Seelenverwandte sind ebenfalls wie durch Vorbestimmung miteinander verbunden. Mit Ihren Seelenverwandten teilen Sie gemeinsame Erfahrungen, die möglicherweise sogar Ihrem früheren Leben entstammen, und Sie werden oft in Ihr Leben geführt, um dort einem bestimmten Zweck zu dienen. Wenn Sie einen Seelenverwandten brauchen, kann er in jeder Art von Beziehung auftauchen und Ihnen zur Hilfe eilen. Seelenverwandte können bleiben oder verschwinden, sobald sie ihren Zweck erfüllt haben; bei Beziehungen mit Seelenverwandten geht es nicht immer um Langlebigkeit.

Was ist also der Unterschied zwischen diesen beiden Arten von Beziehungen zu Liebes - und Lebenspartnern? Alle Beziehungen, die Sie hatten, bevor Sie Ihren Lebenspartner getroffen haben, sollen Ihnen dabei helfen, die Qualitäten zu erkennen, die Sie bei der Wahl Ihres Lebenspartners berücksichtigen sollten. Die seelischen Wunden und der Herzschmerz, den Sie in der Vergangenheit erlitten haben, sind alle Teil des Prozesses, der Sie zu Ihrem idealen Lebenspartner führen soll. Sie gelten nicht nur als Wegweiser für romantische Beziehungen, sie können für vielerlei Art zwischenmenschlicher Verbindungen hilfreich sein.

Je mehr Sie die Liebe als treibende Kraft in Ihrem Leben akzeptieren, desto eher werden Sie dazu bereit sein, eine Vielzahl von Lebenspartnern zu akzeptieren, die Sie zu einem ausgeglichenen Individuum mit starken Beziehungen machen, die Ihnen Halt geben.

**Definitive Arten von Partnerschaften, nach denen Sie Ausschau halten sollten:**

1) **Partner:** Fangen Sie am besten mit der Suche nach einem traditionellen Lebenspartner an. Das kann zum Beispiel die Beziehung zu einem Freund, einer Freundin, einem Ehemann oder einer Ehefrau sein. Ihre Definition ihres idealen Partners spielt dabei keine Rolle; der Begriff Lebenspartner ist unabhängig vom Geschlecht und von der Sexualität einer Person.

Wir alle suchen Liebe und Schutz. Wir alle haben das Bedürfnis nach einer sicheren Beziehung, in die wir uns zurückziehen können, wenn sich der Rest der Welt als zu herausfordernd erweist. Ein Lebenspartner wird für Sie da sein, wenn Sie ihn brauchen, und für immer für Sie da sein. Traditionell übernimmt der männliche Partner in der Beziehung zu seiner Frau die Rolle des „Helden". Er hilft seiner Partnerin in schwierigen Situationen, er „rettet" sie gewissermaßen vor allerlei Unannehmlichkeiten. Für den Mann ist diese Rolle angenehm, weil er biologisch darauf programmiert ist, seine Familie zu beschützen. Die moderne Welt, in der wir heute leben, hat sich allerdings weiterentwickelt. Frauen gelten nicht mehr als hilflose Burgfräulein, die auf eine Rettung durch einen männlichen Helden angewiesen sind. Tatsächlich sind sie genauso bereit dazu, wir ihre männlichen Kollegen, die Rolle der Beschützerin zu übernehmen, sollte es die Situation erfordern. Auch Frauen können sich für Gefährten stark machen, wenn diese Unterstützung brauchen.

Heißt das, dass man den Heldeninstinkt ganz ignorieren sollte? Nein, das soll man natürlich nicht! Er ist in der männlichen DNA angelegt, und Männer sollten sich oft in einer Art Heldenrolle fühlen dürfen, damit die Beziehung gesund bleibt.

Hier sind ein paar einfache Möglichkeiten, die Frauen dabei helfen können, ihren Männern das Gefühl zu geben, wahre Helden zu sein, ohne sich dabei lächerlich zu machen!

- **Achten Sie darauf, dass Ihr Partner im Schlafzimmer zufrieden ist:** Männer sind von Natur aus darauf programmiert, ihre Frauen im Bett bei Laune halten zu wollen. Selbst wenn Sie nicht voll bei der Sache sind, weil Sie müde oder einfach nicht in der richtigen Stimmung sind, sollten Sie Ihrem Partner gegenüber nicht abweisend wirken. Tun Sie so, als könnten Sie kaum die Finger von ihrem Geliebten lassen, was hoffentlich stimmt, und sagen Sie ihnen genau, was Sie an ihnen lieben. Experimentieren Sie im Bett und haben Sie dabei genauso viel Spaß bei der Wahl neuer Stellungen oder anderer Ideen, die Sie im Schlafzimmer ausprobieren wollen. Der beste Weg, um Männer bei Laune zu halten, ist ihnen zu versichern, dass sie Sie im Bett glücklich machen!

- **Bitten Sie um Unterstützung:** Wir alle wollen uns in unseren Beziehungen gleichberechtigt fühlen, aber bestimmte Aufgaben liegen Männern körperlich einfach besser. Wählen Sie die Aufgaben, die Ihren Stärken entsprechen, und bitten Sie ihn, Ihnen bei anderen Aufgaben zu helfen. Lassen Sie ihn Deckel von festzugeschraubten Gläsern öffnen oder bitten Sie um Hilfe, wenn es darum geht, schwere Sachen aus dem Auto zu holen. Warum sollten Sie sich mit diesen Aufgaben abmühen, wenn Sie jemanden haben, der Ihnen gerne weiterhilft?

- **Beschlüsse teilen:** Moderne Frauen haben ihr Leben so oft selbst in der Hand, dass sie, wenn sie eine Beziehung eingehen, ganz selbstverständlich den Entscheidungsprozess übernehmen wollen. Das kann für viele Männer frustrierend sein, aber sie ziehen es gleichzeitig oft vor, ein ruhiges und konfliktfreies Leben zu führen, anstatt sich auf Biegen und Brechen durchsetzen zu müssen. Frauen müssen dazu bereit sein, Entscheidungen gemeinsam zu treffen. Entscheiden Sie z. B. wohin sie in den Urlaub fahren wollen, oder in welchem Restaurant sie essen gehen wollen. Wenn Sie ihn nach seiner Meinung fragen, vermeiden Sie schwelenden Groll und werden vielleicht sogar angenehm überrascht von dem, was er zu sagen hat!

2) **Mentor:** Diese Rolle ist typisch für eine andere Form von Lebenspartner. Dieser Partner ist wie der Fels in der Brandung, an den man sich anlehnen kann, wenn man einen Rat braucht, der praktisch ist und von Herzen kommt. Manche Menschen erwarten fälschlicherweise, dass ihr romantischer Lebenspartner alle wichtigen Rollen in ihrem Leben übernimmt, was die Beziehung unter Druck setzt und zum Scheitern bringen kann. Diese Art Lebenspartner kann eine wichtige Rolle in Ihrer Ausbildung spielen, vielleicht handelt es sich um einen Dozenten oder Lehrer an Ihrer Schule oder Hochschule, der Sie auf den Lebensweg gebracht hat, auf dem Sie sich heute befinden.

Es könnte auch eine Person sein, die Sie am Arbeitsplatz getroffen haben, beispielsweise ein Kollege, der Sie unter seine Fittiche genommen und sein Wissen mit Ihnen geteilt hat. Mentoren gibt es in allen Größen und Formen. Einige werden Sie Ihr ganzes Leben lang begleiten, während andere sich vielleicht nach einer Weile zurückziehen. Auch diejenigen, zu denen Sie den Kontakt verlieren, können als Lebenspartner betrachtet werden. Sie haben die Beziehung schließlich nicht aufgrund von Zorn oder durch eine Meinungsverschiedenheit verlassen und können noch immer jederzeit um Rat gefragt werden.

3) **Anker:** An wen wenden Sie sich, wenn Ihr Leben aus den Fugen gerät oder Sie jemanden brauchen, an den Sie sich wenden können, wenn Ihre Beziehung in Aufruhr ist? Ihr Anker ist die Person, die für Sie da ist, wenn Sie Hilfe brauchen, egal zu welcher Zeit oder unter welchen Umständen. Sie vertrauen dieser Person und haben sie aufgrund ihrer Intuition und ihres Denkvermögens zu Ihrem Lebenspartner gemacht. Bei der Beziehung zu Ihrem Anker geht es nicht darum, dass Ihr Anker Ihnen in allen Dingen zustimmt und Sie unterstützt. Stattdessen haben Sie beide eine Beziehung, die Ihnen dabei hilft, alle Sichtweisen auf ein Problem zu berücksichtigen. Anker werden Ihnen oft Ansichten mitteilen, die Sie vielleicht nicht immer hören wollen. Sie können Ihnen Halt geben und dabei helfen, sich in Ihrem Leben gut erreichbare Prioritäten zu setzen.

4) **Vertrauter:** Diese Art von Lebenspartner ist derjenige, dem Sie Ihre tiefsten, dunkelsten Geheimnisse erzählen. Sie wissen, dass die Beziehung zu dieser Person unzerstörbar ist und dass Ihre Geheimnisse bei Ihrem Vertrauten sicher sind. Sie wissen, dass Sie mit ihm über Dinge sprechen können, die andere vielleicht schockierend finden. Sie können der Person zum Beispiel sagen, was Sie wirklich von der Frau bei der Arbeit halten, die vermeintlich von allen ihren Kollegen sehr gemocht wird, von der Sie aber persönlich nicht viel halten. Ihre Vertrauensperson wird Sie nicht verurteilen oder Ihnen vorwerfen, dass Ihre Ansichten Sie zu einem bösen Menschen machen. Wahrscheinlich hat er oder sie genauso bissige Dinge über andere Menschen zu sagen, die Sie beide kennen, so dass Sie beide gemeinsam über Ihre Ansichten lachen können. Manchmal tut es gut, eine Person zu haben, mit der man seine ehrliche (wenn auch teilweise gemeine) Meinung teilen können. So vermeiden Sie es, dem Groll bei der Arbeit Luft zu machen und möglicherweise auf Unverständnis zu stoßen. Wir alle haben das Bedürfnis, ab und zu Dampf ablassen zu müssen, und Ihre Vertrauensperson wird das gut verstehen.

Der Hauptunterschied zwischen Seelenverwandten, Zwillingsflammen und Lebenspartnern liegt in der Art der Verbindung, die Sie gemeinsam eingehen. Seelenverwandte und Zwillingsflammen kennen Sie automatisch gut. Sie verstehen, was Sie antreibt und wie Ihr spirituelles Wesen funktioniert. Lebenspartner müssen Sie erst kennen lernen. Sie gehen eine

Beziehung mit Lebenspartnern ein, mit denen Sie nicht die gleiche Vorgeschichte haben, wie bei den Beziehungen zu Seelenpartnern und Zwillingsflammen.

Sie werden nicht sofort eine tiefe Verbundenheit empfinden; es kann sogar sein, dass das Gefühl der Verbundenheit nie eintritt. Das muss keine schlechte Sache sein. Tiefe spirituelle Beziehungen bringen oft viel Ballast mit sich. Es sind intensive Emotionen im Spiel, sowohl in diesem als auch in früheren Leben, die beide Partner beeinträchtigen können. Diese Beziehungen sind dazu bestimmt, Ihre Grenzen zu testen, und verursachen oft intensive Gefühle und Herzschmerz.

Lebenspartner sind Menschen, mit denen Sie viel gemeinsam haben. Zu solchen Personen spüren Sie eine tiefe Liebe, die sich manchmal erst mit der Zeit entwickeln muss. Spirituelle Verbindungen fühlen sich eher wie ein Energieschub an, der unerklärlich ist und Sie bis ins Innerste Ihres Wesens erschüttern kann. Lebenspartner brauchen eine Liebe, wie die zu einer Pflanze. Pflanzen müssen mit Nährstoffen gefüttert und gegossen werden, unter diesen Umständen können sie über die Jahre hinweg wachsen. Wenn man sie richtig behandelt und pflegt, können sie blühen und gedeihen und gleichzeitig starke Wurzeln schlagen. Wenn Sie sich richtig um ein Pflanze kümmern, werden Sie bald die Früchte Ihrer Arbeit ernten.

Das vielleicht Wichtigste bei der Beziehung zu einem Lebenspartner ist, dass Sie eine Wahl treffen. Zwillingsflammen und Seelenverwandte haben eine vorbestimmte Rolle in Ihrem Leben zu spielen, daher sollten Sie die Rolle Ihres Lebenspartners an anderer Stelle ansiedeln. Lebenspartner haben einen Einfluss auf Ihre Persönlichkeit und Ihre Lebensentscheidungen und spiegeln die Werte und Qualitäten wider, die Sie selbst auch vertreten.

Denken Sie daran, dass eine Zwillingsflamme oder ein Seelenpartner Ihnen oft Schmerz zufügen können, das verlangt die natürliche Ordnung der Dinge. Darin liegt auch der Hauptgrund dafür, dass Sie den Kontakt zu ihnen oft irgendwann abbrechen müssen. Ein Lebenspartner ist hingegen jemand, mit dem Sie Ihr Leben verbringen würden, und Sie vertrauen darauf, dass er Ihnen keinen Schmerz zufügt, auch wenn einige Lebenspartner ihre Partner manchmal trotzdem verletzen.

# 27 Eigenschaften, die ein Lebenspartner haben sollte

1) **Eine gute Vorstellung davon wer Sie sind und was Sie brauchen:** Sie brauchen jemanden, der eine gefestigte Persönlichkeit hat. Wenn Sie mit einem Lebenspartner eine Beziehung eingehen, muss dieser ebenfalls in der richtigen Verfassung sein, um sich emotional an Sie binden zu können. Wenn Ihr Lebenspartner Sie braucht, um sich selbst zu finden, dann werden Sie wahrscheinlich Ihre ganze Zeit damit verbringen, ihren Partner zu unterstützen, und das ist nicht gesund.

2) **Ehrlichkeit:** Wir alle erzählen manchmal Notlügen und wissen, wie wir unseren Partnern gegenüber fest ehrlich sein können, oft können wir uns die Wahrheit etwas zurechtbiegen. Sollten Sie Ihrem Partner ehrlich sagen, wie sehr Sie seine neue Frisur oder sein neues Outfit hassen? Nein, natürlich nicht! Man sollte mit Takt und Diplomatie vorgehen, um die Gefühle des Partners nicht zu verletzen. Der Anstand fordert im Leben manchmal die ein oder andere Notlüge. Über etwas Wichtiges lügen ist aber etwas anderes. In dem Moment, in dem Ihr Partner Sie anlügt, riskiert er, dass Sie all Ihr Vertrauen und Ihren Respekt vor ihm verlieren.

3) **Freude:** Sie müssen jedes Mal ein Gefühl der Freude empfinden, wenn Sie diese Person sehen. Wenn Sie etwas anderes als wahre Freude in der Gesellschaft dieser Person empfinden, dann sollte dir Person lieber kein Lebenspartner für Sie werden.

4) **Moral:** Wählen Sie Lebenspartner, die an denselben Moralkodex glauben wie Sie, das ist auf jeden Fall der richtige Ansatz. Achten Sie darauf, dass Sie einige gemeinsame Kernprinzipien haben, bei denen Sie niemals Kompromisse eingehen würden. Selbstverständlich können Sie unterschiedliche Überzeugungen und Ziele zu haben, aber Sie sollten ein Minimum von Integrität teilen.

5) **Verantwortung:** Sie müssen sich für Menschen entscheiden, die für das Glück in ihrem eigenen Leben genauso Verantwortung übernehmen können, wie sie für das Ihre. Außerdem müssen Ihre Lebenspartner dazu bereit sein, in Sie zu investieren und für Sie da zu sein, wenn Sie sie brauchen.

**6) Ein gemeinsamer Sinn für Humor:** Jeder hat andere Dinge, die ihn zum Lachen bringen, aber Sie brauchen auf jeden Fall einen Lebenspartner, mit dem Sie gemeinsam lachen und lustige Dinge teilen können. Achten Sie darauf, dass Ihr Partner sich selbst nicht zu ernst nimmt und auch manchmal über das Leben lachen kann. Sie werden diesen gemeinsamen Sinn für Humor brauchen, wenn die Zeiten hart werden.

**7) Innere Stärke:** Wenn Sie sich schwach oder verletzlich fühlen, müssen Sie wissen, dass Ihr Lebenspartner dazu in der Lage ist, Sie zu beschützen. Diese Stärke kann sowohl körperlich als auch geistig vorhanden sein. Manchmal muss man einfach selbst derjenige sein, der umsorgt wird, das kann sehr angenehm sein!

**8) Vertrauensfähigkeit:** Manche Menschen sind nicht dazu bereit, sich auf andere zu stützen, und es fällt ihnen schwer, anderen Menschen zu vertrauen. Eine ausgewogene Beziehung bedeutet, dass beide Partner stark sein können, wenn es nötig ist. Ihr Lebenspartner muss sich in einer Position befinden, in der er Ihnen vertrauen kann, und in der er weiß, dass Sie die Führung übernehmen können.

**9) Reife:** In einer liebevollen Beziehung müssen Sie beide an demselben Punkt der emotionalen Entwicklung stehen. Mentoren und ihre Bezugspersonen können unterschiedlicher Reife sein, aber in einer Liebesbeziehung müssen Sie beide erwachsen sein. Unreife ist keine attraktive Eigenschaft für einen Lebenspartners, und wird in der Regel rasch zu einem Problem. Schließlich wollen Sie Ihrem Partner nicht beim Erlangen seiner emotionalen Reife helfen müssen.

**10) Kompatibilität:** Ob Sie beide kompatibel sind, sollte vom ersten Tag Ihrer Begegnung an klar sein. Wenn Sie sich unmittelbar über einfache Dinge streiten, dann ist die Chance auf eine erfolgreiche Lebenspartnerschaft gering. Sie können Kompatibilität nicht mit der Zeit erzwingen, weil sie ein grundlegender Bestandteil einer jeden Beziehung ist.

**11) Unabhängigkeit:** Eine erfolgreiche Beziehung bedeutet, dass es kein Problem ist, wenn einer von Ihnen gerne etwas Zeit allein verbringen möchte. Lebenspartner sollten getrennte Interessen und Hobbys haben und sich darüber im Klaren sein, dass Unabhängigkeit in einer Beziehung viel wert ist. Geben Sie niemals

Ihre Identität auf, um ein harmonischer Teil eines Paares zu werden. Ihre Identität und Ihre Unabhängigkeit sollten das sein, was Sie für Ihren Lebenspartner so attraktiv macht. Die Unabhängigkeit sollte einer der Hauptgründe dafür sein, dass er gerne Zeit mit Ihnen verbringt.

**12) Das Gleiche Maß an Zuneigung:** Vermeiden Sie Menschen, die sich nicht binden wollen. Eine Beziehung kann nur wachsen, wenn Sie beide an einem Strang ziehen. Das bedeutet nicht, dass Sie die Dinge zu schnell angehen müssen, aber Sie müssen wissen, dass ein Lebenspartner Sie nicht im Stich lassen wird, sobald es mit der Beziehung ernster wird.

**13) Verletzbarkeit:** Wenn jemand seine emotionalen Mauern hochgezogen hat, werden Sie nicht dazu in der Lage sein, eine erfüllende Beziehung zu ihm aufzubauen. Menschen sind von Natur aus verletzlich, und obwohl es wichtig ist, Barrieren zu haben, muss man auch wissen, wann man sie fallen lassen kann. Das gilt auch für Beziehungen: Wie soll man jemandem nahekommen, der abweisend und verschlossen ist?

**14) Diskussionsvermögen:** Auch wenn Lebenspartner nicht so streitlustig sind wie Zwillingsflammen oder Seelenverwandte, wird es unweigerlich zu Differenzen kommen. Sie müssen wissen, dass Ihr potenzieller Lebenspartner die Dinge so regeln kann, dass Ihre Beziehung für Sie beide gut funktioniert. Wenn er dazu neigt, zu schmollen oder zu schreien, ohne Probleme lösen zu wollen, dann wird dieses Verhalten Sie beide auf Dauer frustrieren. Niemand möchte sich endlos über dieselben Dinge streiten.

**15) Bescheidenheit:** Es ist zwar so, dass Selbstsicherheit durchaus eine attraktive Eigenschaft ist, aber Selbstsucht kann sehr viel weniger attraktiv sein. Bescheidenheit ist eine wichtige Eigenschaft eines guten Lebenspartners – schließlich würde eine Person, die sich ihrer Fehler bewusst ist, keinesfalls fälschlicherweise Ihnen die Schuld an allen Problemen in Ihrer Beziehung geben.

**16) Zuneigung:** Manche Menschen zeigen ihre Gefühle gerne in der Öffentlichkeit, während andere eher diskret sind. Beide Präferenzen sind in Ordnung, aber stellen Sie in jedem Fall sicher, dass Ihr potenzieller Lebenspartner die gleiche Einstellung hat wie Sie. Wenn Ihr Lebenspartner gerne in der Öffentlichkeit Händchen hält und sich küsst, Sie das aber weniger gerne tun, wird das zu Problemen führen. Ebenso werden Sie sich vernachlässigt fühlen, wenn Sie sich öffentliche Zuneigungsbeweise wünschen und er Ihnen diese nicht geben will.

17) **Einfühlungsvermögen:** Lebenspartner müssen für Sie da sein, daher ist die Fähigkeit, Empathie zu zeigen, von entscheidender Bedeutung. Ihre Lebenspartner verstehen vielleicht nicht immer ganz, was Sie durchmachen, aber sie sollten dazu in der Lage sein, Sie zu trösten und dafür sorgen können, dass Sie sich bald besser fühlen.

18) **Realistische Erwartungen:** Wenn Sie eine liebevolle Lebenspartnerschaft eingehen, müssen Sie sich darüber im Klaren sein, was Sie sich von dieser Beziehung erhoffen. Wenn zum Beispiel einer von Ihnen damit zufrieden ist, in einem gemütlichen Familienhaus zu leben und eine reguläre 40-Stunden-Woche zu arbeiten, um die monatlichen Rechnungen zu bezahlen, und der andere der Geschäftsführer seines eigenen Unternehmens sein möchte und bereit ist, für dieses Ziel 18 Stunden am Tag zu arbeiten, dann kann das nur zu Konflikten führen. Manche Paare schaffen es, eine solche Herausforderung zu meistern, aber beide Partner müssen wissen, was in der Zukunft auf sie zukommt und welche Zugeständnisse sie ihrem Partner aller Wahrscheinlichkeit nach machen müssen.

19) **Gesunde Ansichten zu Beziehungen:** Das bedeutet nicht, dass sie stets perfekte Dating-Erlebnisse vorweisen müssen; schließlich kann es in Beziehungen aus allerlei Gründen mal daneben laufen. Allerdings sollten Sie einen gewissen Sinn für Familie haben - wie sich dieser genau ausdrückt, ist dabei nicht so wichtig. Beispielsweise kann es sein, dass Sie eine gute Beziehung zu Ihrer eigenen Familie haben, oder sich gut mit Ihren Kollegen verstehen. Vermeiden Sie Partnerschaften mit Menschen, die sonst keine engen Beziehungen zu ihren Mitmenschen haben. Derart isoliert zu leben ist nicht normal und kann ein Hinweis darauf sein, dass die Person schlecht dazu in der Lage ist, soziale Kontakte zu knüpfen.

20) **Offenheit:** Niemand wünscht sich einen sturen Partner. Sie sollten wissen, dass Sie in Ihrer Partnerschaft wachsen müssen und sich auf neue Ideen und Erfahrungen einlassen sollten.

**21) Treue:** Ohne Treue wird eine jede Liebesbeziehung scheitern. Selbst wenn sich beide Parteien ursprünglich auf eine „offene" Beziehung eingelassen haben, werden die Risse in der Beziehung schnell sichtbar. Sie müssen wissen, dass Ihr Partner Ihnen immer noch treu ist, auch wenn er gerade nicht an Ihrer Seite ist.

**22) Gegenseitige sexuelle Begierde:** Partnerschaften in Ihrem Liebesleben gedeihen oft besser, wenn eine gesunde Portion Lust mit im Spiel ist! Sie sollten sich vergewissern, dass die Anziehungskraft, die Sie empfinden, auf Gegenseitigkeit beruht und dass Sie sich beide gleichermaßen jederzeit die Kleider vom Leibe reißen wollen. Sie sollten Ihren potenziellen Partner auch dann noch attraktiv finden, wenn dieser sich beispielsweise aufgrund einer Krankheit unattraktiv fühlt.

**23) Neugierde:** Eine natürliche Neugierde ist ein wichtiger Teil einer erfolgreichen Lebenspartnerschaft. Neugier kann Ihnen beiden versichern, dass Sie des Lebens nicht so schnell müde werden. Sie sollten sich einen Partner aussuchen, der Sie bei den Abenteuern des Lebens begleitet und auch für die Zukunft ein perfekter Begleiter bleibt.

**24) Flexibilität:** Sie sollten sich sicher sein, dass Ihr potenzieller Lebenspartner weiß, dass das Leben voller Gelegenheiten ist, und dass er manchmal alles stehen und liegen lassen muss, um mitzumachen! Das Leben ist eine Abfolge von natürlichen Ereignissen und sollte voller Spontanität sein. Wenn Sie zu sehr damit beschäftigt sind, Pläne zu machen, wird es an Ihnen vorbeiziehen.

**25) Vergeben:** Niemand ist perfekt, und Sie werden manchmal Fehler machen, die Ihren Partner verletzen werden. Ihr potenzieller Lebenspartner muss ein toleranter Mensch sein, der nicht nachtragend ist und gerne dazu bereit ist, Ihnen zu verzeihen.

**26) Genießen Sie die kleinen Freuden des Lebens:** Das Leben ist oft nicht gerade voll von großen, monumentalen Erlebnissen, sondern meist alltäglich und ereignislos. Wenn Ihr Lebenspartner also eine positive Seele ist, die Freude an alltäglichen Erfahrungen und Begegnungen hat, wird er auch Freude in Ihr Leben bringen. Ein Stück Pizza zu teilen oder den Sonnenuntergang am Abend zu beobachten, mag nicht gerade lebensentscheidend erscheinen, aber wenn man es mit seinem Lebenspartner genießt, können auch solche Erfahrungen unschlagbar sein!

27) **Kommunikation:** Kommunikation ist der Grundstein aller Beziehungen. Ihr Lebenspartner sollten wissen, wie sie Sie auf allen Ebenen erreichen können. Er sollten wortgewandt, gebildet und insgesamt ein guter Kommunikator sein, denn Sie brauchen Menschen, die wortgewandt und offen für einen Diskurs sind.

# Kapitel 4: Stufe 1: Die Suche

Wenn Sie fieberhaft nach etwas suchen, kann das zu einer wahren Mission werden. Vielleicht sind Sie gerade auf der Suche nach Ihrer perfekten Wohnung, was bedeutet, dass Sie Ihre ganze Zeit damit verbringen, online nach Angeboten zu suchen, Bezirke zu besuchen oder ziellos durch die Gegend zu fahren und nach Immobilienschildern Ausschau zu halten. Sie wissen, was Sie wollen und wo Sie danach suchen müssen, aber die Suche kann dazu führen, dass Sie an nichts anderes mehr denken können. Wenn das passiert, könnte es sein, dass Sie andere Bereiche Ihres Lebens vernachlässigen.

Vielleicht haben Sie diese Art von Besessenheit schon einmal erlebt und denken, dass es sich dabei um die perfekte Strategie handelt, um nach Ihrer Zwillingsflamme zu suchen. Nun, ich möchte einmal etwas klarstellen: Die Suche nach Ihrer Zwillingsflamme ist ein langwieriger Prozess, der sich von allen anderen Herausforderungen unterscheidet, die Sie zuvor erlebt haben. Sie sind schließlich nicht auf der Suche nach einem bestimmten Objekt oder nach etwas, das für Ihr tägliches Leben wichtig ist. Sie suchen nach einer Person, die eine spirituelle Verbindung mit einem Teil Ihrer Seele hat, der viele Jahrtausende lang von Ihnen getrennt worden ist. Die Chancen, dass Sie beide sich wiederfinden, sind gering. Heißt das, dass Sie es gar nicht erst versuchen sollten? Wenn die Chancen auf ein Treffen so gering sind, warum sollten Sie sich dann überhaupt die Mühe machen?

Natürlich gibt es Menschen, die der Suche nach einer Zwillingsflamme ablehnend gegenüberstehen, aber wenn Sie persönlich sich dafür entscheiden, eröffnen Sie sich die Möglichkeit, die erfüllteste Beziehung Ihres Lebens zu führen. Sie könnten die ultimative Form eines spirituellen Feuerwerks und die intensivsten Gefühle erleben, die man sich nur vorstellen kann. Was meinen Sie, lohnt sich die Suche, wenn das der potenzielle Gewinn ist? Lassen Sie uns einige Rahmenbedingungen klären. Wir müssen sicherstellen, dass Sie auf die erste Stufe der Zwillingsflammenentwicklung vorbereitet sind.

Zuerst müssen Sie das Grundprinzip des göttlichen Timings verstehen. Dabei geht es um den Prozess, der die Reise der Zwillingsflamme in Ihr Leben hinein bestimmt. Leider steht unsere moderne Art und Weise, unser Leben zu leben im Widerspruch zu den Voraussetzungen für das göttliche Timing. Wenn Sie mit der Zeit Ihre Denkweise ändern und gesündere Gedanken über die Reise zu Ihrer Zwillingsflamme annehmen können, wird der Prozess weniger beunruhigend.

**Die häufigsten Missverständnisse über das göttliche Timing, und wie man sie überwinden kann**

**Missverständnis #1:** Sie müssen sich selbst und Ihr Umfeld verändern, um das göttliche Timing geschehen zu lassen.

Denken Sie einmal darüber nach, wie wir unsere physische Welt normalerweise wahrnehmen. Was können wir ändern, um unsere Umstände und unsere Leistungsfähigkeit zu verbessern? Wir müssen intensiv an uns arbeiten und uns der Suche nach Erfolg widmen. Wir müssen bei allem, was wir tun, 110 % geben, und nur dann können wir erwarten, für unsere Bemühungen eines Tages belohnt zu werden. Wir denken oft, dass wir unsere ambitioniertesten Ziele nur durch unseren Einsatz und unsere Hingabe erreichen können. Die Dinge, für die wir nicht kämpfen mussten, sind weniger wertvoll. Diese Herangehensweise mag sich für den Erfolg in unserer modernen Welt bewähren, aber die spirituelle Welt ist ganz anders.

Geben Sie das Steuer aus der Hand und geben Sie sich der Gnade des göttlichen Timings hin. Lassen Sie dem Universum freie Hand. Auf diese Weise werden die Dinge geschehen, wenn der richtige Zeitpunkt gekommen ist. Lassen Sie sich vom Fluss der Unvermeidlichkeit treiben. Göttliches Timing bedeutet, dass Sie den Glauben an Kontrolle über Ihr Schicksal aufgeben müssen. Stattdessen sollten Sie einfach das gleitende Gefühl genießen, das der Fluss des Universums mit sich bringt.

**Wie Sie Missverständnis #1 korrigieren können:**

- **Geben Sie Ihr Ego auf:** Selbstvertrauen ist ein wichtiger Teil unseres Wesens, und es kann uns dabei helfen, große Dinge zu erreichen, die uns einst unmöglich erschienen. Die geistige, spirituelle Welt ist anders. Hier müssen Sie Teil von etwas werden, das größer ist als Ihr Ego. Hören Sie auf zu verlangen, dass bestimmte Dinge in einem vorgesehenen Zeitrahmen oder auf die Art und Weise geschehen, die Sie für akzeptabel halten. Die Dinge werden geschehen, wenn das Universum entscheidet, dass die Zeit gekommen ist, und nichts, was Sie tun können, kann das ändern.

- **Hören Sie auf zu glauben, dass Sie irgendeine Macht über das Universum haben:** Die physische Welt mag Ihre Domäne sein, aber die spirituelle Welt wird von einer höheren Macht regiert. Die Reise Ihrer Zwillingsflamme wird sich ihren Pfad bahnen, der ihr vom Universum zugewiesen wurde, und egal wie stark Ihre Willenskraft auch sein mag, nichts wird diese Tatsache ändern.

- **Ändern Sie Ihre Definition des Wortes „Aufgeben":** Was bedeutet der Begriff „aufgeben" eigentlich? Ist es ein Zeichen von Schwäche, oder geht es hauptsächlich darum, die Waffen niederzulegen und zu verstehen, dass bestimmte Dinge nicht in Ihrer Macht liegen? Versuchen Sie, den Begriff „aufgeben" positiv zu interpretieren und Ihre Einstellung zu dem Begriff zu ändern. Erlauben Sie sich, für den Glauben an die Zwillingsflamme offen zu sein, erhalten Sie sich Ihre Hoffnung und die Überzeugung, dass ein wunderschönes Leben auf diejenigen wartet, die sich auf dieses Konzept einlassen.

**Missverständnis #2:** Das göttliche Timing basiert auf der Bedingung, dass Sie sich vernünftig verhalten und wird immer zu Belohnungen führen.

Als wir Kinder waren, wurde uns zum Beispiel beigebracht, dass:

- Wir mit unseren Freunden spielen dürfen, nachdem wir unser Zimmer aufgeräumt haben.

- Dass wir erst unser ganzes Gemüse aufessen mussten, um dann zum Nachtisch ein Eis zu bekommen.

- Dass, wer sich im Laufe des Jahres gut benimmt, vom Weihnachtsmann die Geschenke bekommt, die er sich gewünscht hat.

- Dass wir erst spielen dürfen, nachdem wir unsere Hausaufgaben gemacht haben.

Man nennt diese Herangehensweise auch den „Wenn, dann"-Ansatz. Auf das Konzept der Zwillingsflamme angewandt bedeutet dies, dass wir denken, wir müssten uns selbst „reparieren", bevor wir in der Lage sind, die physische Vereinigung unserer beiden Hälften einzugehen. Obwohl Sie in der richtigen Gemütsverfassung und offen für die Erfahrung sein müssen, damit die Begegnung geschehen kann, bedeutet diese Anforderung nicht, dass Sie an sich „arbeiten" mussten. Die wichtigste Arbeit, die Sie leisten müssen, um sich auf die Erfahrung vorzubereiten, besteht im Fallenlassen Ihrer Vorurteile. Versuchen Sie sich nicht auf die Suche zu fixieren. Dies wird später in diesem Kapitel intensiver behandelt.

**Wie Sie Missverständnis #2 korrigieren können:**

- **Verstehen Sie die Positivität des göttlichen Timings:** Im göttlichen Timing gibt es keine Bestrafungsmöglichkeiten. Sie werden auf Ihrer Reise stets unterstützt, und der Platz, den Sie auf der Reise einnehmt, ist richtig, auch wenn es sich nicht immer so anfühlt.

- **Seien Sie zuversichtlich, dass Sie Fortschritte machen:** Ihre spirituelle Reise schreitet stetig voran. Auf Ihrem Weg können Sie keine Rückschritte machen. Sie werden manchmal langsam, manchmal schneller Fortschritte machen, besonders wenn Ihre spirituelle Entwicklung aufblüht, aber Sie werden niemals einen Schritt zurückgehen.

- **Glauben Sie an das Universum:** Bedenken Sie, dass alles, was auf Ihrem spirituellen Weg geschieht, für Sie geschieht und Ihnen zu Gute kommen soll. Nichts wird Ihnen als Strafe angetan. Dieses Konzept unterscheidet sich so sehr von den Regeln der physischen Welt, dass es schwer zu begreifen sein kann. Stellen Sie es sich so vor, als sei Ihr Schicksal im Leben Ihre ultimative Kraftquelle. Von dieser sollen Sie Zeit Ihres Lebens unterstützt werden.

**Missverständnis #3:** Das göttliche Timing ist eine Kraft, die unabhängig von unserer physischen Realität existiert.

Was glauben Sie, wie wir auf der Erde regiert werden? Gibt es eine rachsüchtige Kraft, die uns niederschlagen will, sobald wir etwas falsch machen? Falls Sie je aufgefordert wurden, populären religiösen Idealen zu folgen, dann kennen Sie das Konzept eines rachsüchtigen Überwesens schon. Ein solches Wesen soll angebetet werden, und Sie wissen, dass Sie dessen Mahnungen gehorchen sollen. Dies führt Sie zu der Überzeugung, dass Sie im Vergleich zu dieser Kraft machtlos sind. Und so versuchen Sie, allen anderen Menschen zu gefallen und ihrer Doktrin zu folgen.

Diejenigen, denen dies beigebracht wurde, glauben, dass sie sich nur dann sicher und akzeptiert fühlen können, wenn alle um sie herum glücklich und mit ihrem Verhalten zufrieden sind. Das bedeutet, dass jeder nach Rechtfertigungen für sein Selbstwertgefühl sucht und sich von anderen auf seinem Weg leiten lässt. Sie müssen sich stattdessen daran erinnern, dass Sie vor allem anderen wichtig sind und dass es beim göttlichen Timing darum geht, die Mentalität „es zuerst allen anderen recht machen" zu müssen, loszulassen.

### Wie Sie Missverständnis #3 korrigieren können:

Jetzt ist es an der Zeit, Ihre vorgefassten Meinungen über Ihr erdgebundenes Selbst und seine Verbindung zu Ihrem spirituellen Selbst zu klären. Wenn Sie auf der Erde reinkarniert werden, bleibt ein entscheidender Teil Ihrer Seele in der geistigen Welt zurück.

Ein größerer, alles liebender, alles sehender Teil von uns bleibt außerhalb der irdischen Realität und arbeitet Hand in Hand mit dem Universum oder genauer gesagt, der ultimativen Energiequelle, um das göttliche Timing zu koordinieren, das Ihre spirituelle Reise bestimmt.

Ihr irdisches Selbst wird von menschlichen Zweifeln und Beschränkungen beherrscht, aber in der spirituellen Welt gibt es einen größeren, mächtigeren Teil Ihrer Seele, der sich jede Minute eines jeden Tages für Sie einsetzt. Dieser spirituelle Teil von Ihnen ist der ultimative Schutzengel für Ihr physisches Selbst und arbeitet unermüdlich mit der ursprünglichen Energiequelle zusammen. Das Ziel dieses Seelenvertreters ist es, Sie in Richtung Ihrer Zwillingsflamme auszurichten und Ihnen zu zeigen, wie Sie sie treffen können.

Dieser erweiterte Teil von Ihnen weiß alles über die bedeutendsten Mächte in der Welt und soll Ihnen dabei helfen, eines Tages wahre Größe zu finden. Zu diesem Zeitpunkt sollen Sie dann auf das vorbereitet sein, was das Universum für Sie auf Lager hat. Vertrauen Sie diesem erweiterten Teil Ihrer Seele und lassen Sie ihn die Kontrolle übernehmen. Ihre

Aufgabe wird sehr viel einfacher sein, wenn Sie sich der Kommunikationsversuche Ihres Seelenvertreters bewusst sind, nur so kann Ihr spirituelles Selbst Ihnen wirklich zur Seite stehen.

## Persönliches Wachstum und wie Sie sich auf Ihre Zwillingsflamme vorbereiten können

Jetzt, da Sie wissen, wie die geistige Welt auf Ihre Reise vorbereitet und dazu bereit ist, Sie zu begleiten, ist es an der Zeit, Ihr physisches Selbst in die ideale Form für die bevorstehende Reise zu bringen. Das bedeutet, dass Sie die bestmögliche Version Ihrer selbst werden müssen, sowohl körperlich als auch geistig. Sie wissen, dass jede künftige Interaktion mit Ihrer Zwillingsflamme Ihre Emotionen stark beanspruchen und für inneren Aufruhr sorgen wird. Dies kann sich auf Ihre körperliche und geistige Gesundheit auswirken - beide sollten also schon vorher in Bestform sein.

Bei diesen Vorschlägen geht es darum, dass Sie sich selbst von innen und außen kennenlernen. Das Wissen um die Herausforderungen ermutigt Sie, sich auf die persönliche Entwicklung einzulassen und den Prozess anzunehmen. Diese Form des persönlichen Wachstums sollte niemals als lästige Pflicht angesehen werden. Stattdessen sollte es Ihnen die ultimative Möglichkeit bieten, sich selbst von allen Seiten kennen zu lernen.

1) **Erstellen Sie eine Morgenroutine:** Wenn Sie morgens aufwachen, sollten Sie sich erfrischt fühlen, voller Energie und bereit dazu, sich der Welt zu stellen. Wenn Sie sich eine tägliche Routine vornehmen, nutzen Sie Ihr erhöhtes Energieniveau und stellen Sie sicher, dass alles, was Sie sich vorgenommen haben, erledigt wird. Beginnen Sie mit einem gesunden Frühstück und einer erfrischenden Tasse Kräutertee, bevor Sie Ihren Tag beginnen.

Versuchen Sie, mindestens ein Ritual zur Selbstsorge wie beispielsweise etwas Meditation oder Sport in Ihren Tagesplan einzubauen. Die Routine am frühen Morgen ist oft die beste Zeit, und hilft Ihnen, sich emotional zu „entrümpeln". Beginnen Sie Ihren Tag also mit positiven Schritten, mit dem Ziel, einen Teil der Unordnung in Ihrem Leben zu beseitigen. Sie werden mit einem entspannteren und besser organisierten Gefühl nach Hause zurückkehren.

2) **Informationen aufnehmen:** Die moderne Welt ist ein Ort, der mit Informationen gefüllt ist. Das Ausmaß des Wissens kann überwältigend sein, aber wenn man Filter einsetzt, kann man jeden Tag etwas Neues lernen. Wissen ist Macht, und wir alle wollen uns in irgendeiner Form mächtiger fühlen. Sie entwickeln sich geistig weiter, also nehmen Sie sich die Zeit, sich auch als Individuum intellektuell weiterzuentwickeln. Lesen Sie mehr Bücher, nehmen Sie an Kursen teil oder probieren Sie eine neue Sportart aus. Selbst die am wenigsten künstlerisch-begabten Menschen können Kunstwerke erschaffen. Malerei, Mosaik- und Töpferkurse oder das einfache Kritzeln in einem Skizzenbuch zählen alle zu den Werkzeugen, die Sie bei Ihrem persönlichen Wachstum unterstützen können! Vielleicht werden Sie göttliche Kräfte sogar dazu inspirieren, eine neue Sprache zu lernen, weil dies die Muttersprache Ihrer Zwillingsflamme ist. Es sind schon seltsamere Dinge passiert!

3) **Trainieren Sie oft:** Es spielt keine Rolle, in welcher Form Sie trainieren, wichtig ist nur, dass Sie sich dazu verpflichten. Selbst 30 Minuten pro Tag sind besser als gar keine sportliche Aktivität! Bringen Sie Ihren Körper in Bewegung und setzen Sie wertvolle Endorphine frei, die Ihrem Gehirn dabei helfen, besser zu funktionieren. Sie werden sich nicht nur besser fühlen, sondern auch besser schlafen, Ihre Haut wird sich gesünder anfühlen, und Ihr Körper wird die Vorteile fast sofort spüren. Ihr Selbstvertrauen wird gestärkt werden, und Sie werden sich insgesamt besser fühlen!

4) **Kommunizieren Sie mit Ihrem spirituellen Selbst:** Sie wissen jetzt, dass ein Großteil Ihrer Seele auf der geistigen Ebene wohnt. Unterhalten Sie sich mit diesem wichtigen Teil von Ihnen. Fragen Sie ihn, wie es ihm geht und was er Sie lehren kann. Lernen Sie, die Art und Weise zu erkennen, auf die die geistige Welt mit uns irdischen Wesen in Verbindung tritt, und was sie Ihnen mitzuteilen versucht. Das Universum ist, was die Kommunikation angeht, keinesfalls schüchtern! Wenn Sie für Kommunikation offen sind, dann werden Sie auch Nachrichten erhalten! Jede Botschaft, die Sie an die geistige Welt senden, wird dort laut und deutlich gehört! Wenn Sie zum Beispiel einen neuen Job suchen und Ihr spirituelles Selbst um einen Hinweis bitten, dann werden Sie bald eine Antwort erhalten.

Vielleicht fällt Ihnen ein Fremder in Ihrer Umgebung auf, der Sie wegen seiner Ausstrahlung anspricht. Vielleicht gefällt Ihnen das Auto, das er fährt, oder Sie bewundern seinen Kleidungsstil. Eines Tages kommen Sie dann mit ihm ins Gespräch, und er erzählt Ihnen, dass sein Unternehmen zufällig gerade Mitarbeiter einstellt. Tatsächlich werden dort Mitarbeiter für eine Stelle gesucht, die Ihnen gefallen würde. Daraufhin fragen Sie dann nach Einzelheiten und nach einer Telefonnummer, die Sie zu dem Thema anrufen können. Natürlich würde Ihnen solch eine praktische neue Bekanntschaft gefallen! Hierbei handelt es sich um ein Beispiel für Synchronität und um ein klares Zeichen dafür, dass die geistige Welt Ihnen hilft.

5) **Schreiben Sie einen Brief an Ihre Zwillingsflamme:** Sie erkennen zwar, dass es nicht zwangsläufig zu einem Treffen mit Ihrer Zwillingsflamme kommen wird, aber Sie haben trotzdem das Bedürfnis, eine Verbindung zu Ihrer Zwillingsflamme aufzubauen, bevor Sie sie treffen. Denken Sie daran, dass sie die andere Hälfte Ihrer ursprünglichen Seele suchen. In Ihrem Brief können Sie fragen, was Sie wollen. Wie lernt man Menschen kennen, zu denen man gerne einen intensiveren Kontakt hätte? Am besten sollte man ihnen viele Fragen stellen oder gegebenenfalls mit ihnen ausgehen. Wie lernt man also seine Zwillingsflamme oder die andere Hälfte seiner Seele kennen?

Man verabredet sich und stellt viele Fragen. Da die Identität Ihrer Zwillingsflamme immer noch ein Geheimnis ist, stellen Sie am besten die Fragen, die Sie Ihre Zwillingsflamme wirklich eines Tages fragen wollen. Was sind ihre/seine persönlichen Ziele? Wen lieben Sie / wen liebt ihre Zwillingsflamme am meisten auf dieser Welt? Welche Art von Erfahrung bringt ihnen oder Ihnen selbst die meiste Freude?

Sie verstehen den groben Ansatz mittlerweile bestimmt. Es mag Ihnen anfangs seltsam erscheinen, aber der Prozess kann Spaß machen und sehr aufschlussreich sein.

6) **Vergeben Sie sich selbst:** Dies ist ein wichtiger Teil des persönlichen Wachstums und kann sich manchmal auch als der Schwierigste erweisen. Die Vergangenheit lässt sich nur schlecht im Nachhinein analysiere, schließlich ist man hinterher immer schlauer. Folglich läuft man auf diese Weise nur Gefahr, sich über Dinge zu ärgern,

die bereits passiert sind und die man nicht ändern kann.

Im Folgenden erscheinen einige häufige Fehler aus dem täglichen Leben, die Sie sich verzeihen sollten:

- **Jobs, die Sie nicht angenommene haben:** Die meisten von uns haben in ihrer beruflichen Laufbahn Fehler gemacht. Verpasste Gelegenheiten und ab und zu eine falsche Entscheidung gehören zum Leben dazu. Wenn Sie nach Ihrem Bauchgefühl gehandelt haben, obwohl alles andere auf eine andere Entscheidung hindeutete, haben Sie wahrscheinlich das Richtige getan. Sie werden nie wissen, was passiert wäre, wenn Sie einen anderen Weg eingeschlagen hätten, also lassen Sie die Entscheidung ruhen und grübeln Sie nicht länger darüber nach!

- **Geldangelegenheiten:** Wenn Sie sich verschuldet haben und mit Ihren Finanzen nicht zurechtkommen, sollten Sie etwas dagegen tun, anstatt sich selbst die Schuld an Ihrer Situation zu geben. Beginnen Sie mit einem offenen Gespräch mit Ihren Schuldnern und einem praktischen Plan zur Rückzahlung der Schulden. Selbstgefällig zu sein und den Kopf in den Sand zu stecken, wird nur zu weiterem Bedauern führen.

- **Freunde, die Sie verletzt haben:** Wenn Sie wissen, dass Sie mit Ihrem Verhalten jemanden verletzt haben, der Ihnen etwas bedeutet, dann versuchen Sie, Ihren Fehltritt wiedergutzumachen. Für manche Menschen ist es vielleicht zu spät, also müssen Sie das Drama hinter sich lassen und sich verpflichten, in Zukunft ein besserer Freund zu sein. Die Erkenntnis, dass man sich verbessern kann, ist der erste Schritt in die richtige Richtung!

- **Verlorene Liebe:** Beziehungen sind ein echter Knackpunkt, wenn es um das menschliche Bedauern geht. Viele Menschen finden es schwierig, über Beziehungen hinwegzukommen und sich neuen zuzuwenden. Der Weg zu neuen Beziehungen sollte frei von Hindernissen sein, das heißt, Sie sollten nicht an alten Liebschaften festhalten. Denken Sie daran, dass das göttliche Timing Sie leitet und Ihnen dabei helfen wird, zu erkennen, wann es endlich Zeit ist, weiterzuziehen!

7) **Beseitigen Sie die giftigen Elemente in Ihrem Leben:** Überall finden Sie Beispiele dafür, wie Sie Ihr Leben entrümpeln sollten. All die

sogenannten Experten sagen Ihnen, dass Ihr Leben automatisch besser werden müsste, solange Sie nur Ihren Kleiderschrank aufräumen. Das mag ein guter Ratschlag und ein Schritt in die richtige Richtung sein, aber, aber ein aufgeräumter Kleiderschrank ist nicht wirklich ein wichtiger Schritt zum persönlichen Wachstum!

Wenden Sie das gleiche Prinzip auf Ihr Leben an. Befreien Sie sich von den Dingen, die Sie zurückhalten, und hören Sie auf, sich von schädlichen Beziehungen, Gewohnheiten und Ihrem Umfeld einschränken zu lassen.

Im Folgenden stehen Beispiele für schädliche Beziehungen, die Sie vermeiden sollten:

- **Der Kontrollfreak:** Gibt es in Ihrem Leben jemanden, der Ihnen ständig sagt, was Sie tun sollen? Sagt diese Person Ihnen, wie Sie sich anziehen, wohin Sie gehen und wie Sie sprechen sollten? Verabschieden Sie sich sofort aus dieser Freundschaft und lernen Sie, unabhängig eigene Entscheidungen zu treffen.

- **Der Pessimist:** Kennen Sie jemanden, der selbst in den freudigsten Ereignissen die negativen Aspekte findet? Liebt diese Person das Elend und versucht sie, Ihnen all Ihre positive Energie zu entziehen? Dann wissen Sie, was zu tun ist! Werden Sie die Person los und umgeben Sie sich stattdessen mit positiven Einflüssen.

- **Der Perfektionist:** Dieser Punkt ist etwas schwierig, denn wir alle brauchen jemanden, der uns dazu ermutigt, ein besserer Mensch zu werden. Perfektionisten werden allerdings nie mit Ihren Bemühungen zufrieden sein und Ihnen keine Anerkennung für Verbesserungen zuteilwerden lassen. Das wird dazu führen, dass Sie sich entmutigt fühlen. Sagen Sie ihnen also, dass ihre negativen Einschätzungen sich länger erwünscht sind!

- **Der Manipulator:** Sie kennen diese Art von Person. Diese Menschen bekommen fast immer das, was sie wollen, und sorgen gleichzeitig dafür, dass Sie sich schlecht fühlen. Sie verstehen es, Ihnen eine Idee in den Kopf zu setzen, die Sie dazu bringt, Dinge zu tun, die Sie nicht tun wollen, und die Ihren Kopf durcheinanderbringen. Sie wollen keine unqualifizierten Kommentare, Sie wollen Unterstützung!

- **Der Wettkämpfer:** Ein gesunder Wettkampf ist großartig, und Sie sollten ihn als solchen begrüßen, falls sich die Gelegenheit bietet. Aber wenn Sie in einer Beziehung mit einem ultimativen Konkurrenten leben, der jede Situation in einen Kampf verwandelt, werden Sie bald keine Energie mehr haben. Sie brauchen Menschen, die Sie unterstützen und sich wie Teamplayer verhalten. Sie sollten vermeiden, dass die andere Person Ihre Leistungen herabwürdigt, um sich selbst besser darzustellen.

# Kapitel 5: Stufe 2: Das Erwachen

Die nächste Stufe in der Zwillingsflammenbeziehung ist das „Erwachen", auch bekannt als die Sehnsucht. Da es sich bei Ihnen und Ihrer Zwillingsflamme um zwei Hälften derselben Seele handelt, können Ihre jeweiligen Zeitpläne unterschiedlich sein. Es kann sein, dass Sie an Ihrem spirituellen Wachstum gearbeitet haben und darauf vorbereitet sind, Ihre Zwillingsflamme zu treffen, wohingegen sich die andere Person noch nicht auf die Suche gemacht hat. Das erklärt, warum diese Phase als eine Zeit der Sehnsucht beschrieben wird, in der Sie eine spirituelle Leere spüren. Sie wissen, dass ein Teil von Ihnen fehlt, und Sie suchen vielleicht nach verschiedenen Möglichkeiten, diesen fehlenden Teil zu ersetzen.

## Benutzen Sie Beziehungen, um Ihre spirituelle Leere zu füllen?

Ist es wirklich so, wie es in dem Lied „All You Need Is Love" heißt? Ist die Liebe alles, was Sie brauchen, um sich auf die Begegnung mit Ihrer Zwillingsflamme vorzubereiten? Sie glauben vielleicht, dass Sie besser auf die Begegnung mit einer Zwillingsflamme vorbereitet sind, wenn Sie in Liebesdingen bereits erfahrener sind. Sie müssen allerdings auch körperlich und geistig in der besten Verfassung für das Treffen sein, aber nichts, was Sie vorher erlebt haben, kann Sie auf die Flut von Gefühlen vorbereiten, die Sie durch die Liebe zu Ihrer Zwillingsflamme erleben werden.

Je mehr Zeit Sie in unpassenden, unglücklichen Beziehungen verbringen, desto weniger gut sind Sie auf die Begegnung mit Ihrer Zwillingsflamme vorbereitet. Seien Sie offen für die bedingungslose Liebe und bereit dazu, den wärmenden Schein der wahren Liebe in Ihrem Gemüt zu spüren. Das wird nicht geschehen, wenn Sie durch den Ballast Ihrer früheren Beziehungen behindert werden. Es liegt in der menschlichen Natur, einen Partner suchen zu wollen und von dessen Liebe und dem Komfort profitieren zu wollen, den diese Verbindungen bieten, aber manche Menschen sind zu sehr darauf konzentriert, permanent „in einer Beziehung" zu sein, anstatt darauf zu achten, dass sich die Beziehungen auf natürliche Art und Weise und ohne Druck ergeben.

Haben Sie das Bedürfnis, Ihre spirituelle Leere zu füllen und Ihre Sehnsucht zu stillen, indem Sie eine Beziehung eingehen? Hier sind einige Anzeichen, die darauf hindeuten, dass Sie Beziehungen oft nutzen, um Ihre innere Leere zu füllen:

1) **Sie sind unglücklich, wenn Sie Single sind:** Wenn Sie sich dabei ertappen, dass Sie Paare beneiden und sich ohne einen Partner verloren fühlen, dann haben Sie eine ungesunde geistige Leere. Sie müssen glücklich sein können, ohne Teil eines Paares zu sein. Probieren Sie einige der folgenden Ideen aus, um das Singledasein so richtig zu genießen.

   - **Reisen Sie allein:** Fahren Sie an einen Ort, den Sie schon immer einmal besuchen wollten. Wählen Sie einen Ort, von dem Sie wissen, dass Sie ihn lieben werden, und planen Sie dort neue Abenteuer und Entdeckungsmissionen!

   - **Beginnen Sie alternative Beziehungen:** Stärken Sie die Bindungen zu Ihrer Familie und Ihren Freunden, die im Laufe der Zeit vielleicht schwächer geworden ist. Wir alle entfernen uns mit der Zeit von unseren Mitmenschen. Vielleicht ist es jetzt an der Zeit, sich wieder mit Ihren Lieben in Verbindung zu setzen.

   - **Seien Sie abenteuerlustig:** Wenn Sie jemals bestimmte Teile Ihrer Persönlichkeit zurückgehalten haben, weil Sie sich Sorgen darum gemacht haben, wie Ihr Partner reagieren könnte, dann nehmen Sie Ihre Verrücktheit an und tun Sie Dinge, die Sie schon immer einmal tun wollten. Singen Sie Karaoke in einer örtlichen Bar, gehen Sie im Skatepark

Rollschuhlaufen, gehen Sie Quadfahren oder buchen Sie einen Kurs zum Sushi-Kochen - all das macht auch allein Spaß. Es spielt keine Rolle, wie Sie Ihre Zeit allein genau genießen wollen, aber tun Sie es einfach!

2) **Ihre Stimmung hängt von Ihrem Partner ab:** Einfühlungsvermögen ist Teil einer gesunden Beziehung, kann aber auch einen dominierenden Einfluss auf den eigenen Partner haben und dazu dienen, diesen zu kontrollieren. Wenn Sie nie den Eindruck haben, unbesorgt glücklich sein zu dürfen, wenn Ihr Partner gerade unglücklich ist, kann es sein, dass Sie sich in einer kontrollierenden Beziehung befinden. Wenn Ihre Stimmung von den Launen Ihres Partners abhängig ist, dann ist das nicht gesund.

3) **Sie machen sich Sorgen, wenn Sie nicht zusammen sind:** Wenn Sie negative Gefühle empfinden, wenn Sie von Ihrem Partner getrennt sind, müssen Sie vielleicht an Ihrer geistigen Reife arbeiten. Jedes Paar sollte unabhängig sein und seine getrennte Zeit genießen können.

4) **Sie brauchen ständige Bestätigung:** Wenn Sie ständig nach Lob und Komplimenten von Ihrem Partner suchen, kann das ein Zeichen dafür sein, dass Sie Ihren geistigen Wert bei einer anderen Person suchen. Sie müssen Ihren eigenen Wert kennen und mit Ihrer Selbsteinschätzung zufrieden sein.

5) **Sie sind trostlos, wenn Beziehungen enden:** Es ist traurig, wenn Beziehungen enden, weil man etwas verloren hat, das einem einmal lieb war. Aber wenn Beziehungen nicht enden würden, wie könnten dann neue entstehen? Wenn Sie sich jemals völlig verloren oder beraubt gefühlt haben, weil eine Beziehung endete, oder wenn Sie das Gefühl gehabt haben, dass Ihr Leben durch das Ende einer Beziehung völlig aus den Angeln gerissen wurde, dann ist es an der Zeit, dass Sie sich neu verlieben - und zwar in sich selbst! Lassen Sie die Suche nach neuen Beziehungen sein und konzentrieren Sie sich stattdessen auf Ihr spirituelles Leben. Finden Sie die Harmonie zwischen Seele und Geist.

# Das Erwachen der Zwillingsflamme erklärt

Einer der frustrierendsten Teile des Zwillingsflammenprozesses ist, dass beide nicht automatisch zur gleichen Zeit erwachen. Das kann bedeuten, dass ein Teil der Zwillingsflamme jahrelang in Stufe 2 sein kann und einfach nur darauf wartet, dass sein Zwilling sich weiterentwickelt. Wenn Sie wissen, dass Sie in einer Seelenverbindung leben und sich auf das Treffen mit Ihrer Zwillingsflamme freuen, kann es gut sein, dass Sie die erwachte Zwillingsflamme sind, während Ihr Gegenpart die schlafende Zwillingsflamme ist.

Das kann bei der erwachten Seite zu Frustrationsgefühlen führen, da Sie nicht versteht, warum Sie noch keine starke geistige Verbindung oder göttlichen Einfluss gespürt hat. Vielleicht wissen Sie bereits, dass Sie sich mit Ihrem höheren Selbst verbinden können, und Sie glauben, die andere Person fühlt diese Emotionen auf die gleiche Art und Weise. Warum ist Ihre Zwillingsflamme also noch nicht erwacht? Dieser Zustand wird als die Blasenliebe zwischen den beiden Seelen bezeichnet. Der Begriff beschreibt einen Zustand, in dem sie miteinander sprechen und die Anwesenheit des anderen anerkennen können, bevor sie sich physisch treffen.

Dies kann zu Interaktionen führen, die untypisch erscheinen mögen. Es kann sein, dass Sie Ihrem Zwilling in dieser Phase über Ihr höheres Selbst etwas Böses oder Unfreundliches sagen. Vielleicht sind Sie über diese Art von Interaktionen erstaunt und fragen sich, warum sie das getan haben. Würden Sie Ihrem Zwilling solche negativen Dinge nicht sagen, wenn Sie ihm gegenüberstünden? Warum sind diese Gedanken und Gefühle überhaupt aufgetreten? Nun, Sie entstammen Ihrem höheren Selbst, das Ihnen dabei hilft, Ihren Zwilling zu provozieren, um ihm einen Schubs zu geben, damit er aufwacht. Dieser Vorgang ist als Trigger bekannt, und obwohl er von Ihrem physischen Wesen ausgeht, handelt es sich tatsächlich um eine Erweiterung Ihres spirituellen Bewusstseins. Die Reihenfolge, in der die beiden Zwillinge erwachen, wird im Allgemeinen von der Energie bestimmt, die sie antreibt. Die Zwillingsflamme mit der weiblichen Energie wird in der Regel als Erste erwachen, während die männliche Energie oft erst später erwacht.

# 10 Anzeichen dafür, dass Sie Ihre Zwillingsflamme treffen werden

Sie haben vielleicht Jahre im Zustand der Sehnsucht gelebt und die Zeit damit verbracht, mit Ihrer Zwillingsflamme über Ihr höheres Selbst zu interagieren. Einige Interaktionen werden mürrisch gewesen sein, während andere freudig waren, aber woher wissen Sie, dass eine Vereinigung kurz bevorsteht?

1) **Alle Ihre Gedanken sind von Liebe und Harmonie erfüllt:** Es gibt keine Negativität und Traurigkeit in Ihrem Inneren. Ihre Seele weiß, dass sie im Begriff ist, ihre andere Hälfte zu treffen, und Ihre tieferen Schwingungen fühlen sich gereinigt an. Sie wissen, was auf Sie zukommt, und Sie sind bereit für die endgültige Vereinigung.

2) **Sie sind glücklich und strahlen mit einem inneren Glanz:** Wenn wir jemanden Besonderes treffen, ist das für andere oft an dem Licht zu erkennen, das von innen aus uns herausstrahlt. Wenn Sie kurz vor einem Treffen mit Ihrer Zwillingsflamme stehen, kann Ihr spirituelles Selbst nicht anders, als seine Freude darüber auszustrahlen.

3) **Die Dinge in Ihrem Leben werden sich verändern:** Vielleicht verspüren Sie den Drang, Ihre Wohnung zu verkaufen und in ein anderes Bundesland, einen anderen Bezirk oder sogar ein anderes Land zu ziehen. Das Gefühl mag verwirrend sein und im Moment keinen Sinn ergeben, aber es handelt sich um eine Botschaft des Universums an Sie. Das Universum führt Sie auf einen Weg, der Sie schließlich auch zu Ihrer Zwillingsflamme führt. Gehen Sie in diese Richtung! Tun Sie, was sich richtig anfühlt, und lassen Sie sich von Ihren Trieben leiten.

4) **Sie spüren die Vorfreude:** Wenn Sie ständig Schmetterlinge im Bauch haben oder Ihre Haut vor Vorfreude kribbelt, ist das ein klares Zeichen dafür, dass etwas passieren wird. Wenn Sie das Konzept der Zwillingsflamme kennen, werden Sie auch erkennen, was als Nächstes passiert. Menschen, die das Konzept nicht kennen, werden ein Gefühl der Vorfreude verspüren, ohne zu wissen warum. Wenn Sie sich also jeden Tag wie ein Kind am Weihnachtsabend fühlen, dann stehen die Chancen gut, dass Ihre Vereinigung bald stattfinden wird. Genießen Sie das Gefühl und bereiten Sie sich auf die Erfahrung vor.

5) **Alle Aspekte Ihres Lebens scheinen Ihren Erwartungen zu entsprechen:** Ein Zeichen für eine bevorstehende Vereinigung ist das Gegenteil von Veränderung. Ihr Leben könnte einen persönlichen Höhepunkt erreichen, um Sie auf Ihre Zwillingsflamme vorzubereiten. Ihre finanziellen und beruflichen Ansprüche sind erfüllt, und Sie fühlen sich wohler und glücklicher als je zuvor. Die Beförderung, die Sie sich gewünscht haben, das

Auto, das Sie fahren, und die Menschen, die Sie umgeben, sind allesamt positive Aspekte Ihres Lebens, und Sie lieben sie innig.

6) **Sie haben das Gefühl der Sehnsucht verloren:** Dies ist ein paradoxes Zeichen dafür, dass Sie bereit sind, Ihre Zwillingsflamme zu treffen. Sie hören auf, über das Treffen nachzugrübeln und kommunizieren durch Ihr höheres Selbst. Sie haben sich noch nie so vollständig und harmonisch gefühlt. Sie brauchen sich nicht durch externe Einflüsse vervollständigt zu fühlen, denn Sie sind in der besten Verfassung Ihres Lebens. Vielleicht lehnen Sie die Verbindung, nach der Sie sich früher gesehnt haben, sogar ab, weil Sie sich fragen, warum Sie eine andere Person brauchen, die Sie vervollständigt.

7) **Sie fühlen sich inspiriert und kreativ:** Dies ist ein weiteres Zeichen des Universums, dass eine Begegnung bevorsteht. Sie werden sich inspiriert fühlen. Sie werden mehr schreiben oder ein künstlerisches Projekt beginnen. Während Ihrer Zeit der Selbstverbesserung haben Sie sich vielleicht schon mit neuen Hobbys oder Leidenschaften befasst, und das Universum wird diese nutzen, um Sie zu inspirieren. Wenn Sie sich für Projekte und Aufgaben begeistern, werden Sie mit Ihrer Menschlichkeit verbunden und offener für Botschaften aus der geistigen Welt. Sobald diese Kommunikationskanäle geöffnet sind, müssen Sie Ihrem Herzen folgen und sich auf die Projekte einlassen, die Sie als Ihre Bestimmung empfinden. Diese werden Sie von lukrativeren Projekten ablenken, und Sie werden sich manchmal sicherlich fragen, was der Sinn des Ganzen ist, aber Sie müssen sich darauf einlassen! Das Universum schickt Sie nicht auf zweckfreie Missionen, und das Ergebnis wird die Mühe wert sein!

8) **Sie werden in der Lage sein, Dinge für sich selbst und andere zu manifestieren:** Manche Menschen halten Manifestation für schwierig und denken, es sei ein ungesunder Weg, um materielle Ziele zu erlangen. Das Grundprinzip einer Manifestation ist einfach, da es sich einfach nur um eine positive Denkweise handelt. Wenn Sie sich mit Ihrem spirituellen Selbst verbinden, können Sie die Gelegenheit nutzen, die Menschen um Sie herum glücklich zu machen. Sie werden eine stärkere Verbindung zum Universum spüren, wenn Ihre Vereinigung näher rückt, und die Fähigkeit, Ihre Entscheidungen zu manifestieren, wird zunehmen.

Versuchen Sie diese einfachen Schritte, um Dinge für sich und andere zu manifestieren:

- **Legen Sie Ihr Ziel fest:** Sagen Sie dem Universum, was Sie wollen und wie der Gegenstand Ihrer Sehnsucht Ihre Welt beeinflussen wird. Bei einer Manifestation geht es nicht darum, dem Universum zu sagen, dass Sie sich schon immer einen Porsche gewünscht haben, und diesen von einer höheren Kraft zu verlangen. Natürlich sind Sie auch deswegen mit Ihrer spirituellen Seite verbunden, damit Sie wissen, wie Sie Ihre Verbindung zum Universum nutzen können, um auch anderen Menschen zu helfen. Wenn Sie bei der Arbeit eine Gehaltserhöhung wollen, dann müssen Sie genau wissen, warum Sie das wollen. Sie können dann genau erklären, wer sonst noch von Ihrem finanziellen Glücksfall profitieren würde und wie Sie Ihr zusätzliches Geld gemeinnützig einsetzen werden, um die Welt zu einem besseren Ort zu machen.

- **Plan zur Unterstützung Ihrer Manifestationsarbeit:** Jetzt müssen Sie nur noch Umstände schaffen, die Ihnen eine Erhöhung Ihres Gehalts ermöglichen. Die Manifestation ist nur ein Teil der Verwirklichung, und Sie müssen ihr jede erdenkliche Hilfe zukommen lassen. Schaffen Sie aufregende neue Projekte bei der Arbeit und stellen Sie sicher, dass die Verantwortlichen von Ihrem Beitrag wissen. Bitten Sie Ihre Manager oder Vorgesetzten um eine Beurteilung, und seien Sie darauf vorbereitet, um eine Gehaltserhöhung zu bitten, wenn das Ergebnis positiv ausfällt. Nehmen Sie an Kursen teil, die Sie effizienter und sachkundiger machen, damit Sie ein besserer Kandidat für eine Gehaltserhöhung sind. Helfen Sie Ihrer Manifestation auf jede erdenkliche Weise. So können Sie Ihre Chancen verbessern und Ihr Ziel hoffentlich verwirklichen.

- **Lassen Sie Manifestationen zu:** Wenn Sie sich in der Kunst der Manifestation üben, können manchmal Zweifel aufkommen. Erinnern Sie sich dich daran, dass die Manifestation dem göttlichen Timing unterliegt, genau wie die Zwillingsflammenerfahrung, und wenn die Dinge geschehen sollen, werden Sie auch geschehen. Lassen Sie die Dinge also auch geschehen und bleiben Sie Ihren Zielen verpflichtet.

9) **Sie werden das Bedürfnis verspüren, Ihre Schwingung zu erhöhen:** Wenn der Zeitpunkt näher rückt, an dem Ihre Zwillingsflamme in Ihrem Leben erscheint, werden Sie natürlich auch das Bedürfnis verspüren, Ihre Schwingung zu erhöhen und Ihr persönliches Wachstum zu beschleunigen.

Dabei kann der Wunsch entstehen, folgende Dinge zu tun:

- **Verbessern Sie Ihre Ernährung**: Sie werden alle schlechten Gewohnheiten in Bezug auf das Essen verlieren. Ihr innerer Geist weiß, wie Sie Ihren Körper ernähren sollten, und wird Sie zu gesünderen Optionen führen. Sie werden sich bereits relativ gesund ernähren, aber Sie werden sich von Lebensmitteln, die schlecht für Sie sind, abgestoßen fühlen, wenn die Zwillingsbegegnung kommt. Wenn Sie also von Gemüse übermäßig begeistert und von Ihrem Lieblings-Fastfood abgestoßen sind, dann könnte dies ein Zeichen für Ihre bevorstehende Vereinigung sein.

- **Sie beginnen damit, elektrische Geräte, die blaues Licht aussenden, zu meiden:** Dies ist ein Zeichen dafür, dass Sie sich Ihres Schlafes bewusster werden und daran arbeiten, Ihr Schlafverhalten zu verbessern. Warum sehnen Sie sich nach besseren Schlafgewohnheiten? Natürlich, weil Sie in Ihren Träumen mit Ihrer Zwillingsflamme kommunizieren und so bereits vor dem ersten Treffen eine starke Verbindung zu der Person aufbauen.

- **Sie werden den Wunsch verspüren, bei jeder Gelegenheit barfuß zu laufen:** Sie werden den natürlichen Wunsch verspüren, Ihr Schuhwerk abzulegen und die Erde, auf der Sie gehen, unter Ihren Füßen zu spüren. Wenn Sie sich in Ihrem Garten mit nackten Füßen wiederfinden und einfach nur das Gras zwischen Ihren Zehen spüren, dann bereitet sich Ihr spirituelles Selbst auf größere Dinge vor.

- **Sie werden nach alternativen Wegen suchen, um Ihren Geist zu heilen:** Wenn Sie ein überwältigendes Bedürfnis verspüren, Ihr Wissen über alternative Heilmethoden zu erweitern, dann tun Sie das. Ihr Körper und Ihre Seele sagen Ihnen, dass Sie einen gewissen Grad an Heilung brauchen, bevor Sie Ihrem Zwilling begegnen können. Vielleicht fühlen Sie sich zu Reiki-Heilern oder Experten, die Akupunktur oder Kristallheilung praktizieren, hingezogen. Lassen Sie sich auf die Strömung ein und spüren Sie den Nutzen jeder Form von Heilung, die Ihnen zur Verfügung steht.

10) **Sie werden anfangen, lebhafte Träume über Ihren Zwilling zu haben**: Diese Träume sind oft die spezifischsten Zeichen einer bevorstehenden Begegnung, die Sie vom Universum erhalten. Menschen, die ihrer Zwillingsflamme begegnet sind, haben ihre Träume vor der Begegnung als realistisch und intensiv beschrieben. Sie berichten, dass sie ihrer Zwillingsflamme im Traum begegnet sind, und dass Sie bestimmte Merkmale erkannt haben, die sich später als richtig erwiesen. Zwillinge kommunizieren oft im Schlaf über die Astralebene, aber sie intensivieren die Verbindung noch, wenn sie wach sind.

Während ihrer Träume umarmen sie ihre Zwillingsflamme oft und flüstern Worte des Trostes und der Beruhigung. Manche Menschen berichten, ihr Zwilling habe sie umarmt und Dinge gesagt wie „Ich bin auf dem Weg zu dir" oder „Vertraue dem Universum, dass es uns zusammenführt". Führen Sie ein Traumtagebuch und schreiben Sie jeden Morgen nach Ihren Erlebnissen die Details, an die sie sich erinnern können, auf. Diese werden Ihnen helfen, Ihren Zwilling physisch und emotional zu erkennen.

Die Details aus diesen Träumen werden Ihnen helfen, alle folgenden Schritte auf dem Weg zu Ihrem Zwilling zu vollenden, die nach Ihrer Begegnung geschehen. Die Botschaften, die Sie erhalten, müssen aufgezeichnet werden, da sie für Sie beide wichtig sein werden, wenn Ihre Beziehung wächst und reift.

Sie sollten beachten, dass nicht jeder alle der oben genannten Anzeichen erlebt. Manche Menschen erleben ihre Begegnung aus heiterem Himmel und haben keinerlei Warnzeichen erhalten. Andere werden feststellen, dass eher eine Reihe von physischen Zeichen eine Vorstufe der Begegnung sind. Numerologie und bestimmte Muster können auf die bevorstehende Ankunft Ihres Zwillings hinweisen, halten Sie also Ausschau nach Hinweisen dieser Art. Das Wichtigste ist, dass Sie alle Ängste und Befürchtungen loslassen und ruhig bleiben. Entspannen Sie sich und genießen Sie die Vorfreude. Sie können nichts daran ändern, was mit Ihnen als Nächstes geschehen wird, aber Sie können Ihre

Erfahrung verbessern. Ihre Zwillingsflamme macht mit Sicherheit ähnliche Gefühle durch, und sie wird genauso aufgeregt und nervös sein wie Sie selbst. Denken Sie daran, wenn Sie aufeinandertreffen. Sie werden sich wundern, wieviel Sie allein durch Ihre spirituellen Verbindungen bereits übereinander wissen.

# Kapitel 6: Stufe 3: Die Reifungsphase (Flitterwochen)

Schließlich deuten alle Zeichen darauf hin, dass ein Treffen unmittelbar bevorsteht, und eines Tages erscheint die Person in Ihrem Leben und wird Teil Ihres Wesens. Ihre Zwillingsflamme mag Ihnen so lange wie ein weit entfernter Teil Ihres Lebens erschienen sein, dass es Ihnen nun schwerfällt zu glauben, dass sie wirklich hier ist. Was geschieht nach dem ersten Zusammentreffen?

Zunächst müssen Sie verstehen, welche Qualitäten Ihre Zwillingsflamme mitbringt und wie sie Ihr Leben verändern wird. Die Gefühle, die Sie empfinden, können überwältigend und oft beängstigend sein. Sie müssen erkannt und gewürdigt werden, damit Sie Ihre Zwillingsflammen-Mission beginnen können.

## Wenn Sie zum ersten Mal eine Zwillingsflamme treffen

Die Anzeichen dafür, dass wir eine Zwillingsflamme getroffen haben, sind im Kapitel über Zwillingsflammen gut dokumentiert, so dass wir bereits wissen, wonach wir suchen müssen. Denken Sie daran, dass Sie nicht unbedingt eine romantische Verbindung haben müssen; die Person kann auch ein Freund oder ein Mentor sein. Sie wird mit den gleichen Problemen zu kämpfen haben wie Sie auch, und sie wird die gleichen Stärken aufweisen.

Sie werden bereits eine Verbindung zu der Person spüren, und vielleicht erkennen Sie sie sogar aus Ihren Träumen wieder. Die Person wird die gleiche intensive Verbindung spüren und vielleicht von dem Gefühl des Wiedererkennens schockiert sein. Die Intensität wird anders sein als alles, was Sie beide bisher erlebt haben, und selbst ein Blick zwischen Ihnen wird die intensivsten Gefühle hervorrufen, die man sich vorstellen kann.

Sie beide werden wissen, dass Sie für einen höheren Zweck zusammengeführt wurden, und diese Erkenntnis kann überwältigend sein. Wie sollen Sie mit diesen intensiven Gefühlen und der tiefen und bedeutungsvollen Liebe, die Sie empfinden, umgehen und gleichzeitig produktiv sein? In diesen frühen Stadien kann es zu Drama, Chaos und Verwirrung kommen.

Zwillingsflammen sind auf einer höheren Ebene miteinander verbunden, aber sie müssen gemeinsam auf der Erde existieren. Das bedeutet, dass sie beide lernen müssen, ihre Beziehung zu mäßigen und sich an konventionellere Formen des gemeinsamen Lebens anzupassen. Selbst wenn wir keine „normale" Beziehung zu unserer Zwillingsflamme wollen, werden wir trotzdem Struktur brauchen, und es ist wichtig, dass Sie Ihre Zwillingsflamme in Ihr Leben integrieren.

Das bedeutet, dass Sie wissen müssen, wie sich Ihre Beziehungen von normalen Beziehungen unterscheiden und wie Sie damit umgehen können. Es gibt vier verschiedene Elemente in Ihrer Beziehung, die ausgewogen und gesund sein sollten.

### Entdecken Sie Ihre emotionale Verbindung

Die Begegnung von Zwillingsflammen löst die Öffnung des Herzzentrums aus, die es Ihnen ermöglicht, stärker und tiefer als je zuvor zu lieben. Denken Sie an die Verbundenheit zwischen einer Mutter und ihrem neuen Baby. Die Gehirnströme der Mutter sind mit dem Herzschlag des Babys synchronisiert, was einen Energieaustausch zwischen ihnen beiden ermöglicht. Das bedeutet, dass die Mutter die Informationen, die ihr Kind ihr sendet, erfolgreich empfängt und dass sie die Bedürfnisse und Gefühle ihres Babys versteht.

Auf dieselbe Weise lösen Zwillingsflammen verborgene Eigenschaften des anderen aus, die in der Vergangenheit vergraben und ungelöst waren. Ihre Zwillingsflamme beleuchtet Ihre Schattenseite und ermöglicht es Ihnen, die Aspekte Ihres Lebens zu erforschen, die Vergebung und Verständnis brauchen. Zwillingsflammen arbeiten als Team, um sich gegenseitig zu unterstützen. So können Sie einander den Mut geben, Ihre Herzen zu öffnen und alle Wunden zu heilen, die Sie in der Vergangenheit erlitten haben mögen.

**Wie Sie Ihre neuronalen Verbindungen stärken können**

Die spirituelle Bindung, die Sie haben, wird bereits stark sein, aber mit ihr kommt auch die Angst, dass Ihre Beziehung einen solchen Ansturm intensiver Gefühle nicht überstehen wird. Dies kann zu Erwartungsangst führen. Vielleicht sind Sie beide so besorgt darüber, was schieflaufen könnte, dass Sie die Möglichkeit des positiven Laufes der Dinge nicht erkennen.

Zwillinge haben bereits das Gefühl, dass sie sich gegenseitig spiegeln, aber wie kann dieses Gefühl noch verstärkt werden? Ähnlich wie in traditionellen Partnerschaften bietet die Flitterwochenzeit eine Gelegenheit herauszufinden, was die andere Hälfte ausmacht.

1) **Lernen Sie Ihren Partner kennen:** Ihre spirituellen Bande mögen unzerstörbar sein, aber was sind die eher praktischen Aspekte Ihres Lebens, die Sie teilen? Denken Sie daran, dass Sie beide dazu bestimmt sind, Großes zu erreichen, und dass die gemeinsamen Leidenschaften der Schlüssel zur Entdeckung Ihres Schicksals sein können. Fragen Sie die Person nach den Freuden und Höhepunkten in ihrem Leben, bevor Sie sich kennengelernt haben, und warum sie ihre Arbeit lieben. Welche Bücher lieben sie? Was sind ihre Lieblingsspeisen und Lieblingsorte, die sie gerne besuchen? Sie wissen bereits, dass Ihr Partner etwas Besonderes ist, aber Sie müssen sich trotzdem die Mühe machen, Ihren Partner kennen zu lernen.

2) **Vertrauen entwickeln:** Sie dürfen Ihren Partner niemals anlügen und müssen immer für ihn da sein. Seien Sie ehrlich in Bezug auf Ihre Gefühle, auch wenn diese verwirrend und turbulent sind. Sie sollten dazu in der Lage sein, sich in schwierigen Zeiten an Ihre Zwillingsflamme zu wenden, aber sie kann auch der Grund sein, warum Sie in Aufruhr sind! Sie müssen der Person alle Ihre Gefühle mitteilen und darauf vertrauen, dass sie für Sie da sind.

3) **Kämpfen Sie fair:** Selbst in dieser märchenhaften Zeit werden Sie Probleme mit Ihrem Partner haben, und es ist verlockend, sich mit harten Worten und Anschuldigungen Gehör zu verschaffen. Das kann für beide Seiten schädlich sein und tiefe Narben hinterlassen.

Probieren Sie diese einfachen Regeln aus, wenn Sie sich mal nicht einig sind:

- **Sie sollten genau wissen, worüber Sie streiten:** Streiten Sie sich wirklich über schmutzige Kleidung auf dem Badezimmerboden, oder ist das nur ein praktischer Grund, um einen überfälligen Streit zu verursachen? Manchmal benutzen Partner belanglose Ausreden, um Ärger zu verursachen, weil sie unterschwellige Probleme haben. Stellen Sie sicher, dass sich Ihre Diskussionen um echte Probleme drehen und nicht nur um erfundene.

- **Vermeiden Sie absolute Aussagen:** Es ist viel dramatischer, Sätze wie „Du hebst nie deine Wäsche auf" zu verwenden, wenn man sich auch diplomatischer äußern kann: „Ich wünschte, du wärst ordentlicher und würdest deine schmutzigen Sachen aufheben". Vermeiden Sie es, Ihren Partner in die Defensive zu drängen und einen Streit vom Zaun zu brechen.

- **Pausen einlegen:** Wenn Sie sich emotional angeschlagen fühlen, dann bitten Sie um eine Auszeit. Geben Sie zu, dass die Meinungsverschiedenheit noch nicht gelöst ist und dass Sie wissen, dass Sie noch reden müssen, aber gönnen Sie sich eine Pause. Nehmen Sie sich zwanzig Minuten Zeit, um Ihre heftigen Emotionen loszuwerden, und kehren Sie ruhiger und vernünftiger zurück. Dies kann auch Ihrem Partner Zeit geben, sich neu zu sammeln und die Dinge klarer zu sehen.

- **Respektieren Sie die Grenzen des anderen:** Akzeptieren Sie keine billigen Schläge unter die Gürtellinie, von denen Sie wissen, dass sie Spuren hinterlassen werden. Sie fühlen sich danach vielleicht eine Sekunde lang siegreich, aber Sie werden das Gesagte später bereuen. Im Nachhinein wird Sie das Wissen, dass Sie Ihrer Zwillingsflamme Schmerzen bereitet haben, traurig machen. Sie kennen die Wunden, die Ihre Zwillingsflamme in sich trägt, am besten und die Bereiche ihres Lebens, die empfindlich sind. Sie wissen, wie Sie die schädlichsten Schläge austeilen können. Seien Sie ein besserer Mensch und vermeiden Sie billige Kommentare, denn diese werden nur dazu führen, dass Ihr Partner das Vertrauen in Sie verliert.

- **Den Olivenzweig ausstrecken:** Erkennen Sie, wann Sie beide Ihre Grenzen erreicht haben, und erlauben Sie Ihrem Partner, den Streit mit Würde zu beenden. Machen Sie einen Scherz oder reichen Sie ihm die Hand. Alle Auseinandersetzungen sollten mit einem gemeinsamen Schlusspunkt enden. Sie haben beide gesagt, was nötig war, also stellen Sie anschließend die Nähe wieder her, nach der Sie sich beide sehnen.

# Wie Sie Ihre körperliche Verbindung stärken können

Wenn Sie Ihre Zwillingsflamme treffen, kommt es zu bemerkenswerten Veränderungen in Ihrem physischen Selbst und in Ihrem spirituellen Wesen. Die Begegnung Ihrer Zwillingsseelen wird eine Energieform freisetzen, die als Kundalini bekannt ist. Diese Energie wird Sie beide mit einer solchen Euphorie erfüllen, sodass Sie das Bedürfnis verspüren, Menschen zu umarmen und zu küssen, während Sie das Leben mit einem herrlichen Gefühl von Energie genießt. Allerdings kann diese Euphorie auch körperliche Symptome verursachen, die für beide Seiten verwirrend sein können.

Im Folgenden werden wir die spirituellen und körperlichen Symptome ansprechen, die entstehen, wenn helle und dunkle Energien freigesetzt werden. Das bedeutet nicht, dass diese Energien entsprechend gut oder schlecht sind. Es handelt sich einfach um eine Form von Energie, die in uns existiert und die freigesetzt wird, wenn wir unsere Zwillingsflammen treffen.

## Symptome des Erwachens des Lichts

- Sie verlieren jedes Gefühl für Ihr Ego und fühlen sich mit einer höheren Macht verbunden, die Verbindung ist intensiver als je zuvor.

- Sie fühlen sich gesegnet und in Liebe gebadet.

- Sie werden eins mit der Welt und empfinden intensives Mitgefühl für die Menschheit.

- Sie empfinden intensive Freude an den einfachsten Dingen.

- Ihrem Ehrgeiz sind keine Grenzen gesetzt; Sie fühlen sich dazu inspiriert, Großartiges zu leisten.

- Sie erleben eine erstaunliche Synchronizität mit den Menschen, die Sie lieben.

- Der Schleier über Ihrem Verhalten in der Vergangenheit wird gelüftet, und Sie verstehen, welchen Einfluss Sie auf andere hatten.

- Sie können sehen, wie Ihr Geist funktioniert und sich die physische Reise Ihrer Gedanken vorstellen.

- Das Universum segnet Sie mit einer Fülle von Informationen, die Ihnen ein höheres Maß an Erleuchtung erlauben.

## Symptome des dunklen Erwachens

- Es kann zu sehr heftigen Krämpfen und beängstigenden Schüttelphasen kommen.

- Sie reagieren besonders empfindlich auf äußere Reize, beispielsweise ist der Fernseher zu laut, oder das Licht im Zimmer zu hell, und Sie haben das Bedürfnis diesen Einflüssen zu entfliehen und möchten allein sein.

- Sie erleben gestörte Schlafphasen.

- Sie merken, dass Ihre Identität über die Grenzen Ihres Körpers hinausgeht, und dass ihr Leben nicht mehr durch Unsicherheit beeinflusst wird.

- Es kann zu Phasen intensiver Halluzinationen kommen, in denen es Ihnen schwerfällt, das Reale vom Imaginären zu unterscheiden. Das kann dazu führen, dass Sie das Gefühl haben, den Verstand zu verlieren.

- Sie haben Gefühle von drohendem Unheil, die Sie für eine kurze Zeit beherrschen, bis sie durch das Gefühl einer sanften Energie, die sie wegschmilzt, vertrieben werden.

Diese Symptome sind recht häufig und können erschreckend sein, aber sie werden nicht bei jeder Person auftreten. Spirituelle Energieverbindungen sind individuelle Erfahrungen, aber wenn Sie auf Ihre Zwillingsflamme treffen, erleben Sie zusätzlich eine gemeinsame Erfahrung, die das Gefühl intensiviert.

Einige Menschen haben berichtet, dass sie sich bei der Begegnung mit ihrer Spiegelseele sofort sexuell zu ihr hingezogen fühlten, während andere von einem Verlust der Libido berichten. Dies kann ein Hinweis auf die Art der Beziehung sein, die Sie mit Ihrer Zwillingsflamme führen werden. Es wäre zum Beispiel nicht angemessen, wenn Sie bei der ersten Begegnung mit einem zukünftigen Mentor das brennende Verlangen hätten, ihm die Kleider vom Leib zu reißen!

**Weniger häufige Symptome des Erwachens:**

- Es kann zu einem Gefühl der Erschöpfung ohne klare Ursache kommen, und Sie fühlen sich ermattet und haben in der Anfangsphase kein geistiges Zentrum.

- Manchmal haben Menschen in dieser Phase Träume über Schlangen. Die Kundalini-Energie wird oft als Schlangenenergie beschrieben.

- Das Gefühl, ohne Emotionen zu sein und sich wehrlos wie ein neugeborenes Kind zu fühlen, ist ebenfalls ein mögliches Symptom Ihrer Wiedergeburt als spirituelles Wesen und kann sich manchmal erschreckend anfühlen.

- Höhen und Tiefen in Ihrem Energieniveau ohne offensichtlichen Grund gehören zu den weniger häufigen Symptomen.

- Sie können manchmal auch über Geräusche halluzinieren und Musik hören, die niemand sonst hören kann.

- Sie erleben Rückblenden in Ihr früheres Leben und sehen die Erlebnisse anderer Menschen in deren früheren Leben, vor allem, wenn sie einst Ihr eigenes Leben beeinflusst haben.

- Sie fühlen sich über den Zustand der Menschheit vor Traurigkeit überwältig und haben das Gefühl, den Planeten gemeinsam mit Ihrer Zwillingsflamme zu einem besseren Ort machen zu müssen.

- Sie haben außerkörperliche Erfahrungen, bei denen Sie die Erde transzendieren und sich mit Ihrem höheren Selbst in Verbindung setzen.

- Sie erleben abwechselnd Heißhunger und völligen Appetitsverlust, genau wie eine schwangere Frau es tut.

- Sie haben auch ohne körperlichen Kontakt intensive Orgasmen.

- Auch nicht diagnostizierbare körperliche Symptome wie starke Kopfschmerzen, Übelkeit, Hautausschläge und Verdauungsprobleme können Symptome des Erwachens sein.

Dieses Freisetzen von Energie kann für Sie beide eine freudige Zeit sein, vorausgesetzt, Sie sind darauf vorbereitet. Seien Sie füreinander da und unterstützen Sie sich gegenseitig, achten Sie auf sich und Ihr Nervensystem.

Seien Sie die mitfühlende Stütze, die Sie beide brauchen, und kümmern Sie sich umeinander. Sie befinden sich in der Flitterwochenphase. Das hört sich zwar verlockend an, aber Ihre tatsächliche Erfahrung hängt davon ab, wie Sie auf die Flut neuer Erfahrungen reagieren, die Sie in dieser Zeit erleben.

# Wie man das Beste aus den Flitterwochen macht

Nur weil Sie beide Zwillingsflammen sind, heißt das nicht, dass Sie von dem Gefühl, dass man bei „normalen" Flitterwochen bekommt, ausgenommen sind. Diese können ein Teil des Schicksals eines Liebespaares sein, in manchen Fällen verlaufen Sie aber eher wie eine Zeit zwischen Freunden, die gemeinsam in den Urlaub gefahren sind. Wenn Sie sich eine Auszeit vom Lärm und Stress Ihres Alltags gönnen können, werden Sie sich beide in Ihrer Beziehung wohler fühlen. Wenn Sie über ein gesundes Budget verfügen, dann ist die Welt voll von Traumzielen, die Sie beide gemeinsam erkunden können. Lassen Sie uns also einige idyllische Ziele betrachten, an denen Sie gemeinsam traumhafte Flitterwochen verbringen können.

### Spirituelle Reiseziele für die Flitterwochen

1) **Omega Institute for Holistic Studies:** Eingebettet in das malerische Hudson Valley, bietet dieser Rückzugsort saisonale Aktivitäten für jeden Geschmack. Im Sommer können Sie nach New York reisen und mit Gleichgesinnten an einer Vielzahl von Veranstaltungen teilnehmen. Sie können auf dem See Kanu fahren, schwimmen oder Kajak fahren oder versuchen, das Labyrinth vor Ort gemeinsam zu durchwandern. Es werden Meditations- und Yogakurse sowie andere spirituelle Praktiken angeboten, und Sie können die beeindruckende Bibliothek mit 7.000 Büchern nutzen, um sich intellektuell weiterzubilden. Besucher werden ermutigt, ihren Aufenthalt auf ihre persönlichen Bedürfnisse abzustimmen, und die Mitarbeiter werden mit Ihnen zusammenarbeiten, um sicherzustellen, dass Ihre Reise Ihren Vorstellungen entspricht.

2) **Miraval:** In den Tiefen des südlichen Arizonas befindet sich ein traumhaftes Top-Spa-Resort, das als eines der besten in den USA gilt. Es sieht zwar aus wie jedes herkömmliche Spa-Resort mit all dem Luxus und Komfort, den Spas üblicherweise anbieten, aber schauen Sie sich die angebotenen Pakete einmal genauer an.

Miraval bietet Ihnen ein einzigartiges Erlebnis, die sogenannte „Equine Experience". Durch die Interaktion mit speziell ausgebildeten Pferden werden die Besucher ermutigt, ihre Ängste und Selbstzweifel loszulassen. Es gibt auch Programme, die sich mit den sexuellen Aspekten des Lebens befassen und Ihnen dabei helfen können, die Probleme in Ihrem Liebesleben zu lösen.

3) **Canyon Reach:** Mit ihren Resorts in vier verschiedenen Teilen der USA will die Canyon Ranch Ihnen dabei helfen, ein höheres Maß an Gesundheit und Wohlbefinden zu erreichen. Neben ausgewogenen Gourmet-Mahlzeiten werden auch Ernährungskurse angeboten. Hier lernen Sie mehr darüber, wie Ihre Ernährung Ihre allgemeine Gesundheit beeinflusst. Es wird auch ein medizinischer Check angeboten, um sicherzustellen, dass die Gäste das richtige Maß an Fitness für die Teilnahme an den Programmen haben. Dieser gehobene Rückzugsort bietet die perfekte Gelegenheit, um fit zu werden und von dem professionellen Trainingsangebot zu profitieren. So lassen sich die Flitterwochen so richtig genießen.

4) **Shreyas Yoga Retreat Bangalore:** Dieser indische Ashram bietet ein spirituelles Paradies in einer der schönsten Gegenden des Kontinents für abenteuerlustige Reisende. Es gibt nur zwölf Zimmer in einem 25 Hektar großen Garten, so dass jeder Gast ein einzigartiges Erlebnis hat und als Teil der Familie behandelt werden kann. Dieses Resort unterscheidet sich von den meisten Spa-Urlaubszielen, da es sich darauf konzentriert, die Gäste auf eine spirituelle Reise zu entführen. Dazu gehören traditionelle Yoga- und Spa-Behandlungen, aber auch die Interaktion mit der Natur.

Die Gäste werden dazu ermutigt, an naturbezogenen Aktivitäten in der Umgebung teilzunehmen und lokale Dörfer zu besuchen. Sie haben die Möglichkeit zu sehen, wie die Menschen auf den umliegenden Feldern arbeiten, und sie können in einem örtlichen Waisenhaus bei der Zubereitung von Mahlzeiten helfen. Diese Erfahrung wird Ihr kritisches Denken fördern und Ihr Bewusstsein dafür erhöhen, dass Sie ein privilegiertes Leben genießen.

5) **Turtle Island Fiji:** Dieses Resort ist eher für romantische Paare geeignet, kann aber auch als Freundschaftsurlaub gebucht werden. Es sind nie mehr als 14 Paare gleichzeitig im Resort, so dass Sie sich dort nie eingeengt oder überfordert fühlen werden. Jedes Paar hat einen eigenen Strandabschnitt und kann sich in einer traditionellen fidschianischen Zeremonie trauen lassen, zu der auch traditionelle Kleidung und ein Hochzeitsfloß gehören. Die Mahlzeiten werden in einem Gemeinschaftsraum im Freien serviert, dazu gibt es den besten französischen Champagner. Auch wenn Ihnen dies eher luxuriös als spirituell erscheinen mag, ist die Umgebung doch perfekt, um Ihre Zwillingsflamme besser kennen zu lernen.

Nicht jeder kann das reale Leben hinter sich lassen und an weit entfernte Orte reisen, um seine Beziehungen zu erforschen. Wie soll man also eine Verbindung aufbauen, wenn andere Menschen ständig stören? Teilen Sie Ihre Lieblingsaktivitäten. Schauen Sie sich gemeinsam einen Film an und genießen Sie dabei etwas Pizza und Wein.

Ihre Zwillingsflamme ist mit Sicherheit so aufgeregt über die neuen Erfahrungen wie Sie, also nutzen Sie diese spannende Zeit. Nehmen Sie sich ein Wochenende frei, um gemeinsam zu zelten und sich mit der Natur zu verbinden. Einen Sonnenuntergang mit der Person zu erleben, von der Sie Ihr ganzes Leben lang geträumt haben, kann genauso wundervoll sein wie der Besuch eines Luxusresorts. Das Gefühl des warmen Regens auf Ihrem Gesicht kann Ihre Seele mit einer Freude erfüllen, die genauso befriedigend ist wie Sex. Ihre spirituelle Verbindung kann sich überwältigend anfühlen, also denken Sie daran, Ihre gemeinsame Zeit zu genießen, so intensiv sie auch sein mag

# Kapitel 7: Phase 4: Die Prüfung (Krisenphase)

Wann beginnt die Krisenphase? Das kann unterschiedlich sein, je nach Beziehung und nach dem Grad des Kontakts, den die Zwillingsflammen miteinander haben. Wenn Sie mit Ihrer Zwillingsflamme zusammenleben, dann wird die Krisenphase wahrscheinlich früher eintreten. Wenn Sie Ihre Zwillingsflamme nur bei der Arbeit oder im gesellschaftlichen Leben sehen, kann es Jahre dauern, bis Sie diese Phase erreichen.

Die meisten Paare werden nach ihrer ersten ernsthaften Meinungsverschiedenheit Veränderungen in ihrer Beziehung feststellen. Wir alle wissen, dass auch die gesündeste Beziehung Rückschläge erleiden kann, aber warum sind Zwillingsflammen stärker von Turbulenzen und Problemen in ihrer Beziehung betroffen? Es liegt daran, dass deren Beziehung von einer eher normalen irdischen Verbundenheit auf eine höhere Ebene aufgestiegen ist, die alles intensiviert und jede Emotion verstärkt.

## Die Hauptursachen für Turbulenzen in der Krisenphase

Wenn sich erst einmal Zweifel eingestellt haben, kann das die Schleusen für weitere negative Gefühle in Bezug auf Ihre Beziehungen öffnen. Sie haben Ihre Flitterwochen in dem Glauben verbracht, dass Ihre Beziehung kugelsicher ist. Sie leben wie in einem Märchen, und jeden Tag stellen Sie neue Ähnlichkeiten zwischen sich selbst und Ihrem Zwilling fest. Sie haben die perfekte Beziehung, und können sich vermeintlich jeder Herausforderung stellen, bis etwas Unerwartetes passiert!

# Warum kommt es zu einer Distanzierung zwischen Menschen, die so eng miteinander verbunden sind?

Bedenken Sie die Fakten. Eine „normale" Beziehung besteht zwischen zwei Menschen, die sich zueinander hingezogen fühlen, oder zwischen zwei Personen, die sehr unterschiedlich sein können. Ihre Persönlichkeiten sind gegensätzlich, und ihre Interessen können ebenfalls sehr unterschiedlich sein. Sie entwickeln ihre Beziehung, indem sie verschiedene Dinge ausprobieren. Sie versuchen herauszufinden, ob sie zusammenleben können, obwohl sie so unterschiedlich sind. Das ist das Schöne an normalen Beziehungen und an der Freude, herauszufinden, ob andere Menschen mit den eigenen Macken und Marotten leben können.

Zwillingsflammen sind anders. Sie beide sind zwei Hälften ein und desselben Wesens, also sollten Sie niemals Unstimmigkeiten erleben, oder? Überlegen Sie einmal, wie Sie gelebt haben, bevor Sie Ihre Zwillingsflamme getroffen haben. Fanden Sie jeden Aspekt von sich selbst perfekt? Waren Sie voller Selbstvertrauen und hatten nie das Bedürfnis, sich zu verbessern? Viele Menschen verfügen über ein geringeres Selbstwertgefühl, und das kann die Turbulenzen in der Beziehung verursachen.

Schließlich ist es viel einfacher, jemanden zu lieben, der anders ist als man selbst und der einen vervollständigt. Doch wenn Sie sich selbst nicht so lieben, wie Sie sind, wie können Sie dann ein Spiegelbild Ihrer selbst aufrichtig lieben?

Wenn Sie in einer intimen Beziehung mit Ihrem Zwilling leben, kann Sex der Auslöser für Ihre Krisenphase sein. Der Akt der Intimität wird vergangene Wunden und Traumata auslösen. Sie werden sich beide fragen, ob die angesammelte Negativität, die Sie mit in die Beziehung bringen, überwunden werden kann. Ein Übermaß an ausgetauschten Informationen über die gegenseitigen Gefühle kann zu vielen Auseinandersetzungen fühlen und zum Fokus Ihrer Beziehung werden.

**Warum kann Drama so süchtig machen?**

Die emotionalen Trigger aus Ihrer Vergangenheit können ein emotionales Chaos verursachen, das dazu führt, dass Sie nicht mehr normal funktionieren können. Sie konzentrieren sich zu sehr auf den Herzschmerz und das Trauma vergangener Momente, so dass Sie beide im Moment festsitzen und keine Energie mehr finden, um über den Streit hinwegzukommen.

Sobald der Körper Stress ausgesetzt wird, schüttet das Gehirn Chemikalien aus, die sich auch in Opiaten finden lassen. Das heißt, je mehr das Drama eskaliert, desto mehr sehnt sich der Körper nach weiteren Konflikten. Manche Menschen glauben, dass sie nur dann Liebe und Aufmerksamkeit bekommen, wenn sie eine Situation schaffen, die auf Spannung basiert. Sie glauben, dass sie sich nur so sicher sein können, dass die Menschen, die sie lieben, bei ihnen bleiben, wenn die Zeiten schlecht sind.

Wie bei anderen Süchten auch, entwickeln Körper und Geist eine Toleranz für den ständigen Stress, sodass das Drama in der Beziehung stetig zunimmt. Bei Zwillingsflammen ist dies noch ausgeprägter. Schließlich teilen Zwillingsflammen positive wie negative Gefühle und wenn ein Teil der Zwillingsflamme geradezu süchtig nach Stress ist, so ist es der andere auch! Als Paar werden sie Dinge aus der Vergangenheit wieder aufwärmen, um sich gegenseitig zu versichern, warum Sie solche Angst davor haben, von Ihrem Partner verletzt zu werden. Sie werden sich hauptsächlich auf die diversen Probleme konzentrieren und dabei alles Positive aus den Augen verlieren.

**So erkennen Sie, dass Sie in einem Zwillingsflammendrama feststecken:**

1) **Sie erzählen Gott und der Welt immer zu von Ihrer Beziehung:** Wenn Sie sich in den sozialen Medien dabei ertappen, wie Sie Ihren Beziehungsstatus ändern und in Foren und Blogs über Ihr Privatleben schreiben, dann sind Sie womöglich süchtig nach Ihrem eigenen Drama!

2) **Ihr Verstand hängt unerlässlich der Erinnerung an den Konflikt nach:** Selbst, wenn Sie nicht mit Ihrem Zwilling zusammen sind oder sich eine Pause gegönnt haben, können Sie einfach nicht loslassen. Ihnen schwirren die ganze Zeit Erinnerungen an Streitgespräche und Meinungsverschiedenheiten durch den Kopf. Dieses automatische und ständige Überdenken der Situation führt

dazu, dass Sie sich selbst und Ihre Beziehungen zueinander und zu anderen Menschen ständig in Frage stellen. Sie werden von den Ängsten und der Wut, die Ihren Kopf füllen, überwältigt, und Sie machen sich ständig Sorgen über die Vergangenheit und die Zukunft.

3) **Sie streiten mit sich selbst:** In Ihrem Kopf streiten Sie ständig mit sich selbst darüber, wie die Beziehung gerade läuft. Sie finden Ausreden für Ihren Zwilling und werden wütend auf sich selbst und ihn.

4) **Ihre frühere Identität gehört der Vergangenheit an:** Wenn Sie an sich selbst denken, tun Sie das im Kontext ihres Partners. Sie identifizieren sich ausschließlich als Teil Ihrer Zwillingsflamme und nicht mehr als Individuum. Tief in Ihrem Inneren wissen Sie, dass Ihre Individualität der Vergangenheit angehört, und dass sie verschwunden ist, seit Sie Ihre Zwillingsflamme getroffen haben.

5) **Sie rechtfertigen Ihre negativen Erfahrungen und vergleichen Sie mit den Erfahrungen anderer Zwillingsflammen:** Wenn Sie nach Beispielen für unglückliche Zwillingspaare suchen und sie mit Ihrer Situation vergleichen, dann konzentrieren Sie sich vielleicht auf den falschen Teil Ihrer Beziehung!

6) **Sie bitten unablässig andere Leute um Rat:** Wenn Sie es nicht länger als ein paar Tage aushalten, ohne im Internet nach spirituellem Rat zu suchen oder einen Tarotkartenleser zu konsultieren, haben Sie möglicherweise ein Problem. Die Einsicht in Ihre Situation sollte sich auf Ihre Beziehung stützen und nicht auf ein „Orakel" oder den Rat eines Hellsehers verlassen.

7) **Ihr Drama ist das Hauptgesprächsthema:** Haben Sie bemerkt, dass Ihre Mitmenschen mit den Augen rollen oder sich entschuldigen, wenn Sie über Ihre Zwillingsflamme und die Probleme, die Sie mit ihr haben, sprechen? Das ist ein sicheres Zeichen dafür, dass Sie Ihr Leben von Ihrer Beziehung und dem Drama, das diese verursacht, beherrschen lassen. Was ist bloß mit Ihren anderen Leidenschaften und Interessen passiert??

**Wie Sie den Kreislauf des Dramas beenden und sich auf die positiven Aspekte Ihrer Beziehung konzentrieren können**

1) **Für einen Moment abschalten:** Treten Sie zurück, nehmen Sie Abstand von der Situation und atmen Sie tief durch. Setzen Sie

sich in einen dunklen Raum, konzentrieren Sie sich auf Ihren Atem und sagen Sie sich, dass sich etwas ändern muss. Sie wissen, dass Sie außer Kontrolle geraten sind und dass es an der Zeit ist, zu einer Form der Normalität zurückzukehren.

2) **Reinigen Sie Ihre Energie:** Wenn Sie sich in der Krisenphase befinden, sind Sie von dunkler Energie erfüllt, die Ihr Leben beherrscht. Die Sucht nach Ihrem Drama kann sich wie ein Ohrwurm anfühlen, der in Ihrem Gehirn ständig in einer Schleife läuft. Das Drama kann sich in Ihrer Psyche festsetzen und Sie bis in Ihre Träume verfolgen. Der beste Weg, um diese Gefühle loszuwerden, ist, jegliche negative Energie zu entfernen und mit einem Neuanfang zu beginnen.

Probieren Sie diese wirksamen und doch einfachen Methoden zur Energiereinigung aus.

• **Das Kabel durchtrennen:** Wer ist der Hauptdarsteller in Ihrem Drama? Der Protagonist ist natürlich Ihr Zwilling. Aber wer steht noch am Rande Ihrer Beziehung und steckt seine Nase in Ihre Angelegenheiten? Stellen Sie sich all die Menschen vor, die Sie in Aufruhr versetzen, und lassen Sie sie im Geiste los. Denken Sie an sie und stellen Sie sich eine Schnur vor, die sie mit Ihnen verbindet. Sagen Sie dann: „Ich segne dich mit positiver Energie und lasse dich los", während Sie die Schnur durchschneiden. Beobachten Sie, wie die schlechten Energien wegfliegen, und spüren Sie die Leere, die dadurch in Ihrem Geiste hinterlassen wird. Überlegen Sie jeden Abend vor dem Einschlafen, welche negativen Energien nach einem langen Tag an Ihnen haften, und lassen Sie sie los. Das hilft Ihnen dabei, mit einem klaren und gesunden Geist in den Schlaf zu gleiten.

• **Negative Gedanken beseitigen:** Nehmen Sie sich ein Notizbuch und schreiben Sie alles Negative auf, dass Ihnen gerade in den Kopf kommt. Wenn Zwillingsflammen eine Verbindung eingehen, kann dies einige ziemlich verheerende Gefühle aus der Vergangenheit zum Vorschein bringen. Diese sind oft das Resultat von jahrzehntelanger Unterdrückung und brechen schließlich mit überwältigender Kraft über Sie herein. So können sie Ihr geistiges Gleichgewicht völlig zerstören. Einige dieser Gedanken haben ihren Ursprung in persönlichen Erfahrungen aus Ihrer Vergangenheit. Es können aber auch willkürlich die

Meinungen und Erwartungen anderer Menschen auftauchen. Vielleicht denken Sie, dass Sie nicht gut genug für Ihren Zwilling sind, oder dass er etwas Besseres verdient hat. Diese Denkweise ist schädlich, und Sie sollten alle negativen, überflüssigen und sich wiederholenden Gedankenformen vertreiben, um Platz für positive Gedanken zu schaffen. Stellen Sie sich ein helles, weißes, reinigendes Licht vor, das Ihnen dabei hilft, alle geistigen Ablagerungen, die in Ihr Energiefeld eindringen, zu beseitigen.

- **Schaffen Sie einen heiligen Raum:** Wenn die emotionalen Kämpfe zwischen Ihnen und Ihrem Zwilling wirklich so unvermeidlich sind, dann brauchen Sie einen Ort, an dem Sie sich wieder mit positiver Energie aufladen können. Ihre Energie ist wie ein Akku, der immer wieder Strom braucht. Suchen Sie dazu einen heiligen Ort auf, beispielsweise einen ruhiger Raum in Ihrem Haus oder Ihren Lieblingsort in Ihrem örtlichen Park. Ein Ausflug an den Strand oder an einen anderen schönen Ort in der Nähe wird Ihnen die Gelegenheit geben, Ihre Gedanken zu sammeln und Ihre positive Einstellung zu verbessern. Wenn es keinen ruhigen physischen Ort in Ihrer Umgebung gibt, dann schaffen Sie sich einen energetisierenden Raum in Ihrer Vorstellung. Stellen Sie sich vor, Sie wären im Weltraum oder auf einem anderen Planeten, um das Beste aus Ihrer Visualisierung herauszuholen. Suchen Sie im Geiste Abstand.

- **Weinen Sie sich ordentlich aus:** Haben Sie sich jemals gefragt, warum Kinder so oft weinen? Kinder wissen, dass das Weinen ihnen eine emotionale Befreiung ermöglicht, die auch ihre Energie reinigen und positive Schwingungen erzeugen kann. Als Erwachsene sind wir darauf konditioniert, unser Weinen auf ein Minimum zu beschränken und tapfer zu bleiben, wenn wir ein Trauma erleben. Lassen Sie Ihre Gefühle am besten einfach raus. Wenn Sie sich emotional ausgelaugt fühlen, müssen Sie Ihre Aura reinigen, und das Weinen kann Ihnen dabei helfen. Vielleicht fühlen Sie sich nicht dazu in der Lage, Ihrer Traurigkeit freien Lauf zu lassen. In solchen Fällen kann ein Auslöser helfen, der Sie zum Weinen bringt. Schauen Sie sich beispielsweise einen angemessen traurigen Film auf Ihrem iPad an, schnappen Sie sich eine Handvoll Taschentücher und weinen Sie sich so richtig aus!

- **Nehmen Sie ein Salzbad:** Um Ihre Energie und Ihren Körper zu reinigen, ist diese traditionelle Art der Entspannung perfekt. Salz ist eines der natürlichsten reinigenden Elemente, und Meersalz ist sogar noch wirksamer. Verwenden Sie Himalaya-, Bittersalz oder normales Meersalz in einem heißen Bad, um all die negative Energie, die sich an Ihnen festhält, herauszulassen.

3) **Lösen Sie sich von Bindungen an Gruppen oder Chats, in denen sich Zwillingsflammen über Ihre Erfahrungen austauschen:** Ihre Erfahrungen mit Ihrem Zwilling sollten eine Privatangelegenheit zwischen Ihnen beiden bleiben. Es mag verlockend sein, mehr über die Erfahrungen anderer Menschen herauszufinden und in deren persönliche Traumata und Konflikte verwickelt zu werden, aber es kann auch Ihren Geist durcheinanderbringen. Sie könnten aus Versehen einen Streit verursachen, indem Sie das Drama anderer Menschen in Ihre Beziehung hineintragen. Lösen Sie sich von äußeren Einflüssen. Nur so können Sie herausfinden, was den Konflikt in Ihrer Beziehung verursacht.

4) **Vergeben und Vergessen:** Sobald Ihre Energie gereinigt ist, ist es an der Zeit, ein paar Brücken zu bauen. Nehmen Sie Kontakt zu Ihrem Zwilling auf und bitten Sie ihn, Ihnen zu vergeben, sowie Sie auch ihm vergeben. Das kann Ihnen einen Neuanfang ermöglichen. So haben Sie dann die Gelegenheit, zu dem Paar zu werden, dass Sie beide schon immer sein wollten. Damit dies geschehen kann, muss es Ihnen beiden gut gehen, sonst geraten Sie wieder in das Hamsterrad der Gefühle, aus dem Sie eigentlich aussteigen wollen. Denken Sie daran, dass Sie im Grunde ein und dasselbe wollen. Das Drama und der Aufruhr nutzen keinem von Ihnen. Vielmehr schadet es Ihnen beiden, und muss aus diesem Grund dringend angesprochen werden. Wenn Sie das Gefühl haben, dass Ihr Zwilling Sie absichtlich verletzt hat, sollten Sie überlegen, was das über seinen emotionalen Zustand aussagt. Niemand, der selbst glücklich ist, hat das Bedürfnis, andere Menschen zu verletzen. Die Verletzung entstammt dem Schmerz und der möglichen Angst vor dem, was zwischen Ihnen beiden geschieht.

5) **Ersetzen Sie Ihre Sucht nach Drama durch eine andere positivere Aktivität:** Selbst, wenn Sie entschlossen sind, das Drama aus Ihrer Beziehung zu verbannen, müssen Sie sich darüber im Klaren sein,

dass Sie beide die Konflikte und die Rolle, die diese in Ihrer Beziehung gespielt haben, vermissen werden. Füllen Sie diese Lücke mit einer anderen positiven Aktivität, damit Sie beide mit einem neuen Muster weitermachen können, das das alte ersetzt. Denken Sie an die Rolle, die das Kaugummikauen für Menschen spielen kann, die versuchen, das Rauchen aufzugeben. Viele ehemalige Raucher werden Ihnen sagen, dass der Kaugummi bei der Entwöhnung effektiver ist als alles andere, weil es eine alte, negative Gewohnheit durch eine neue ersetzt. Sport, Kochen, Lesen oder Fernsehen – all diese Aktivitäten können als Alternativen geeignet sein. Wenn Sie über etwas nachgrübeln müssen, essen Sie dabei besser ein Stück Obst oder machen Sie das Radio an, anstatt sofort Streit zu suchen.

6) **Bei Bedarf wiederholen:** Die oben erläuterten Methoden sind keine Universallösungen für alle Zwillingsflammenbeziehungen, aber sie werden helfen. Sie müssen diese vielleicht jeden Tag anwenden, aber der Erhalt Ihrer Beziehung wird Ihnen die Mühe wert sein. Alle zwischenmenschlichen Verbindungen sind harte Arbeit, besonders, wenn sie lange halten sollen. Aber schließlich haben Sie so lange auf die Ankunft Ihrer romantischen Zwillingsflamme gewartet, dass es tragisch wäre, wenn Sie diese durch einen dummen Streit wieder verlieren.

# Wie nicht-romantische Zwillingsflammen-Beziehungen Krisen erleben

Wenn man sich mit seiner Zwillingsflamme auf eine Art und Weise verbindet, die keine Intimität oder Sex beinhaltet, fällt doch sicher die ganze Spannung weg, die durch die romantischen Bindungen erzeugt wird, oder nicht? Das würden wir gerne glauben, aber jeder, der die Beziehung zwischen Seelenverwandten und Zwillingsflammen am eigenen Leibe erlebt hat, weiß, dass das Gegenteil der Fall ist.

Sobald Sie sich mit Ihrer Seelengruppe oder Ihrer Spiegelseele verbunden haben, haben Sie eine Dimensionsverschiebung durchlaufen, die die meisten menschlichen Erfahrungen übersteigt. Sie sind wahrscheinlich ein spirituell gesundes Wesen, das diese Art von Verbindungen gerne erlebt, was dazu führen kann, dass Sie andere Menschen, die nicht so weit entwickelt sind wie Sie, ablehnen. Selbst wenn

Sie die bessere spirituelle Version Ihrer selbst werden, liegt die Messlatte höher. Sie sind körperlich gesünder und emotional stärker, und es fällt Ihnen schwer, zu verstehen, warum andere Menschen nicht die gleichen Anstrengungen unternehmen, um ihr eigenes Leben zu verbessern.

Diese Wahrnehmungsverschiebung kann in Ihrer Welt viel Chaos verursachen, noch bevor Sie Ihre Zwillingsflamme treffen. Das Phänomen wird schließlich durch die Begegnung mit der Zwillingsflamme nur noch verstärkt. Wenn Sie sich des Konfliktpotenzials Ihrer Beziehungen bewusst sind, sollten Sie sich auf den unvermeidlichen Konflikt vorbereiten.

1) **Sie werden Freunde verlieren:** Ihre Persönlichkeit wird sich verändern, und die Energie, die Ihre Zwillingsflammenverbindung mit sich bringt, wird Sie in eine höhere Position bringen. Das wird Sie von den Menschen trennen, die einst in Ihrem Leben waren, bevor Sie aufgestiegen sind. Solche Personen mögen sich in Ihrer Gegenwart mittlerweile unwohl fühlen. Die Schwingungsfrequenzen werden kollidieren, und sie werden sich abgeschnitten und verlassen fühlen. Einige der einflussreichsten Menschen in Ihrem Leben, sogar diejenigen, die Sie seit Ihrer Kindheit kennen, werden wegfallen. Machen Sie sich aber bitte keine Sorgen, denn Sie sind jetzt Teil eines anderen Clubs. Schließen Sie sich der weltweiten Zwillingsflammengemeinde an und mischen Sie sich unter Menschen, die das Konzept der Zwillingsflammen-Erfahrungen verstehen.

2) **Sie werden den Job wechseln:** Die Verschiebung der Dimensionen wird sich auf alle Aspekte Ihres Lebens auswirken. Das ist eine Tatsache. Sie werden damit anfangen, bessere Dinge zu erwarten, wann und wo immer Sie sind. Betrachten Sie es als eine Art spiritueller V.I.P.-Status, als wenn Sie im Flugzeug in die Business Class eingeladen werden. Ihre Seele wird mehr wollen, und sie wird Sie aus Ihrer Komfortzone drängen, um das zu erreichen, was sie als Ihre Bestimmung ansieht. Vielleicht machen Sie an dieser Stelle Ihre Zwillingsflamme für diese unangenehmen Gefühle verantwortlich und wünschen sich, Sie hätten sie nie getroffen. Dies ist nur eine Phase auf Ihrem gemeinsamen Weg zum Erfolg. Es wird Zeiten der Unruhe geben, aber halten Sie durch, denn das Ergebnis wird die schwierigen Zeiten rechtfertigen.

3) **Sie könnten den Kontakt zu Familienmitgliedern verlieren:** Wenn Ihre Zwillingsflamme nicht zu Ihrem eher traditionellen familiären Kreis gehört, kann das zu Konflikten führen. Ihre Familie erwartet, dass Sie sich ganz auf sie und ihre Bedürfnisse und Wünsche konzentrieren, daher kann es störend sein, wenn sich dieser Fokus verschiebt. Wenn Sie sich verändern und bessere Dinge erwarten, kann es sein, dass sie stagnieren und an Ihren gegenwärtigen familiären Aktivitäten eher wenig beteiligt sind, und das ist auch in Ordnung. In Familien dreht sich alles um Drama und Intrigen, so dass unvermeidlich Probleme auftreten. Trennen Sie sich von toxischen Verbindungen und konzentrieren Sie sich auf Ihre geistige Gesundheit. Denken Sie daran: Nur weil Sie in eine Gruppe von Menschen hineingeboren wurden, heißt das nicht, dass Sie ein Leben lang an sie gebunden sind.

4) **Sie werden intolerant gegenüber unbedeutenden Handlungen:** Sie und Ihre Zwillingsflammen sind mit höheren Schwingungen erfüllt, die es Ihnen ermöglichen, Ihr wahres Leben zu leben, ohne sich auf Angelegenheiten auf niedrigerer Ebene zu konzentrieren. Das Problem ist, dass wir Menschen dazu neigen, uns diesen niederen Verhaltensweisen hinzugeben, ein solches Verhalten ist Zwillingsflammen zuwider. Klatschtanten, Tyrannen, Lügner, Betrüger und Paranoide sollten Sie alle loswerden. Ihr altes Leben mag solche Verhaltensweisen zugelassen haben, aber das neue, erleuchtete Leben wird ein besseres Leben. Sie werden nicht unbedingt auf andere Menschen herabblicken oder ihre Existenz bemitleiden; Sie werden einfach beschließen, sich nicht mehr mit ihnen einzulassen. Ihre Zwillingsflamme könnte für Ihre neue Einstellung verantwortlich gemacht werden, was zu Konflikten führen könnte.

5) **Alkohol und andere Stimulatoren gehören nicht mehr in Ihr Leben:** Wenn Sie einmal das Hochgefühl der Zwillingsflammen-Verbindung erlebt haben, gibt es kein Zurück mehr. Sie werden verstehen, was Sie antreibt und erkennen, dass es nicht die Toxine sind, auf die sich andere Menschen verlassen. Höhere Schwingungsfrequenzen führen zu einer spontanen natürlichen Reinigung des Systems. Sie werden stärker von natürlichen Stimulanzien beeinflusst und müssen nicht mehr zu Koffein oder Zucker greifen, um Ihr Energieniveau zu erhöhen. Dies kann zu

Konflikten in Ihrer sozialen Gruppe führen, da Sie nicht mehr in Bars oder Cafés gehen müssen und es gegebenenfalls vorziehen werden, Ihre Seele mit Museumsbesuchen und kulturell bereichernden Veranstaltungen zu füttern.

6) **Sie werden eher Ihrer Seele als Ihrem Ego folgen:** Sie werden besser verstehen, wie wichtig der göttliche Plan für ihr Leben ist und wie er Sie auf Ihrem Weg steuert. Sobald Sie den traditionellen Glauben, dass Ihr Ego das Sagen haben sollte, loslassen, werden Sie sich besser auf das Hier und Jetzt konzentrieren. Das kann dazu führen, dass Sie eher dazu bereit sind, mit dem Strom zu schwimmen. Das kann zu Konflikten führen, sofern Ihr göttlicher Plan den Bedürfnissen und Wünschen anderer Menschen in Ihrem Leben zuwiderläuft.

Es ist wichtig, dass Sie verstehen, dass alle Zwillingsflammenbeziehungen die Konfliktphase durchlaufen müssen. Einige werden Sie überleben und ihre Beziehungen werden weiter gedeihen; andere werden einen anderen Weg einschlagen.

# Kapitel 8: Phase 5: Die Jagd oder die Flucht

In dieser Phase der Beziehung sind Sie vielleicht beide von all dem Aufruhr und den Turbulenzen erschöpft, die Sie durchgemacht haben. All die Jahre, in denen Sie sich nach „dem Richtigen" gesehnt haben und sich wünschten, Sie könnten sich vervollständigt fühlen, scheinen endgültig der Vergangenheit anzugehören. Die berauschenden Tage der Anziehung und der Liebe sind durch den Stress und die Angst, die durch Ihre Krisenphase verursacht wurden, ausgelöscht worden.

Wahrscheinlich befinden sich Ihre Seelen auf unterschiedlichen Reifegraden, und einer von Ihnen wird mit der Intensität schwerer umgehen können als der andere. Die jüngere Seele wird oft das Bedürfnis verspüren, zu fliehen, während die ältere Seele zu dem Partner wird, den man den *Verfolger* nennt. Die meisten Zwillingsflammenpaare werden diese Phase durchlaufen, aber die Dauer der Phase ist von den Persönlichkeiten beider Partner und den genauen Umständen abhängig.

Wenn Sie in Ihrer Beziehung der Verfolger sind, ist es wichtig zu wissen, worauf Sie achten müssen, wenn Ihr Partner zu fliehen beginnt. Wenn Sie die ersten Anzeichen kennen, können Sie sich auf den Auszug des Partners vorbereiten und verstehen, warum die Beziehung eine Pause braucht. Es sollte keine Schuldzuweisungen geben, wenn man sich trennt; eine Trennung könnte das Gesündeste sein, was man als Paar tun kann, aber die Rolle, die Sie beide dabei spielen, sollte genau festgelegt werden, bevor Sie diese Phase der Zwillingsflammenreise beginnen.

# So erkennen Sie, ob Ihre Zwillingsflamme ein Läufer ist

Zunächst müssen Sie verstehen, dass der Hauptgewinn in einer Zwillingsflammenbeziehung nicht immer eine lebenslange romantische Beziehung ist. Die männliche göttliche Seele wird oft das Bedürfnis haben, andere Beziehungen zu haben, obwohl sie mit ihrer weiblichen göttlichen Seele verbunden ist. So funktioniert eben die männliche Seele, und der Versuch, die Hintergründe dieses Dranges zu verstehen, ist sinnlos.

Die Läufer wissen nicht immer, warum sie gehen; sie haben einfach das Gefühl, dass die Trennung von ihrem Zwilling der einzige Weg ist, um im Leben weiterzukommen. Das bedeutet nicht, dass die Gefühle, die sie haben, weniger intensiv sind als die des Verfolgers, sie sind nur weniger gut dazu in der Lage, mit ihnen umzugehen. Der Prozess beginnt, wenn der Läufer daran zu zweifeln beginnt, dass die Verbindung wirklich das ist, was er will, und er beginnt, sich in verschiedenen Bereichen zurückzuziehen.

1) **Ghosting:** Dies ist wahrscheinlich eine der grausamsten Strategien, um sich aus einer Beziehung zurückzuziehen. Bei diesem Verfahren stellt der Läufer plötzlich und ohne Vorwarnung alle Formen der Kommunikation eins und antwortet auf keine Ihrer Nachrichten. Sie werden sich zunächst fragen, was passiert ist und sich wundern, ob Sie Ihren Partner verletzt haben, oder ob ihn ein plötzlicher Notfall dazu veranlasst hat, die Stadt zu verlassen. Bei näherer Betrachtung stellen Sie dann fest, dass die Person Sie aus ihrem Leben ausgeschlossen hat. Sie sind in den sozialen Medien blockiert worden, die Person hat ihre Nummer geändert, und Sie haben keine andere Möglichkeit, mit ihnen zu kommunizieren.

   Warum sollte jemand eine so brutale Strategie wählen, um eine Beziehung zu beenden? Wenn man es aus der Perspektive des Läufers betrachtet, bietet diese Strategie einen schnellen und einfachen Ausweg. Es gibt kein Drama, keine Hysterie, keine schwierigen Gespräche, keine Erklärungen. Der Läufer geht einfach, und Sie müssen sich um das Chaos kümmern.

2) **Sie werden hingehalten:** Dies ist eine Methode, die von Zwillingen angewandt wird, die sich alle Optionen offenhalten wollen. An einem Tag zeigen Sie Ihnen ihre Liebe, und geben Ihnen alles, was Sie brauchen, und am nächsten Tag behandeln sie Sie wie eine

entfernte Bekannte. Sie sind nicht bereit, die Tür ganz zu schließen, aber sie wollen trotzdem sehen, welche Beziehungsmöglichkeiten es sonst noch für sie gibt. Das bedeutet nicht immer, dass sie den sexuellen Kontakt einstellen, denn das ist eher eine dreidimensionale Reaktion auf die Ablehnung. Bei Zwillingsflammen geht die Beziehung oft über den Sex hinaus, und der Läufer wird tiefere Beziehungsaspekte an manchen Tagen akzeptieren und sie an anderen ablehnen. Der Läufer wird Ihnen seine intimsten Gefühle mitteilen und Sie dann plötzlich wieder wie einen Fremden behandeln.

3) **Ihr Partner engagiert sich in Gruppen von Menschen, die nicht zu Ihrem sozialen Umfeld gehören:** Wenn Ihr Partner mehr Zeit mit seinen Freunden oder Kollegen verbringt, versucht er, Sie aus seinem Leben auszuschließen. Seien Sie davon nicht beleidigt, stellen Sie sich darauf ein, dass er die Beziehung verlassen könnte.

4) **Die Verbindlichkeit herabsetzen:** Aufgrund der Art Ihrer Beziehung kann es gesellschaftliche Tabus geben, die dazu führen, dass die Gesellschaft Ihre Verbindung missbilligt. Auch wenn Sie der Meinung sind, dass Sie beide diese Hindernisse überwinden können, sind die anderen Menschen in Ihrem Umfeld vielleicht weniger überzeugt.

Hier sind einige der häufigsten Hindernisse für Zwillingsflammenbeziehungen:

- **Altersunterschiede:** Ihre Zwillingsflamme ist gegebenenfalls viel jünger als Sie selbst, und Ihre Beziehung könnte Aufsehen erregen.

- **Unethische Beziehungen:** Wenn Ihr Zwilling durch eine berufliche Pflicht zurückgehalten wird, hat er vielleicht das Bedürfnis, davonzulaufen. Einige Beispiele sind Beziehungen Anwalt/Klient, Schüler/Lehrer, Arzt/Patient usw. Sie sind vielleicht dazu bereit, die für eine funktionierende Beziehung erforderlichen Änderungen an Ihrem Verhältnis vorzunehmen, aber Ihr Zwilling ist es nicht.

- **Eine unterschiedliche sexuelle Orientierung:** Einer von Ihnen ist vielleicht von Natur aus schwul, während der andere heterosexuell ist.

- **Aktuelle Beziehungen:** Wenn Sie Ihre Beziehung eingehen, leben Sie vielleicht schon in Liebesbeziehungen mit anderen Menschen. Einigen Zwillingsflammen wird es schwerfallen, diese Partnerschaften aufzugeben, und sie entscheiden sich stattdessen dafür, ihrem vorherigen Partner gegenüber loyal zu bleiben, anstatt ihrem Herzen zu folgen.

- **Distanz:** Auch wenn Ihr göttlicher Plan Sie zu Ihrem Zwilling führen wird, kann es sein, dass Sie am Ende auf verschiedenen Kontinenten leben! Es könnte für Ihren Zwilling einfacher sein, sich nicht an seine physische Umgebung anpassen zu müssen, als umzuziehen und sein Leben zu entwurzeln.

- **Kulturelle Unterschiede:** Die Kultur hat einen großen Einfluss auf manche Menschen, und Ihr Zwilling fühlt sich vielleicht unwohl, wenn er die Überzeugungen und Verhaltensweisen, mit denen er aufgewachsen ist, ablegen muss.

**Wie können Sie Ihre Beziehung reparieren?**

In Ihrem Geiste sind Sie sich darüber bewusst, dass Sie Hilfe brauchen, um Ihre Probleme zu lösen. Ihr Partner hat Sie verärgert, und Sie haben ihn verärgert. Die Art von Liebe, die Sie beide füreinander empfinden, berührt Sie tief und ist überwältigend. Die folgende Übung ist eine wirksame Methode, um die Karten auf den Tisch zu legen und ein umfassendes und offenes Gespräch mit Ihrem Partner und sich selbst zu führen.

# Die Spiegelungsübung:

1) Nehmen Sie sich Zeit, um sich an einem ruhigen Ort mit einem Blatt Papier und einem Stift hinzusetzen.

2) Jetzt haben Sie die Möglichkeit, Ihre Probleme schwarz auf weiß aufzuschreiben. Halten Sie Ihre Gedanken und Gefühle in kurzen Sätzen fest. Verwenden Sie Sätze wie „Ich bin wütend auf meine Zwillingsflamme, weil er harte Worte benutzt, um eine Reaktion von mir zu bekommen" oder „Ich mag meine Zwillingsflamme nicht, wenn er mich unter Druck setzt, und mich zwingt, Zeit mit ihm zu verbringen."

3) Schreiben Sie nun die Aussagen mit anderen Pronomen um, damit sie von Ihnen handeln. Schreiben Sie zum Beispiel: „Ich bin sauer auf mich selbst, weil ich harte Worte benutze, um eine Reaktion

von meinem Zwilling zu bekommen."

4) Sind in den Sätzen, die Sie gerade geschrieben haben, stille Wahrheiten enthalten? Manchmal haben die Probleme, die wir mit anderen haben, ihren Ursprung bei uns selbst. Interpretieren Sie Dinge falsch, weil Sie wissen, dass Sie auf bestimmte Situationen negativ reagieren wollen? Setzen Sie Ihren Partner unter Druck, weil Sie sich selbst oft unter Druck setzen?

5) Stellen Sie sich Ihren inneren Schmerz und Ihre emotionale Verletztheit als einen separaten physischen Teil von sich selbst vor und führen Sie ein Gespräch mit ihm. Fragen Sie ihn, was er braucht, um sich besser zu fühlen und zu heilen. Umarmen Sie ihn und verbringen Sie Zeit mit ihm, bis er sich geheilt fühlt. Erst dann können Sie ihn wieder mit sich selbst verschmelzen lassen und wieder ganz werden.

6) Diese Übung wird Ihnen dabei helfen, kontrollierter Gespräche mit Ihrem Zwilling zu führen und auf das zu hören, was er Ihnen zu sagen versucht. Das Spiegeln ist ein wirksames Mittel, um Ihren inneren Aufruhr zu verstehen, und sollte bei Bedarf geübt werden.

# Definition der Läufer/Verfolger-Phase

Wenn eine Hälfte des Paares Angst vor der Beziehung hat, spiegelt sich dies nicht immer in der körperlichen Distanzierung eines Partners wider. Sie haben vielleicht nicht den Mut, die Beziehung ganz zu verlassen, aber sie werden distanzierter.

Die folgenden Punkte sind Anzeichen dafür, dass Ihr Zwilling der Läufer ist, auch wenn er körperlich an Ort und Stelle bleibt.

- **Die Person greift zur Ablenkung durch Drogen und zu anderen Stimulanzien:** Die meisten Menschen in Zwillingsflammen-Beziehungen sind nicht auf äußere Reize angewiesen. Reine Energie bringt ihnen alles an Vergnügen, was sie brauchen. Wenn also einer der Zwillinge zu künstlichen Formen des Vergnügens greift, will er sich von den intensiven Gefühlen befreien. Alkohol und Drogen sind die häufigsten Strategien, um sich von der Intensität, die sie empfinden, zu befreien. Überfordert Zwillingsflammen werden alles tun, um die Flut von Emotionen zu verdrängen, denen ihre Partnerschaft ausgesetzt ist.

- **Die Person findet Ausreden, um nicht mit Ihnen allein zu sein:** Stellen Sie fest, dass Sie beide immer weniger Zeit allein verbringen? Umgibt Ihr Partner Sie beide mit anderen Menschen und wird ängstlich, wenn die Zahl der Menschen in Ihrem Umfeld abnimmt? Das kann bedeuten, dass er eine Pause von der Intensität braucht, die entsteht, wenn es keine Ablenkungen gibt. Lassen Sie ihn Ihr soziales Leben auf diese Weise organisieren, wenn Sie sich damit wohl fühlen. Das kann ausreichen, um Ihre Zwillingsflamme zum Bleiben zu überreden. Wenn Sie sie herausfordern, kann das dazu führen, dass sie Sie verlässt.

- **Die Person fühlt sich überwältigt, wenn sie bei Ihnen ist:** Weniger reife Seelen können sich ängstlich und gestresst fühlen, wenn sie mit ihrer Spiegelseele konfrontiert werden. Sie werden reizbar, wenn sie mit ihrem Partner allein sind, und versuchen, Meinungsverschiedenheiten als Vorwand zu nutzen, um ihn zu verlassen. Stimmungsschwankungen sind unvermeidlich, da sie nicht verstehen, warum sie ein so hohes Maß an Stress empfinden; schließlich sollte diese Beziehung der Höhepunkt allen Liebesglücks sein!

Im Gegensatz zu normalen Beziehungen wird Ihre Zwillingsflamme ihre Unzufriedenheit nicht durch körperliche oder seelische Misshandlung signalisieren. Für dieses Verhalten gibt es in einer Partnerschaft keinen entschuldbaren Grund. Ihre Zwillingsflamme sollte Sie auch nicht betrügen, denn sie kennt die wahre Tiefe Ihrer Liebe und würde Sie niemals verletzen und belügen. Wenn Sie dieses Verhalten erleben, handelt es sich bei der Person vielleicht nicht um Ihre Zwillingsflamme.

Denken Sie daran, dass die Fluchtphase wahrscheinlich durch einen Mangel an geistiger Reife ausgelöst wird. Es kann sein, dass die Person nicht vollständig auf Ihre Beziehung vorbereitet war und an sich selbst arbeiten muss, bevor sie eine erfolgreiche Partnerschaft eingehen kann. Wenn das so ist, ist das Beste, was Sie für sie tun können, ihr Ihren Segen zu geben und ihr zu sagen, dass Sie immer für sie da sind, sollte sie zurückkehren wollen.

### Wird Ihre Zwillingsflamme zurückkehren?

Und jetzt kommt der Clou: Zwillingsflammen, die weglaufen, kommen oft zurück, manchmal sogar mehrmals. Sie beide könnten erneut in eine Phase der Vereinigung eintreten, die mit Trennungen und

Wiedervereinigungen gefüllt ist. Niemand weiß, was die Zukunft bringt, aber Ihre Zwillingsflamme wird zu Ihnen zurückkehren, wenn sie wirklich eine Hälfte Ihrer Selbst ist. Der Begriff *Verfolger* kann irreführend sein. Schließlich sollen Sie die Peron nicht tatsächlich, *denn Ihr Partner entscheidet,* wann er zurückkehrt.

## Versuchen Sie zu verstehen, warum Ihre Zwillingsflamme weggelaufen ist

Wenn eine Person in einer Beziehung zurückbleibt, kann das einsam sein, aber es kann sich auch lohnen, wenn Sie die Zeit klug nutzen. Nehmen Sie sich die Zeit, die folgenden Punkte zu berücksichtigen:

- Sind die sich sicher, dass es sich bei der Person um Ihre wahre Zwillingsflamme handelt und nicht nur um einen Teil Ihrer Seelengruppe?

- Haben Sie das Gefühl, dass Sie noch Dinge gemeinsam erledigen müssen? Oder haben Sie das Gefühl, dass Ihre Beziehung ein natürliches Ende erreicht hat?

- Haben Sie sich vielleicht nicht auf das Treffen vorbereitet und müssen mehr an Ihrer persönlichen Entwicklung arbeiten?

- Sie sind nicht dazu bestimmt, den Rest Ihres Lebens damit zu verbringen, die Person zu verfolgen; die Entscheidung liegt bei Ihrer Zwillingsflamme.

## Wie man einen Läufer verfolgt

Erstens: Keine Panik. Entspannen Sie sich und machen Sie einen Plan. Sie haben immer noch Ihr Leben zu führen und andere Beziehungen zu pflegen. Es ist ungesund, all Ihre Energien in eine Person zu investieren, und Sie müssen sich immer noch um sich selbst und Ihre geistige Gesundheit kümmern. Hören Sie also auf, sich darüber Gedanken zu machen, was in Zukunft passieren könnte, und konzentrieren Sie sich auf das Hier und Jetzt. Ihre Zwillingsflammen-Beziehung unterscheidet sich von allem, was Sie auf der spirituellen Ebene erlebt haben, so dass Sie keine Vergleichsmöglichkeit haben. Vermeiden Sie es, auf die Erfahrungen anderer Menschen zu schauen, und wählen Sie stattdessen den Ihrer Meinung nach besten Weg, um Ihren Partner zur Rückkehr zu bewegen.

Sie sind vielleicht die spirituell reifere Person in Ihrer Zwillingsflammenbeziehung, aber das bedeutet nicht, dass Sie nicht auch an sich arbeiten müssen.

1) **Erhöhen Sie Ihre persönlichen Schwingungen**: Erinnern Sie sich noch an die Sehnsuchtsphase, die Sie durchlebt haben? Sie wussten, dass eine Begegnung möglich war, und Sie wollten in bester geistiger Verfassung sein, wenn der Moment kam. Haben Sie Ihre Schwingungen während Ihrer gemeinsamen Zeit vernachlässigt? Waren Sie zu sehr auf Ihren Zwilling konzentriert, um sich selbst etwas liebevolle Pflege zu gönnen? Nehmen Sie sich Zeit, um Ihre Schwingung zu erhöhen und lassen Sie Ihre Zwillingsflamme wissen, dass Sie immer noch für sie da sind, egal wie weit sie entfernt sein mag.

Mit den folgenden Tipps könne Sie Ihre Schwingung steigern und Ihrer Zwillingsflamme Liebe schicken:

- **Seien Sie dankbar für die gemeinsame Zeit, die Sie zusammen hatten:** Es ist unmöglich, Wut und Angst zu empfinden, wenn man von Dankbarkeit erfüllt ist. Jedes Mal, wenn Sie das Gefühl haben, dass die niedrige Energie Sie zu überwältigen droht, versuchen Sie sich daran zu erinnern, wofür Sie dankbar sind. Das ist eine gute Strategie, um Ihre Stimmung zu verbessern!

- **Visualisieren Sie die Liebe, die Sie für die Person empfinden:** Stellen Sie sich vor, dass die Person bei Ihnen ist und dass Sie die Verbindung teilen, die Sie aufgebaut haben. Die Liebe ist einer der höchsten Schwingungszustände des Seins, und Ihr Zwilling kann Ihre Schwingungen aufnehmen, wo immer er sich aufhält.

- **Seien Sie großzügig:** Fühlen Sie sich ohne Ihren Zwilling einsam? Lächeln Sie einen Fremden an. Wenn Sie großzügig mit der Liebe sind, die Sie anderen Menschen entgegenbringen, werden Sie im Gegenzug ebenso viel Liebe erhalten, wenn nicht sogar mehr. Wenn Sie Ihre Zeit, Ihr Geld und Ihre Liebe großzügig abgeben, erhöhen Sie Ihre spirituelle Ausstrahlung.

- **Vergeben Sie:** Sind Sie Ihrer Zwillingsflamme gegenüber nachtragend? Geben Sie ihm die Schuld dafür, dass er Sie allein gelassen hat? Denken Sie an seine Gefühle. Würden Sie zu einem Partner zurückkehren, der sich Ihnen gegenüber feindselig verhält? Vergeben Sie ihm alles, was geschehen ist. So erhöhen Sie die Chancen, dass er zurückkommt.

- **Wählen Sie spannendes Entertainment:** Jeder kennt die Vorteile von ballaststoffreichen Lebensmitteln und energiereichen Zutaten, aber alles, was Sie zu sich nehmen, wirkt sich auch auf Sie aus. Fühlen Sie sich durch die Wahl Ihrer Unterhaltungsangebote ermutigt oder eher ausgelaugt? Füllen Sie Ihre Zeit mit Inhalten, die Sie glücklich und energiegeladen machen, statt traurig und ängstlich. Sind alle Ihre sozialen Medien mit gesunden, positiven Dingen gefüllt, oder fühlen Sie sich durch einige Inhalte verunsichert? Ändern Sie Ihre Einstellungen, um Ihre Schwingungen zu erhöhen, indem Sie Ihre Zeit Online einschränken und stattdessen mit der Natur kommunizieren. Ändern Sie Ihre Musikauswahl und entdecken Sie neue Genres, die Ihnen gefallen könnten.

- **Stellen Sie sicher, dass Ihre Beziehungsvibrationen intakt sind:** Wenn Sie sich zu sehr auf Ihren Zwilling konzentriert haben, könnten einige Ihrer anderen Beziehungen darunter gelitten haben. Nehmen Sie wieder Kontakt zu Menschen auf und umgeben Sie sich mit Menschen, die Ihnen ein gutes Gefühl geben. Es kann zu einfach sein, den Verlust einer Zwillingsflamme zu betrauern und die eigene Schwingungsfrequenz zu senken, aber wie soll Ihnen das helfen, Ihre Zwillingsflamme zu Ihnen zurückzuführen? Wenn Sie gesunde Beziehungen zu anderen haben, signalisieren Sie ihnen, dass Sie bereit sind, es nochmal zu versuchen.

2) **Bleiben Sie für Zeichen offen:** Erinnern Sie sich noch an die Sehnsuchtsphase, als Sie die Zeichen Ihrer Zwillingsflamme wahrgenommen haben? Wenn Sie der Verfolger sind, wird das Universum erneut eingreifen und Sie zur Wiedervereinigung führen, wenn es das Gefühl hat, dass Sie bereit sind. Wenn Sie wiederholt Werbung für einen Urlaubsort oder einen Aufenthalt in einem anderen Land sehen, die perfekt in Ihre Zeitplanung zu passen scheinen, dann verreisen Sie. Achten Sie auf die Botschaften, die das Universum Ihnen sendet, und vielleicht sind Sie dann wirklich zur richtigen Zeit am richtigen Ort! Es könnte

natürlich auch sein, dass das Universum Ihnen einfach sagt, dass Sie nach den jüngsten Turbulenzen eine Pause brauchen!

3) **Sprechen Sie mit Ihrer Zwillingsflamme über die höhere Ebene:** Vielleicht hatten Sie, als Sie noch zusammen waren, Schwierigkeiten, über Ihre wahren Gefühle zu sprechen. Gegebenenfalls haben sogar Ihre eigenen Emotionen und Sichtweisen die Kommunikation gestört. Jetzt, wo Sie physisch getrennt sind, wird es einfacher, die andere Seite eines Konflikts zu berücksichtigen. Sie sind zwar das Spiegelbild der Seele der anderen Person, aber Sie werden beide von den Erfahrungen beeinflusst, die sie vor Ihrer Begegnung gemacht haben. Sie sind genetisch verschieden und können je nach der Umgebung, in der Sie aufgewachsen sind, unterschiedliche Persönlichkeiten haben. Seien Sie einfühlsam und führen Sie Gespräche, anstatt sich zu streiten.

## Sollten Sie die Beziehung für immer beenden?

Wenn Ihre Beziehung die beste Erfahrung war, die Sie je gemacht haben, trotz der Widersprüche, Konflikte und Turbulenzen, die Sie ertragen mussten, dann möchten Sie natürlich wieder mit der Person zusammenkommen. Doch die meisten Zwillingsflammen-Beziehungen sind dazu bestimmt, vorübergehender Art zu sein, da die Arbeit, die nötig ist, um sie aufrechtzuerhalten, sehr anstrengend sein kann. Wenn Sie es schaffen, die Wellen der Emotionen zu reiten und ein ruhiges Ufer zu erreichen, dann können Sie beide für immer zusammenbleiben, aber manchmal müssen Beziehungen auch zu Ende gehen.

Hier sind einige Anzeichen dafür, dass es an der Zeit ist, mit dem Weglaufen und Jagen aufzuhören:

1) Sie sehen Ihre Beziehung nicht mehr als einen sicheren Ort an. Sie hören auf, Ihren Zwilling als Ihr „Zuhause" zu betrachten, da das Trauma Ihrer Verbindung die Überhand gewonnen hat.

2) Sie sind kalt und abweisend zueinander. Wenn Sie Ihren Zwilling kontaktieren und er Ihnen gegenüber unhöflich und verächtlich ist, könnte es an der Zeit sein, die Sache zu beenden. Wenn Sie den Kontakt zu Ihrem Zwilling aufbauen, sollte er Sie immer noch mit Respekt, wenn nicht sogar mit Liebe behandeln. Zwillingsflammen sind nicht dazu bestimmt, Feinde zu sein. Nie.

3) Sie haben das Gefühl, dass das Jagen oder Laufen reine Zeitverschwendung ist. Wenn Sie in irgendeinem Teil des Prozesses das Interesse verlieren, dann ist die Beziehung zu Ende. Führen Sie das Gespräch und beenden Sie sie angemessen. Ihr Partner muss genau wissen, woran er ist, da er vielleicht Erwartungen an die Zukunft hat. Sie lieben sich, auch wenn Sie die Partnerschaft nicht aufrechterhalten können. Tun Sie das Richtige und beenden Sie die Beziehung sauber.

4) Ihr Gefühl sagt Ihnen, dass Sie die Beziehung beenden sollten. So einfach ist das. Sie haben sich in der Vergangenheit auf Ihren Instinkt und das Universum verlassen, wenn es Ihnen also sagt, dass Sie loslassen sollen, dann tun Sie das auch!

5) Sie wissen, dass Sie nur heilen können, wenn der Prozess abgeschlossen ist. Manchmal sind die Wunden, die Sie erlitten haben, zu tief und jede weitere Kommunikation wird nur Schmerz verursachen, und Sie sind nicht dazu bereit, diesen Weg zu gehen.

# Was man aus einer Zwillingsflammen-Beziehung mitnehmen kann

Machen Sie sich zunächst klar, dass diese Beziehung anders ist als alle anderen vor ihr. Sie haben die Beziehung vielleicht beendet und sind Ihrer getrennten Wege gegangen, aber Sie werden immer noch ein Teil Ihres Zwillingspaars sein, egal was passiert. Wenn Sie sich trennen, ist es normal, dass Sie die üblichen Gefühle von Trauer, Wut und Hass durchleben, gefolgt von Akzeptanz und Vergebung. Nehmen Sie all diese Gefühle an und nutzen Sie sie, um die Lektionen, die Sie gelernt haben, zu verarbeiten.

Sie müssen die guten Zeiten feiern und die schlechten Erfahrungen loslassen. Auf diese Weise entwickelt sich Ihre Seele und kommt Ihrer spirituellen Transformation näher. Ihre Zwillingsflamme wird bei Ihnen bleiben, und auch wenn die Beziehung in dieser Realität zu Ende gegangen ist, werden Sie sich eines Tages woanders wiedersehen!

# Kapitel 9: Stufe 6: Die Kapitulation

Diese Phase der Zwillingsflammenreise wurde als die Zauberformel oder der Blick in die Kristallkugel des Prozesses beschrieben. Sie müssen die letzten Reste der Macht, die Sie über Ihr Schicksal haben, aufgeben. Sie erreichen einen Punkt, an dem Sie verstehen, dass machtlos zu sein die mächtigste Erfahrung im Leben sein kann. Der Schlüssel liegt darin, zu schätzen, was man hat, und die Anhaftung an Dinge und Menschen loszulassen, von denen man glaubt, dass man sie braucht, von denen man aber weiß, dass man sie nicht haben kann.

Sie müssen glauben, dass das Universum Ihr Schicksal im Griff hat. Sie müssen die Angst davor verlieren, dass die Beziehung zu Ihrem Zwilling ganz auf Ihrem Ego und Ihren persönlichen Handlungen beruht. Geben Sie sich dem Göttlichen hin und lassen Sie die restlichen Teile der Erfahrung los, von denen Sie noch das Gefühl haben, sie kontrollieren zu müssen. Stellen Sie sich Ihre Verbindung als eine Rose vor. Sie waren glücklich damit, die Blütenblätter dem Universum zu schenken, aber Sie haben an den Dornen festgehalten. Sie sind nicht bereit, die Schattenseiten Ihrer Partnerschaft loszulassen, und Sie klammern sich immer noch an die wunden Punkte und moralischen Herausforderungen, weil Ihr Ego Ihnen sagt, dass sie beschämend sind.

Beim Aufgeben geht es vor allem darum zu erkennen, dass Sie sich nicht aussuchen können, welche Teile Ihrer Liebe Sie der Welt zeigen. Die Darstellung Ihrer Beziehung muss vollständig sein, bevor Sie verstehen können, wie sie funktioniert. Eine Rose besteht nie nur aus Blütenblättern; die Dornen sind ein wesentlicher Teil der ganzen Blume und müssen mit in Betracht gezogen werden.

Sie müssen Ihren Körper und Geist für die Liebe öffnen, die Sie mit Ihrer Zwillingsflamme teilen, um sie über die irdischen Grenzen hinausgehen zu lassen. Ihr Ego ist ein lusterfüllter Teil von Ihnen, der nach einem Urteil sucht und von den Grenzen lebt, die die Gesellschaft ihm setzt. Aber warum sollten Sie sich von solchen materiellen Grenzen zurückhalten lassen? Der Sinn einer Zwillingsflammen-Beziehung besteht darin, die Grenzen zu überwinden, die es in der Liebe gibt. Sie müssen akzeptieren, dass Ihre Liebe nicht durch Unterschiede und Konformitäten eingeschränkt oder gefangen gehalten wird. Sie müssen sich erlauben, bedingungslos zu lieben, egal welche Hindernisse es gibt.

### Eine höhere Liebe

Wenn Sie sich Ihrer Zwillingsflamme hingeben, bedeutet das, dass Sie sich von den Paradigmen der Gesellschaft entfernen und Teil einer spirituelleren Art des Liebens werden. Was passiert also, wenn Ihre Zwillingsflamme aus einer anderen Kultur kommt oder eine andere Religion hat als Sie selbst? Müssen Sie für immer eine Beziehung mit jemand anderem eingehen? Raten Sie mal! Beziehungen enden ständig. Wenn die Person mit Ihnen zusammen sein will, wird dies auch geschehen. Eltern, die um ihrer Kinder willen zusammenbleiben, gelten heute als altmodisch, da dieser Ansatz selten gut funktioniert. Beim Aufgeben einer Beziehung geht es vor allem darum, sich selbst an die erste Stelle zu setzen und die Erfüllung der eigenen Bedürfnisse zuzulassen. Jedes Mal, wenn Sie sich selbst zur letzten Priorität machen, setzen Sie auch alle anderen mit an die letzte Stelle.

Sind Sie bereit, mutig zu sein? Schaffen Sie es, die Angst zu überwinden, durch die Sie Ihr Leben verschwenden? Lösen Sie sich von traditionellen Bindungen und stellen Sie sich der Welt mit einem gesunden Maß an Selbstvertrauen. Erlauben Sie sich, dem Ruf der exquisiten und doch unlogischen Form der Liebe zu folgen, denn sie wird über alles andere triumphieren. Egal, welche Hindernisse die Gesellschaft Ihnen in den Weg legt, brechen Sie sie nieder und leben Sie das Leben, das Ihnen vom Schicksal vorbestimmt ist. Das Universum wird Sie nicht aufgeben, und es wird Ihnen folgen, bis Sie sich emanzipiert haben und Ihrer Zwillingsflammenerfahrung ihre ungeteilte Aufmerksamkeit schenken.

# Was Sie erwartet, wenn Sie sich ergeben

Wenn Sie durch Ihr Ego beherrscht werden, fühlt es sich so an, als könnten Sie nur dann Ihren inneren Frieden finden, wenn die Welt im Einklang, und alles perfekt ist. Wenn Sie sich Ihrem Schicksal hingeben, müssen Sie ein allgemeines Gefühl des Friedens haben, dass auch dann noch besteht, wenn gerade nicht alles genau am richtigen Platz ist. Im Grunde genommen stellen Sie also Ihre Welt auf den Kopf und ändern Ihr Glaubenssystem.

Sie werden auch von den vielen Erkenntnissen erfahren, die Ihnen dabei helfen werden, Ihr Schicksal zu akzeptieren.

1) **Sie werden sich weniger auf Ihre Zwillingsflammen-Beziehung konzentrieren und damit beginnen, sich stattdessen auf sich selbst zu konzentrieren.**

2) **Die Verbindung, die Sie mit Ihrem Zwilling haben, wird vom Glück erfüllt sein:** Sie wissen jetzt, dass jede negative Emotion, die Sie projizieren, auf Sie zurückstrahlt und Ihnen Schaden zufügt, weil die andere Person ein Spiegelbild Ihrer selbst ist.

3) **Der einzige Teil Ihrer Zwillingsflammenverbindung, den Sie kontrollieren können, sind Sie selbst:** Sie können nicht kontrollieren, wie sie denken oder auf die Dinge reagieren.

4) **In der Vergangenheit haben Sie sich zu emotional schädlichen Beziehungen hingezogen gefühlt, und Sie hatten das Gefühl, dass dies Ihr Schicksal war:** Deshalb haben Sie ständig nach Fehlern in der Verbindung mit Ihrer Zwillingsflamme gesucht.

5) **Sie werden das Bedürfnis nach mehr Befriedigung verlieren:** Ein erhöhtes Maß an Selbstbewusstsein wird Ihnen das Gefühl geben, dass alles, was Sie brauchen in ihrem Inneren ruht.

6) **Sie lernen, das zu schätzen, was Sie haben, und sind dankbar für jeden Augenblick:** Sie brauchen keine anderen Menschen, um sich vervollständigt zu fühlen, weil Sie mit positiver Energie erfüllt sind.

7) **Die Kommunikation mit Ihrer Zwillingsflamme wird lebendiger sein:** Wenn Sie akzeptieren, dass das Universum für Ihr Schicksal als Paar verantwortlich ist, werden Sie neue Mittel nutzen, um zusammen zu sein. Nutzen Sie die Astralebene, um Zeit mit Ihrem Partner zu verbringen und mit ihm zu sprechen. Kuscheln Sie gemeinsam oder liegen Sie einfach nur in Harmonie beieinander.

Diese Verbindungen werden genauso real sein wie physische Interaktionen.

**8) Sie werden feststellen, dass Sie Ihrem Zwilling regelmäßig Liebe schicken wollen:** Wenn Sie der Person sagen, dass Sie sie lieben, wird die Person darauf reagieren, wenn Sie sich bereit fühlt.

**9) Sie leben langsamer:** Das moderne Leben ist hektisch, und es kann manchmal überwältigend sein. Wenn Sie sich Ihrem Schicksal hingeben, schütteln Sie den Druck ab, der Ihnen vom Rest der Gesellschaft aufgelegt wird. Sie verlieren das Gefühl, permanent Schritt halten zu müssen. Zu den Symptomen dieses Drucks gehören Kopfschmerzen, Übelkeit und Atemprobleme. Wenn Sie also langsamer werden und sich Zeit nehmen, werden Sie sich geerdeter fühlen.

**10) Sie werden sich für Ihre Gemeinsamkeiten interessieren:** Anstatt sich über die Bande, die Sie verbinden, zu ärgern, werden Ihre gemeinsamen Interessen und Gefühle Ihnen die Gewissheit geben, dass diese Person für immer in Ihrem Leben bleiben wird, egal was passiert. Sie werden sich bewusster, dass die Dinge, die Ihnen widerfahren, wahrscheinlich auch der anderen Person widerfahren. Senden Sie telepathische Botschaften an die Person, wenn Sie die Verbindung spüren, und bitten Sie sie, zu antworten.

**11) Sie werden sich mehr für die Verbindung zwischen Wissenschaft und Spiritualität interessieren:** Sobald Sie aufhören, sich darüber Gedanken zu machen, was in der Zukunft passieren wird, haben Sie den Kopf frei, um verschiedene Themen zu erforschen. Wenn Sie sich früher in der Schule zu naturwissenschaftlichen Fächern hingezogen gefühlt haben, suchen Sie vielleicht nach Wissen aus der spirituellen Welt. Bücher über Spiritualität werden Sie ansprechen. Kristalle und Amulette werden Teil Ihrer Welt werden, während Sie das Bedürfnis verspüren, wichtige spirituelle Orte zu besuchen. Ihr nächster Urlaub könnte an einem weitentfernten Ort gehen, wie beispielsweise in einem Spa in den USA oder mit einer Reise nach Indien zu einem Guru stattfinden. Wenn Sie von Natur aus spirituell sind, dann wird die Welt der Wissenschaft für Sie attraktiv sein. Versuchen Sie es mit einem Abonnement von Science News, einer zweiwöchentlichen Publikation, die Nachrichten aus aktuellen wissenschaftlichen und technischen Zeitschriften enthält. Die Artikel sind kurz, professionell geschrieben und voller faszinierender Informationen, die für Laien verständlich formuliert sind.

12) **Sie werden sich der Veränderungen im Leben Ihres Zwillings bewusster sein und wissen, wie Sie mit ihnen umgehen können:** In der Vergangenheit haben Sie diese Unterschiede in der Stimmung und im Energieniveau vielleicht als für Ihre Beziehung störend empfunden, aber jetzt wissen Sie es besser. Sie sind nicht dazu bestimmt, völlig aufeinander abgestimmt zu sein. Wenn Sie auch unterschiedliche Probleme haben, müssen Sie als Einheit zusammenkommen und sich gemeinsam mit ihnen auseinandersetzen. Auch wenn Sie voneinander getrennt sind, muss die Zwillingsflammenverbindung aufrechterhalten werden. Ihre telepathische Verbindung bedeutet aber nicht, dass die Person ständig Zugang zu Ihren Gedanken hat.

Hier sind einfache Möglichkeiten, wie Sie Ihre telepathischen Fähigkeiten verbessern können:

- **Beginnen Sie mit einfachen Botschaften und sehen Sie, wie klar die ankommen, wenn Ihr Partner sie empfängt:** Senden Sie zunächst eine Farbe oder Form und fügen Sie dann ein weiteres Element hinzu.

- **Furcht verlieren:** Genau wie bei der Hingabe zu Ihrer Zwillingsflammen ist es Zeit, alle Negativität loszulassen. Die Gesellschaft mag nicht an Telepathie als Art der Kommunikation glauben, aber Sie beiden wissen bereits, dass es sie gibt. Als Zwillingsflammen kommunizieren Sie schon viele Leben lang miteinander. Glauben Sie an Ihre Fähigkeiten und akzeptieren Sie, dass Sie umso besser werden, je mehr Sie üben.

- **Verwenden Sie Hilfsmittel, um die Stärke Ihres Signals zu verbessern:** Kristalle, Kerzen und andere Hilfsmittel helfen Ihnen dabei, sich zu konzentrieren und sich ganz auf die telepathische Aufgabe zu konzentrieren. Machen Sie einen Raum in Ihrem Haus zu einem spirituellen Ort und nutzen Sie ihn, um Ihre telepathischen Botschaften zu entsenden. Sie sollten Ihre Botschaften nicht auf Ihre Zwillingsflamme beschränken. Sprechen Sie mit dem Universum und teilen Sie ihm Ihre Gedanken mit; es wird zuhören und antworten.

- **Die Gedanken mit Positivität aufladen:** Wenn Sie Ihre Gedanken entsenden, tauchen Sie sie in ein klares weißes Licht ein, bevor Sie sie loslassen. Spüren Sie die Energie, die in Ihrem Geist schwirrt, und senden sie diese an den ausgewählten Empfänger.

- **Kommunikation visualisieren:** Während Sie Ihre Botschaft senden, stellen Sie sich vor, wie diese von der Zielperson empfangen wird. Wird Ihr Zwilling über Ihre Mitteilung erfreut sein? Manchmal, wenn Sie voneinander getrennt sind, hilft die Visualisierung dabei, ein Gefühl der Verbundenheit zu erzeugen.

Mit der Telepathie sind bestimmte Regeln und ethische Grundsätze verbunden, die nicht ignoriert werden sollten. So wie Sie Ihre Privatsphäre schätzen, schätzt Ihr Zwilling die seine. Schaffen Sie einen telepathischen Schild oder eine Tarnung, wenn Sie Ihre Gedanken geheim halten wollen. Dies sollte etwas sein, das Sie beide offen tun können. Sie müssen sich gegenseitig respektieren und sich mit Ihren Gesprächen auf allen Ebenen wohlfühlen.

13) **Sie werden bedingungslose Liebe erfahren:** Sobald Sie Angst und Zweifel loslassen, schaffen Sie den Raum für noch mehr Liebe. Sie lernen, wie Ihr Ego Ihr Selbstbild verzerrt hat, und haben zum ersten Mal ein klares Bild von sich. Dieser offene Geisteszustand erlaubt Ihnen, die Tiefe Ihrer Liebe zu erkennen. Diese Erfahrung ist erstaunlich! Ihre Zwillingsflamme ist die erstaunlichste Person im Universum. Ihr Herz wird vor Liebe und Hingabe für sie anschwellen, selbst wenn Sie sie nie wieder sehen.

14) **Wenn Sie der Person in die Augen schauen, sehen Sie ein Abbild Ihrer „ursprünglichen" Umgebung:** In den Augen Ihres Zwillings sehen Sie den Ursprung Ihrer Seele. Das ist der Ort, an dem Sie sich am wohlsten fühlen. Vielleicht sehen Sie beide sich von Angesicht zu Angesicht in die Augen, oder vielleicht geschieht es, während Sie getrennt sind. Ein Foto von Ihrer Zwillingsflamme sieht für andere Menschen ganz normal aus, aber für Sie strahlt es eine kosmische Energie aus. Wenn Sie der Person in die Augen schauen, sehen Sie in Ihnen einen tiefen Raum, der von einem göttlichen Licht erhellt wird, das Ihre Seele mit Hoffnung erfüllt. Ihr Zwilling wirkt auf Sie wie ein Engel in der Dunkelheit, der

immer da ist, um Sie zu führen und Ihre Seele mit Liebe zu erfüllen.

15) **Sie werden eine rein körperliche Anziehungskraft spüren:** Sobald die spirituelle Verbindung vervollkommnet ist, liegt der natürliche Weg zum Fortschritt auf der physischen Ebene. Wenn das Universum glaubt, dass die Zeit reif ist, wird es Sie auf den richtigen Weg zur Versöhnung bringen. Wie in anderen Situationen auch, ist es jetzt an der Zeit, den Zeichen zu folgen, die Ihnen vom Universum gesendet werden. Wenn Sie plötzlich eingeladen werden, eine neue Gegend zu besuchen, ergreifen Sie die Gelegenheit. Wenn Sie ein Angebot für eine Reise sehen, das zu schön ist, um wahr zu sein, buchen Sie den Urlaub, die Reise könnte Sie zu Ihrer Zwillingsflamme führen.

Das Universum ist ungeheuerlich gut dazu in der Lage, mit Ihnen zu kommunizieren! Es kann bewirken, dass Sie von einem Zeichen beeinflusst werden, das Sie wissen lassen soll, dass es da ist. Eine körperliche Berührung könnte ein Zeichen des Universums sein, dass Sie innig geliebt werden. Wenn Sie eine warme Berührung auf Ihrer Schulter spüren, wenn Sie sich gerade niedergeschlagen fühlen, interagiert Ihr göttliches Selbst mit Ihnen. Die göttliche Energie will Ihnen ein positives Zeichen geben. Wenn Sie plötzlich eine Gänsehaut bekommen, ohne dass sich die Temperatur ändert, bedeutet das, dass jemand irgendwo intensive, leidenschaftliche Gedanken über Sie hegt. Eine weiße Feder oder ein Schmetterling sind ebenfalls klassische Zeichen dafür, dass Sie mit der Astralebene kommunizieren.

16) **Sie werden zu einer verblüffenden Erkenntnis über Ihre Beziehung gelangen:** Sie werden beide akzeptieren, dass Ihre Beziehung zueinander die letzte und vollständigste Verbindung zu einer anderen Person ist, die Sie je haben werden. Aber was ist, wenn diese Beziehung Ihre Trennung nicht überlebt und die Phase der Wiedervereinigung nicht erreicht? Das ist auch in Ordnung. Sie waren Teil der intensivsten und magischsten Zusammenkunft, die man sich vorstellen kann.

Auch wenn Sie nach menschlichen Maßstäben relativ jung sind, unterliegt Ihre Seele nicht demselben Alterungsprozess. Wenn Ihre Seele reif genug ist, um zu akzeptieren, dass die Beziehung überleben wird, ganz gleich, was die physische Welt ihr entgegenwirft, dann wird sie mit dem Ergebnis einverstanden sein. Wenn Ihre Seele noch relativ neu in der spirituellen Welt ist, dann wird sie vielleicht einige blaue Flecken davontragen. Machen Sie sich keine Sorgen; das ist alles Teil des Alterungsprozesses Ihres spirituellen Wesens, und Sie werden gestärkt und bereit für Ihre nächste Verbindung in einem anderen Leben aus der Erfahrung hervorgehen.

17) **Sie werden einen neuen Lebensplan entdecken:** Sobald Sie sich dem Prozess der Zwillingsflammenvereinigung hingeben, werden Sie alle falschen Lehren, die Ihr Leben bisher bestimmt haben, fallen lassen. Sie werden immer noch an Umweltfragen interessiert sein und eine Verbundenheit mit dem Planeten spüren, aber Sie werden Ihren Platz in der Welt kennen. Ihre Lebensaufgabe sollte nicht darin bestehen, die Risse in der Gesellschaft zu heilen oder die Schäden an der Erde zu beheben. Ihre Mission sollte sich um Sie selbst, Ihre Liebe und Ihre Verbindung zu Ihrer Zwillingsflamme drehen. Sie haben kein Interesse mehr, Ihre Zeit damit zu verschwenden, andere Menschen um Ihr Leben zu beneiden. Die Welt der Instagram-Berühmtheiten und der ganze emotionale Ballast, den die sozialen Netzwerke mit sich bringen, wird bald so irrelevant sein, dass Sie sich fragen, warum Sie sich überhaupt je für Sie interessiert haben. Sie werden einen Wissensdurst entdecken, der Sie dazu bringt, sich mit wirklich wertvollen Themen zu beschäftigen, die Ihnen am Herzen liegen.

18) **Es wird Sie nicht mehr interessieren, was die Gesellschaft denkt:** Ihr natürlicher Sinn für Stil wird zum Vorschein kommen. Sie passen sich nicht mehr an und sind eher bereit, Ihre schrullige Persönlichkeit auszuleben. Ihre Kleidung wird vielleicht „ausgefallener", und Sie experimentieren mehr mit Ihrem Look.

19) **Sie werden Ihr inneres Kind akzeptieren:** Was haben Sie als Kind gerne gemacht? Tun Sie die Dinge, die sie früher gerne gemacht haben, auch im Erwachsenenalter, vermeiden Sie es, kindische Beschäftigungen ganz aufzugeben. Vielleicht haben Sie als Kind gerne gemalt oder gezeichnet, aber Sie haben heute keine Zeit mehr dafür. Nehmen Sie sich Zeit. Anstatt sich mit Netflix zu entspannen, nehmen Sie sich einen Skizzenblock zur Hand. Nutzen Sie Ihre Fantasie, um Kunstwerke zu schaffen, die Ihre Persönlichkeit widerspiegeln. Lassen Sie Ihren natürlichen

Instinkten freien Lauf.

Kaufen Sie sich Schlittschuhe oder ein Skateboard und probieren Sie ein paar Moves in einem örtlichen Park aus. Wen kümmert es, wenn Sie hinfallen und die Leute über Sie lachen? Tun Sie es einfach! Vergessen Sie die von der Gesellschaft vorgeschriebenen Lehren und wie Sie auf andere Personen wirken. Wenn Sie eine Verbindung mit Ihrer Zwillingsflamme herstellen, sind Sie auch eng mit sich selbst verbunden, so dass alle anderen Meinungen gedämpft werden. Haben Sie jemals bereut, etwas nicht getan zu haben? Dann ist es jetzt an der Zeit, es zu tun. Sie haben alle freie Zeit der Welt, wenn Sie dem Universum erlauben, Ihr Schicksal zu übernehmen, also nutzen sie die Gelegenheit, um geistig und körperlich zu wachsen.

**20) Sie werden wieder lernen, wie man spannende Dinge erlebt:** Wenn Sie das nächste Mal ein Sportereignis oder ein wichtiges kulturelles Ereignis im Fernsehen sehen, denken Sie darüber nach, was dort geschieht. Konzentrieren sich die Menschen auf das, was geschieht, oder sehen Sie nur eine Flut von Smartphones, die versuchen, das Ereignis zu erfassen? Die moderne Gesellschaft ist so sehr auf die Aufzeichnung von Ereignissen und Erfahrungen konzentriert, dass sie vergessen hat, die natürliche Freude und Energie zu genießen, die sie umgibt. Lassen Sie Ihr Gerät zu Hause und gehen Sie hinaus, um die Welt zu erleben. Dann interessiert es Sie auch nicht mehr, wie Ihr Online-Profil aussieht, warum sollten Sie also noch das Bedürfnis haben, alles zu fotografieren? Lassen Sie die Technologie nicht in Ihre Psyche eingreifen. Lassen Sie sie los und nehmen Sie aktiv am Leben teil, anstatt nur ein Zuschauer zu sein.

Wenn Sie sich Ihrem Schicksal hingeben, fühlen Sie sich wie neu geboren. Es ist die höchste Form der Akzeptanz, und Sie erkennen, dass alle Blockaden, die Sie in Ihrem Leben haben, *Ihre Verantwortung* sind. Sie werden damit aufhören, Ihrem Zwilling die Schuld an allem zuzuschieben, und wenn Sie das tun, werden Sie eine reinere Form der Liebe für die Person empfinden. Wenn Sie auf diese Weise an sich arbeiten, werden Sie feststellen, dass die Hindernisse, die Sie von Ihrem Zwilling trennen, mit der Zeit verschwinden. Das Universum wird entscheiden, ob Sie mit einer Wiedervereinigung gesegnet werden sollen, und es wird unermüdlich daran arbeiten, Sie mit Ihrer Zwillingsflamme zusammenzubringen, sofern dies Ihr Schicksal ist.

# Kapitel 10: Stufe 7: Zwillingsflammen-Wiedervereinigung oder die „Verbindung"

Das Ende der Reise ist in Sicht. Das glückliche Ende einer Phase, in der Sie beide eins werden und die Welt Sie als Paar akzeptiert. Die Trennung wird für jedes Paar anders verlaufen sein. Ihr Zwilling könnte weggezogen sein und jeglichen Kontakt abgebrochen haben, oder er wohnt zwar noch im selben Haus wie Sie, hat sich aber emotional distanziert.

Vielleicht sind Sie und Ihr Partner schon seit einiger Zeit in einem Kreislauf von Trennung und Wiedervereinigung gefangen. Sie haben vielleicht erschöpfende Zyklen von Drama und Angst erlebt, gefolgt von Liebe und Leidenschaft. Das kann passieren, wenn die beiden Partner sich in unterschiedlichen Stadien des geistigen Wachstums befinden. Leider erreichen manche Paare das Stadium der Wiedervereinigung nicht, weil sie in einer Welt feststecken, die voll mit Menschen ist, die es nicht geschafft haben, aufzusteigen. Wenn Ihnen das passiert, machen Sie sich keine Sorgen; Sie haben noch mehrere Leben vor sich, um sich wieder mit Ihrer Zwillingsflamme zu verbinden.

Das Wichtigste ist, dass Sie sich daran erinnern, dass diese endgültige Vereinigung für jeden einzigartig ist und auf unterschiedliche Zeiträume der Trennung folgen kann. Manche Menschen waren vielleicht jahrelang getrennt, weil sie beide Probleme hatten, mit denen sie fertig werden mussten. Das Leben von Zwillingsflammen ist oft kompliziert, da eine oder beide Hälften des Paares eigene emotionale Probleme haben, die sie von der Bindung abhält.

Zum Glück gibt es einige Hinweise, die darauf hindeuten, dass eine Wiedervereinigung bevorsteht. Wenn Sie das Gefühl haben, dass Ihr Zwilling Ihre Situation verlockend zu finden scheint, dann ist es vielleicht an der Zeit, eine neue Beziehung aufzulösen. Sie werden wissen, wann es an der Zeit ist, zu handeln und Ihre Zweifel und Bedenken zu überwinden. Das kann zu einer Vereinigung zwischen Ihnen beiden führen oder auch nicht. Wie auch immer das Ergebnis ausfällt, wenn die Zeichen auftreten, müssen Sie auf sie darauf reagieren. Was als Nächstes geschieht, wird vom Schicksal bestimmt. Das Endergebnis wird Ihnen in jedem Fall Seelenfrieden geben.

# Anzeichen für eine bevorstehende Wiedervereinigung

- **Aufregung:** Fühlen Sie ohne Grund Schmetterlinge im Bauch? Wachen Sie mit einem Gefühl der Aufregung und Vorfreude auf? Diese Zeichen können darauf hindeuten, dass etwas Erstaunliches passieren wird. Ihre Seele ist unglaublich intuitiv, wenn es um Ihre Zwillingsflamme geht, und sie wird spüren, wann sich deren Gefühle verändert haben. Sie haben sich vielleicht schon der Vereinigung hingegeben, aber Sie halten sich noch zurück. Innere Erregung kann der anderen Person signalisieren, dass Sie jetzt wieder zu einer Vereinigung bereit sind.

- **Die Kommunikation zwischen Ihnen beiden ist harmonischer:** Vielleicht gab es Zeiten, in denen Sie nicht mehr miteinander kommunizieren konnten oder sich zerstritten haben. Vielleicht haben Sie den Kontakt ganz verloren. Wenn Sie plötzlich Nachrichten von ihrer Zwillingsflamme in den sozialen Medien finden oder die Person in Ihren Träumen auftaucht, dann ist das ein Zeichen dafür, dass ihr Zwilling wieder Kontakt aufnehmen will. Vielleicht sind Sie beide umgezogen, seit Sie sich das letzte Mal gesehen haben, und wissen nicht, wie Sie physisch in

Kontakt treten können. Zwillingsflammen können Tausende von Kilometern voneinander entfernt sein, aber auf der Astralebene sind sie sich immer nahe.

- **Ihre Zwillingsflammenverpflichtungen haben sich mit der Zeit geändert:** Als spirituelle Wesen haben Menschen in Zwillingsflammen-Beziehungen den gemeinsamen Glauben, dass ihre Verbindung nicht mit dem Vertrag einer zweiten Seele auf der Erde vereinbaren lassen sollte. Wenn Ihr Zwilling vor Ihrem Treffen bereits an jemand anderen gebunden war, dann kann das ein Grund für Ihre Trennung sein. Wenn Sie hören, dass sich diese Situation geändert hat, kann das ein Zeichen dafür, dass Ihre Zwillingsflamme zu Ihnen zurückkehren wird. Auch wenn dies das perfekte Ergebnis für Sie beide sein mag, sollten Sie sich darüber im Klaren sein, dass andere Menschen während dieses Prozesses manchmal verletzt werden. Seelische Wunden mögen weniger tief sein als irdische, aber der Trennungsschmerz ist dennoch beträchtlich. Wenn Sie Ihr Leben auf Eis legen, weil Sie ewig darauf warten, dass sich Ihr Zwilling und sein Partner trennen, dann sollten Sie die Beziehung aufgeben und aufhören, über diese Möglichkeit nachzusinnen! Es steht Ihrem Zwilling frei, seine irdische Beziehungen zu verlassen, und es ist ebenfalls seine Entscheidung, in einer Beziehung zu bleiben. Sie können und sollten sich nicht einmischen. Machen Sie mit dem Rest Ihres Lebens weiter und finden Sie Gelegenheiten für eine neue Liebe.

- **Das Prinzip der Reflexion:** Wenn die Gedanken an Ihren Zwilling während Ihrer Trennung in den Hintergrund getreten sind, werden Sie vielleicht überrascht sein, dass Sie in letzter Zeit häufig wieder an die Person denken. Das ist ein Zeichen dafür, dass sich in Ihrer Beziehung etwas verändert hat und dass Sie vielleicht bereit sind, sich zu versöhnen. Das ist das, was der Begriff „Reflexionsprinzip" bedeutet: Wenn sich Ihre Denkmuster verändert haben, dann hat sich auch Ihre Beziehung zu Ihrem Zwilling verändert. Seien Sie sich bewusst, dass Ihr Gegenüber die Zunahme der Intensität der Gefühle genauso stark spürt wie Sie.

Vielleicht stellen Sie sogar fest, dass der Name Ihrer Zwillingsflamme immer wieder auftaucht, wenn Sie sich mit anderen Menschen unterhalten. Wenn Ihre Freunde und Verwandten Sie fragen, wie es Ihrem Zwilling geht, oder ob Sie von ihm gehört haben, nehmen Sie das natürlich zur Kenntnis! Dies ist ein sicheres Zeichen des Universums, dass die Person dazu bestimmt ist, in Ihr Leben zurückzukehren. Die spirituelle Ebene bereitet Sie und Ihren unmittelbaren Bekanntenkreis auf ein Wiedererscheinen vor. Achten Sie auf alte Fotos und Erinnerungen, die Ihren Zwilling in den sozialen Medien zeigen. Facebook-Erinnerungen sind besonders auf Ihre spirituellen Schwingungen abgestimmt und können Sie mit einem Gruß aus der Vergangenheit überraschen.

- **Die Person wird Ihnen erscheinen, während Sie meditieren:** Wenn Sie Anzeichen dafür wahrgenommen haben, dass Ihr Zwilling wieder dazu bereit ist, sich zu vereinigen, Sie sich aber nicht sicher sind, ob dies wahr ist oder pures Wunschdenken, dann versuchen Sie es mit Meditation, um konkretere Antworten zu erhalten. Dieses wirksame Werkzeug ist besonders effektiv, wenn Sie Fragen haben, die mit traditionellen Methoden nicht beantwortet werden können. Schreiben Sie den Zweck Ihrer Meditation auf ein Blatt Papier, bevor Sie mit dem Prozess beginnen. Beginnen Sie nun mit der von Ihnen gewählten Methode der Meditation und richten Sie Ihre Gedanken auf Ihre Zwillingsflamme. Fragen Sie Ihre Zwillingsflamme, ob sie bereit ist, wieder Teil Ihrer Vereinigung zu werden. Fragen Sie die Person, ob Sie sich bald bei Ihnen melden wird, oder ob Sie die Zeichen falsch gedeutet haben? Manchmal werden Sie das Gefühl haben, dass die Antworten, die Sie suchen, jenseits von Ihrem Wirkungsraum liegen, und selbst die Meditation erweist sich als fruchtlos. Machen Sie sich keine Sorgen; die Gründe dafür, dass Sie keine Antworten erhalten, könnten außerhalb Ihrer Kontrolle liegen. Es könnten Hindernisse in Ihnen selbst oder in Ihrem Zwilling bestehen, die den Prozess verzögern. Sie werden immer wieder auf den richtigen Weg gebracht, aber die einschränkenden Barrieren in Ihrer Psyche können diesen Vorgang behindern.

- **Eine unwiderstehliche Anziehungskraft auf Orte und Ereignisse:** Haben Sie das Gefühl, dass das Universum Sie dazu anregt, mehr auszugehen? Dies ist ein häufiges Zeichen dafür, dass bald etwas

Entscheidendes passieren wird. Wir haben in anderen Kapiteln darüber gesprochen, wie sich diese Zeichen manifestieren können. Manchmal werden Sie von widersprüchlichen Zeichen überwältigt, denen Sie nur schwer folgen können, oder Sie fühlen sich verlassen und allein, weil Sie keinen Input erhalten. Trösten Sie sich mit der Tatsache, dass das Universum Ihnen ein ständiger Begleiter ist und Ihnen stetig Informationen sendet. Wenn Sie sich auf einer dunklen Straße befinden und das Gefühl haben, dass Ihre Zukunft ungewiss ist, dann braucht es nur ein Licht, das Sie sicher nach Hause führt. Der dunkle Weg Ihrer Zwillingsflammenreise war lang und steinig, aber das Ende ist in Sicht.

Das Universum könnte Sie zum Beispiel zu einem Secondhand-Buchladen führen, in dem Sie einen Hinweis auf ein längst vergessenes Café finden, das Sie einmal besucht haben. Daraufhin besuchen Sie dieses Café erneut und treffen dort zufällig auf einen Freund, der Ihre Zwillingsflamme kennt. Sie treffen sich später in der gleichen Woche, und bei der Gelegenheit taucht auch Ihr Zwilling wieder in Ihrem Leben auf.

Andererseits könnten Sie auch in einen kleinen Autounfall mit einem Mann verwickelt sein, der mit Ihrer Zwillingsflamme zusammenarbeitet. Alle Zufälle führen zu Sie zu Ihrem Zwilling und Sie sind auf dem Weg zu einem Wiedersehen. Es gibt vielerlei verdächtige Zufälle und Wegweiser, die vom Universum geschickt werden, um Sie in die richtige Richtung zu lenken, so dass selbst die schlimmsten Erfahrungen eines Tages zu einem positiven Ergebnis führen können.

- **Innerer Frieden**: Wenn Sie die Phase des Aufgebens erleben, ändern Sie automatisch Ihren Denkprozess. Sie verstehen, dass die meisten Dinge außerhalb Ihrer Kontrolle liegen, und das ist in Ordnung. Wenn Sie aufgeben, ist das Teil des Prozesses. Auch das passive Warten kann Sie auf eine Wiedervereinigung vorbereiten; wenn Sie jedoch paradoxerweise jede Chance auf eine Wiedervereinigung aufgeben, kann auch das ein starkes Zeichen sein. Wenn Sie feststellen, dass Sie alle Gedanken an eine Wiedervereinigung und die Hoffnung auf ein glückliches gemeinsames Leben verlassen haben, befinden Sie sich in einem Zustand der inneren Vollkommenheit. Diese ist auch nach außen hin fühlbar. Wenn Sie erkennen, dass Sie niemanden mehr brauchen, der Sie oder Ihr Leben vervollständigt, ist der wahrscheinlichste Zeitpunkt für eine Wiedervereinigung gekommen.

- **Sie haben das Gefühl, Ihre Zwillingsflamme sei bereits bei Ihnen:** Haben Sie manchmal das Gefühl, dass Ihr Zwilling direkt neben Ihnen sitzt? Ist es so weit gekommen, dass Sie sich zu ihm umwenden, um ein Gespräch zu beginnen, obwohl Sie wissen, dass er meilenweit entfernt ist? Wenn alle Barrieren gefallen sind und Sie beide spirituell bereit sind für ein Wiedersehen, dann werden Sie es auf erleben. Ihr göttliches Timing ist darauf abgestimmt, und das Universum bereitet Sie beide darauf vor. Sie werden vielleicht sogar das Bedürfnis verspüren, Ihr Zuhause so umzugestalten, dass es für Ihre Wiedervereinigung bereit ist. Sie werden instinktiv wissen, ob die Person zu Ihnen kommt oder ob Sie umziehen müssen. Vielleicht sehen Sie sich Immobilien in bestimmten Gegenden an oder suchen nach freien Häusern in anderen Wohngebieten. Sie werden den Geist Ihres Zwillings spüren, der seine Gedanken mit Ihnen teilt, wenn Sie es am wenigsten erwarten, und Sie werden durch seine geistige Präsenz getröstet werden.

- **Sie werden kreativer:** Wenn Sie zum ersten Mal darüber nachdenken, einen Roman zu schreiben, oder wenn Sie häufiger Gedichte lesen, dann könnte eine Wiedervereinigung mit Ihrem Zwilling in Frage kommen. Ihre Seele ist eher an praktischen Dingen interessiert und daran, Ihr Leben zu ordnen und zu organisieren, aber Sie fühlen sich gleichzeitig auch energiegeladen, weil Sie aufgeregt sind. Ihre kreativen Säfte fangen an zu fließen, da Sie sich mehr mit der Natur und deren Schönheit verbunden fühlen. Sie wissen, dass die Welt ein großartiger Ort ist, und Sie werden das überwältigende Verlangen verspüren, ihre Schönheit künstlerisch festzuhalten. Diese kreativen Werke werden Ihnen etwas geben, über das Sie sich mit Ihrem Zwilling austauschen können, wenn Sie wieder zusammenkommt. Sie sind endlich dabei, den höchsten Grad Ihrer Vereinigung zu erreichen, und Sie möchten sich mit positiven Bildern und geeigneter Literatur umgeben.

- **Lernen Sie, wie Zahlen zum Senden spiritueller Nachrichten verwendet werden können:** Spirituelle Botschaften können verschiedene Formen annehmen, aber eine der mächtigsten unter diesen Kommunikationsformen sind Zahlen. Das könnte daran liegen, dass wir im Laufe eines normalen Tages regelmäßig mit numerischen Einflüssen überschwemmt werden.

Ich gebe Ihnen ein paar Beispiele:

  - Was brauchen Sie, wenn Sie eine Rechnung online bezahlen? Eine Kundennummer, eine Kartennummer, eine Endsumme, die besagt, wie viel zu zahlen ist, und vielleicht eine Uhrzeit für die Lieferung, All diese Zahlen kommen im täglichen Leben vor und können eine numerische spirituelle Bedeutung haben.

  - Was ist das Wichtigste, das Sie auf Reisen beachten müssen? Das ist natürlich die Uhrzeit. Um wie viel Uhr fährt Ihr Zug ab, wie lange dauert die Reise und wann haben Sie Anschluss?

  - Einkaufen: Alles, was Sie kaufen, hat einen Geldwert. Jeder Kassenbon enthält eine Vielzahl von Zahlen.

  - Gehen Sie ins Fitnessstudio: Wenn Sie glauben, dass Sie Zahlen vermeiden können, während Sie im Fitnessstudio sind, liegen Sie falsch! Sie müssen eine festgelegte Anzahl von Wiederholungen der verschiedenen Übungen absolvieren, und die verschiedenen Übungen sind so konzipiert, dass sie eine bestimmte Zeit lang dauern.

  - Während Sie sich entspannen: Selbst die entspannteste Zeit ist ein wichtiger Teil unserer Routine. Um wie viel Uhr läuft Ihr Lieblingsprogramm im Fernsehen? Wie viele Stunden können Sie mit Xbox spielen verbringen?

Ist es da ein Wunder, dass das Universum die Macht der Zahlen nutzt, um uns zu beeinflussen und uns daran zu erinnern, dass es die Oberhand über unser Leben hat? Die Fähigkeit, die Bedeutung der Zahlen zu verstehen ist eine wahre Kunst, die man erlernen muss.

### Wie man erkennt, was die Zahlen einem sagen wollen

Manche Menschen nennen die spirituelle Lehre der Zahlen Numerologie, während andere den Prozess als die Engelszahlen bezeichnen. Die Überlegungen hinter den Zahlenfolgen und deren

Bedeutung beruhen auf dem geometrischen Plan des Universums. Die spirituellen Führer, die Ihr Leben lenken, kommunizieren ständig mit Ihnen. Sie wissen, dass die spirituelle Reise, auf der Sie sich befinden, besonders wichtig ist. Ihr Zwilling wird ähnliche Hinweise seiner spirituellen Führer erhalten und ebenfalls numerischen Einflüssen ausgesetzt sein.

## Hauptzahlen

Die erste der Hauptzahlen ist die 11, die zweite die 22 und die dritte die 33. Sie stehen für die Intuition und Einsicht, die mit Ihrem Unterbewusstsein und Ihrem Bauchgefühl verbunden sind. Diese Zahlen können bei der Zwillingsflammen-Erfahrung eine wichtige Rolle spielen, besonders, wenn es darum geht, sich auf ein Treffen oder eine Wiedervereinigung zwischen Ihnen beiden vorzubereiten. Wahrscheinlich haben Sie das Erscheinen der ersten Hauptzahl, der 11, miterlebt, als Sie in die Sehnsuchtsphase eintraten. Doch während Sie sich auf ein Wiedersehen vorbereiten, werden Sie feststellen, dass diese Zahl erneut eine besondere Rolle in Ihrem Leben spielt.

Die perfekte Engelszahl ist 1111, und sie wirkt wie ein spiritueller Weckruf, mit dem Sie sich auf bedeutsame Ereignisse vorbereiten können. Wenn Sie also in einem Geschäft einkaufen und Ihr Kassenbon eine Folge von 1en zeigt, dann zeigt Ihnen das, dass Sie zu dieser Zeit ein Teil der Energie der Erde sind. Ihr gereinigter Geist befindet sich an einem perfekten Punkt, um den Höhepunkt Ihrer Beziehung zu erreichen. Wenn die Sequenz von der Zahl 5 durchsetzt ist, kann dies ebenfalls von Bedeutung sein und darauf hinweisen, dass positive Zeiten vor Ihnen liegen. Die Zahl 8 bedeutet, dass sich eine positive Gelegenheit für Sie ankündigt.

Auch platonische Beziehungen zwischen Zwillingsflammen können von der Numerologie geleitet werden. Die Hauptzahl 11 kann mit der Zahl 7 kombiniert werden und weist auf eine starke Verbindung hin, die nicht auf Sex oder einer erotischen Anziehung beruht. Die Sequenz 7117 oder 717 kann in einem Zusammenhang mit der Tarotkarte stehen, auf der die Liebenden abgebildet ist. Aber, wie Ihnen Tarot-Leser sagen werden, deutet dies nicht unbedingt auf eine sexuelle Verbindung hin. Die Zahlen 6 und 9 tauchen ebenfalls auf, wenn Sie einen Anstoß brauchen, um Ihren Fokus zu ändern. Die 6 deutet darauf hin, dass Sie sich vielleicht zu sehr auf die negativen Aspekte konzentrieren, während die 9 darauf hindeutet, dass Sie sich zu sehr auf die materiellen Aspekte Ihres Lebens fokussieren.

Beide Zahlen deuten darauf hin, dass Sie sich wieder mehr spirituellen Dingen widmen sollten.

Die Hauptzahl 22 wird von Ihren spirituellen Gefährten, um Sie zu mehr Selbstvertrauen zu ermutigen. Sie wird oft als der *Baumeister* bezeichnet und soll Sie dazu ermutigen, Träume in die Realität umzusetzen. Sie soll Sie mit Hoffnung für die Zukunft und einer Zuversicht über das Schicksal Ihrer Beziehung zu erfüllen.

In der Phase der Wiedervereinigung Ihrer Beziehung werden Ihnen Verbindungen mit der Hauptzahl 33 geschickt. Diese wird oft als Oberlehrer bezeichnet und ist noch mächtiger, weil sie eine Kombination aus 11 und 22 ist, was sie auf die höchste Ebene hebt. Die Zahl 33 hat keine bestimmte Botschaft zu übermitteln. Stattdessen ist sie ein Zeichen dafür, dass die gesamte Menschheit im Begriff ist, eine höhere Gefühlsebene zu erleben. Für die Menschen, die auf die Anzeichen einer möglichen Wiedervereinigung warten, ist sie ein Zeichen, dass sie eine höhere spirituelle Ebene erreicht haben. Zeichen der Zahl 33 in Kombination mit wiederkehrenden 11en sind die bedeutendsten Hinweise auf einen spirituellen Anführer, der Ihnen signalisiert, dass die Wiedervereinigung unmittelbar bevorsteht.

# Was passiert, wenn Sie Ihre Zwillingsflamme gefunden haben?

Wenn die Trennungsphase vorbei ist und Sie sich beide Ihrer Verbindung hingegeben haben, kann die Wiedervereinigung stattfinden. Diese können Sie weder erzwingen noch vermasseln; alles geschieht einfach, wenn Sie beide für diese Verbindung bereit sind. Sie wissen, dass Sie füreinander bestimmt sind, und Ihr Unterbewusstsein wird langsam mit dem der anderen Person verschmelzen. Sie werden sich der individuellen, expliziten Wahrnehmung des jeweils anderen bewusst sein.

### Sie sind sich bei drei Dingen sicher

1) **Die Bedeutung Ihrer Partnerschaft:** Sie beide kennen sich so gut, dass Sie mit Ihren unterschiedlichen Rollen in der Beziehung zufrieden sind. Möglicherweise sind Sie ein typisches Paar aus Mann und Frau, das glaubt, dass Ihr Geschlecht Ihre Rollen in der Beziehung bestimmt. Die Frau sollte demnach für die psychische Gesundheit der Beziehung verantwortlich sein und die Kommunikation zwischen Ihnen beiden initiieren. Der männliche

Partner übernimmt die Rolle des Beschützers und ist für das Haus und die Ernährung der Familie zuständig. Weniger konventionelle Paare werden sich wohl genug fühlen, um die Rollen ohne geschlechtsspezifische Einflüsse untereinander aufzuteilen. Dabei ist es wichtig, dass Sie sich in Ihrer Beziehung wohl fühlen und dass Sie ehrlich zueinander sein können.

2) **Wenn Sie zusammenarbeiten, bilden Sie ein unschlagbares Team:** In der Vergangenheit standen Sie mit den höheren Mächten, die Ihre Beziehung beeinflusst haben im Konflikt. Sie haben sich aus einem bestimmten Grund getrennt, und einer der Hauptgründe dabei könnte gewesen sein, dass Sie sich gegen eine Zusammenarbeit mit den höheren Mächten gesträubt haben. Jetzt sind Sie wieder vereint, Sie haben Vertrauen in Ihre individuellen Stärken und wissen, dass Sie unschlagbar sind, wenn Sie am gleichen Strang ziehen.

3) **Sie sind zum Zusammenleben bestimmt:** In der Vergangenheit war es für Sie vielleicht schwierig, mit der anderen Person unter einem Dach zu leben, weil Sie Ihren persönlichen Freiraum brauchten. Mittlerweile könnten Sie mit Ihrer Zwillingsflamme in einem kleinen Schrank leben und trotzdem glücklich sein! Sie haben erkannt, dass jeder Ort, an dem Sie zusammen sind, besser ist als alle anderen Orte auf der Welt. Sie werden nicht mehr darüber streiten, wo Sie leben wollen. Stattdessen werden Sie einfach gemeinsam entscheiden.

# Fazit

Sind Sie nun gut auf das Treffen mit Ihrer Zwillingsflamme vorbereitet? Reizt Sie der Gedanke an eine solch intensive Erfahrung, oder zögern Sie noch? Dieses Buch soll Ihnen auf dem Weg zu Ihrer Zwillingsflamme helfen, unabhängig davon, in welchem Stadium sie sich befindet. Hoffentlich hat Ihnen dieses Buch Klarheit darüber verschafft, ob manche Menschen aus einem bestimmten Grund in Ihrem Leben sind und welche von ihnen immer für Sie da sein werden. Im Leben geht es vor allem um die Beziehungen, die wir mit anderen Menschen eingehen. Viel Glück bei dem Versuch, die richtigen Entscheidungen zu treffen, und versuchen Sie, auch in Zukunft nach Zeichen des Universums Ausschau zu halten!

# Hier ist ein weiteres Buch von Mari Silva, das Ihnen gefallen könnte

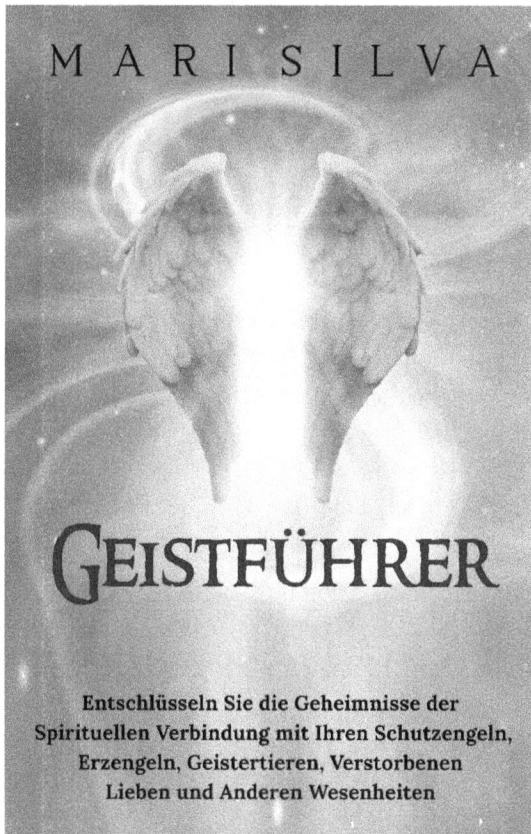

MARI SILVA

GEISTFÜHRER

Entschlüsseln Sie die Geheimnisse der
Spirituellen Verbindung mit Ihren Schutzengeln,
Erzengeln, Geistertieren, Verstorbenen
Lieben und Anderen Wesenheiten

# Quellenverzeichnis

Germain, M. J. (2019). Das Öffnen der Akasha-Chroniken: Treffen Sie die Hüter Ihrer Aufzeichnungen und entdecken Sie die Bestimmung Ihrer Seele. Bear & Company.

Howe, L. (2009). Wie man die Akasha-Chroniken liest: Zugang zum Archiv der Seele und ihrer Reise. Sounds True.

Howe, L. (2015). Entdecken Sie den Weg Ihrer Seele durch die Akasha-Chroniken. Hay House Inc.

Ortiz, E. (2014). Die Akasha-Chroniken: Die heilige Erforschung der Reise Ihrer Seele durch die Weisheit des kollektiven Bewusstseins. Weiser.

https://www.youtube.com/watch?v=Bvo9YngPrpQ

https://www.divinebalance.eu/wp-content/uploads/2013/12/The-Value-of-an-Akashic-Records-Reading.pdf

http://intothelight.news/files/2020-03-03-akashic-records.php

https://en.wikipedia.org/wiki/Book_of_Life

https://books.google.com.eg/books?id=WvRiDwAAQBAJ&pg=PT26&lpg=PT26&dq=alice+bailey+akashic+records&source=bl&ots=qKDrA0Qdff&sig=ACfU3U2L-s3dEIKZIJuaFWM-RFA5bZS6vQ&hl=de&sa=X&ved=2ahUKEwjh782ZxbbpAhVSz4UKHaHvDo44ChDoATAAegQIBxAB#v=onepage&q=alice%20bailey%20akashic%20records&f=false

https://medium.com/holisticism/what-are-the-akashic-records-ede3bee05673

Howe, L. (2009). Wie man die Akasha-Chroniken liest: Zugriff auf das Archiv der Seele und ihrer Reise. Sounds True.

Taylor, S. A. (2018). Die Akasha-Chroniken leicht gemacht: Erschließen Sie die unendliche Kraft, Weisheit und Energie des Universums. Hay House UK.

https://en.wikipedia.org/wiki/Theosophy#Personal_development_and_reincarnation

https://www.edgarcayce.org/the-readings/akashic-records/

https://michellebeltran.com/exploring-past-lives-akashic-records/

https://www.soulmastery.net/connect/akashic-record-past-life-readings/

https://medium.com/holisticism/what-are-the-akashic-records-ede3bee05673

https://drlesleyphillips.com/past-lives/past-life-regression/

https://www.amazon.com/Radical-Approach-Akashic-Records-Vibration-ebook/dp/B07G681W74

https://www.healyourlife.com/how-to-find-your-purpose-in-the-akashic-records

https://www.soulandspiritmagazine.com/10-ways-the-akashic-records-can-heal-your-life/

Howe, L. (2009). Wie man die Akasha-Chroniken liest: Zugriff auf das Archiv der Seele und ihrer Reise. Sounds True.

https://akashicknowing.com/wp-content/uploads/25-Akashic-Healing-Prayers-To-Transform-Your-Life-ebook.pdf

A Little Spark of Joy - Everything Tarot and life's Higher Vibes. (n.d.). Retrieved from https://www.alittlesparkofjoy.com/

ASK ANGELS For Help With Any Request! Contact Your Angels. (n.d.). Askingangels.com.

containhe01. (n.d.). Containhe01.

CosmicMinds.com is for sale. (n.d.). HugeDomains. Retrieved from https://www.hugedomains.com/domain_profile.cfm?d=cosmicminds&e=com

Elite Daily. (n.d.). Elite Daily. https://www.elitedaily.com/

Forever Conscious. (n.d.). Forever Conscious. http://www.foreverconscious.com

Hack Spirit. (n.d.). Hack Spirit. Retrieved from https://hackspirit.com/

Home. (n.d.). HipLatina. Retrieved from https://hiplatina.com/

Home - Awake and Align | Beyond Quantum Healing Hypnosis. (n.d.). Awake and Align. Retrieved from https://awakeandalign.com/

My Twin Soul Journal. (n.d.). My Twin Soul Journal. Retrieved from https://mytwinsouljournal.blog/

Nast, C. (n.d.). Allure - Beauty Tips, Trends & Product Reviews. Allure. Retrieved from http://www.allure.com

PowerofPositivity. (n.d.). Power of Positivity: #1 Positive Thinking & Self Help Community. Power of Positivity: Positive Thinking & Attitude. Retrieved from https://www.powerofpositivity.com/

Simply the best online psychic readings available anywhere - Psychic Elements. (n.d.). Psychicelements.com. Retrieved from https://psychicelements.com/

Supernatural Vibrations Home. (n.d.). Supernatural Vibrations.

The Mother Loving Future- Consciousness + Parenting. (n.d.). The Mother Loving Future.

Torgerson, R. (2019). Cosmopolitan.com - The Women's Magazine for Fashion, Sex Advice, Dating Tips, and Celebrity News. Cosmopolitan; Cosmopolitan. http://www.cosmopolitan.com

Twin Flamez – Zero's & One's with some added Two's. (n.d.). Retrieved from https://www.twinflamez.com/

Walk the path less traveled ★ LonerWolf. (n.d.). LonerWolf. Retrieved from http://www.lonerwolf.com

(2021). Orchidrecovery.com